Jeannine Dinnebier

# Opferentschädigung als Sozialleistungstatbestand

Jeannine Dinnebier

# Opferentschädigung als Sozialleistungstatbestand

Tectum Verlag

Jeannine Dinnebier

Opferentschädigung als Sozialleistungstatbestand

Zugl. Diss. Friedrich-Schiller-Universität Jena 2013
ISBN: 978-3-8288-3244-2

Umschlagabbildung: aus Verlagsbestand (Hintergrund)
Druck und Bindung: CPI buchbücher.de, Birkach
Printed in Germany


Besuchen Sie uns im Internet
www.tectum-verlag.de

FSC
www.fsc.org
MIX
Papier aus verantwortungsvollen Quellen
FSC® C003147

**Bibliografische Informationen der Deutschen Nationalbibliothek**
Die Deutsche Nationalbibliothek verzeichnet diese Publikation in der Deutschen Nationalbibliografie; detaillierte bibliografische Angaben sind im Internet über http://dnb.ddb.de abrufbar.

# DANKSAGUNG

Die vorliegende Arbeit wurde im Sommersemester 2013 von der Rechtswissenschaftlichen Fakultät der Friedrich-Schiller-Universität Jena als Dissertation angenommen. Sie berücksichtigt Literatur und aktuelle Entwicklungen bis März 2013.

Herrn Prof. Dr. Dr. h.c. Eberhard Eichenhofer möchte ich herzlich für seine Unterstützung und die angenehme Zeit an seinem Lehrstuhl für Sozialrecht und Bürgerliches Recht danken. Dank gebührt auch Herrn Prof. Dr. Dr. h.c. Heiner Alwart für sein Interesse an der Arbeit und der zügigen Erstellung des Zweitgutachtens.

Sebastian Teichmann und Sarah Brückner danke ich für die anregenden Diskussionen und tatkräftige Unterstützung. Die Arbeit ist nicht zuletzt das Ergebnis stetigen Zuspruchs und Ansporns seitens meiner Familie.

Jena, Juni 2013 *Jeannine Dinnebier*

# INHALTSVERZEICHNIS

# EINLEITUNG

## 1. Straftat und Opfer

„Nichte vom Onkel Jahre lang sexuell missbraucht", „Amoklauf eines Schülers", „Vater erschießt seine zwei Kinder", „Überfall in der U-Bahnstation – Mann wird fast zu Tode geprügelt" – jeden Tag berichten die Medien aufs Neue über derart grauenhafte Vorkommnisse. Ohne Vorwarnung zerstört der Täter von der einen auf die andere Sekunde das unbeschwerte Leben eines Kindes, das erfüllte Leben einer Mutter und Ehefrau oder auch das Leben eines zufriedenen Menschen mit zahlreichen Plänen für die Zukunft und hinterlässt stets einen schweren psychischen und nicht selten physischen Schaden. Auch wenn körperliche Wunden heilen, seelische Verletzungen in Form von Alpträumen, Angstzuständen und das Gefühl der Machtlosigkeit bleiben ein Leben lang. Opferwerden ist ein einschneidendes, das ganze Leben tiefgreifend veränderndes Geschehen.

Zur Bewältigung der Folgen einer Gewalttat brauchen die Opfer Hilfe. Diese kommt regelmäßig aus dem Kreise der Familie, Freunde und der Ärzteschaft. Aber auch der Staat spielt für die Bewältigung, sowie auf dem Weg zu einem „normalen Leben danach", eine entscheidende Rolle. Das Opfer sieht sich als Traumatisierter nach der Tat vor Problemen und Unannehmlichkeiten, die schwer zu bewältigen sind. Staatliche Hilfe wäre dabei nicht nur wünschenswert, sondern ist oft zwingend erforderlich.

Das Strafverfahren gegen den Täter ist die höchste Hürde, die ein Opfer nehmen muss. Nicht selten dauert es Jahre bis ein Opfer den Mut und die Kraft aufbringt, sich an die Strafverfolgungsbehörden zu wenden, vor allem, wenn der Täter aus dem Kreise der Familie stammt oder Kinder betroffen sind.

Die Opfer scheuen den Gang vor das Gericht aus der Sorge heraus, dem Peiniger gegenüber zu treten und im Zuge der Überführung und Verurteilung des Täters das Erlebte noch einmal durchleben zu müssen. Wider Erwarten erweist sich das Strafverfahren jedoch auch als nützliche Hilfe zur Bewältigung des Geschehenen. Das Opfer ist gezwungen, sich mit der Tat und den Tatumständen auseinandersetzen, und bekommt idealerweise Antworten auf offene Fragen[1] oder bei Überführung und Verurteilung das Gefühl der Genugtuung. Unter Berücksichtigung des starken Nutzens eines kooperativen Opfers ist der Staat dazu angehalten, die Rechte und Interessen des Opfers im Strafverfahren zu stärken und zu schützen.

Für den Polizeibeamten stellt das Opfer bei den Ermittlungsarbeiten jedoch in erster Linie ein Beweismittel[2] dar, dessen er sich zur Sachverhaltsaufklärung bedient. Durch diese Instrumentalisierung als Informationsquelle besteht das Risiko des unsensiblen Umgangs mit dem Opfer bis hin zu dessen Objektivierung.[3] Ziel der Polizei im Ermittlungsverfahren ist in erster Linie die Strafverfolgung – und dieser vorgelagert, die Überführung des Täters. Der dafür nötige Umgang mit den Opfern und die Wahrung ihrer Interessen sind oft von Schwierigkeiten geprägt. Nicht nur im Ermittlungsverfahren, sondern auch im Hauptverfahren besteht für das Opfer deswegen die Gefahr, durch verfehlte Würdigung der Tat seitens der Verteidigung oder des Richters erneut zum Opfer zu werden. Solche Sekundärviktimisierung[4] kann beim Opfer ein weiteres Mal einen Schaden verursachen. Durch die Wiedergabe des demütigenden, erniedrigenden und psychisch belasteten Erlebnisses in allen Einzelheiten in einem Strafjustizsystem, geprägt von formalistischer Routine und Gleichgültigkeit, ergänzt durch strategisch geübte Zweifel an der Glaubwürdigkeit des Opfers und dem Vordringen in dessen Privatleben, können die durch die Straftat ausgelösten psychische Schäden im Zuge des Strafprozesses noch vertieft werden.[5]

---

1 *Gräf/Grösbrink*, Frau komA kommt, S. 143.

2 BT-Drs. 14/4661, S. 1; *Seiser* in Kühne, Opferrechte im Strafprozess, S. 27; *Weigend*, Deliktsopfer und Strafverfahren, S. 544.

3 *Gräf/Grösbrink*, Frau komA kommt, S. 119.

4 *Schneider*, Kriminologie für das 21. Jahrhundert, S. 166.

5 *Schneider*, Kriminologie für das 21. Jahrhundert, S. 166.

## 2. Die Stellung des Opfers im Strafverfahren

Unter Berücksichtigung dieser zusätzlichen Belastung begann in den 1970er Jahren in der Rechtswissenschaft und Rechtspolitik auf nationaler und internationaler Ebene die „moderne Opferdiskussion".[6] Diese befasste sich erstmals umfassend und von Grund auf mit der Stellung des Opfers im Strafverfahren. Im Zuge dieser Entwicklung sehen sich seither die staatlichen Organe verstärkt von Verfassung wegen nicht nur zur Aufklärung von Straftaten und Feststellung von Schuld und Unschuld der Beschuldigten in fairen und rechtsstaatlichen Verfahren verpflichtet, sondern auch zunehmend veranlasst, sich schützend vor die Opfer von Straftaten zu stellen und deren Belange zu achten.[7] In dieser Folge kam es zum Erlass entsprechender Gesetze zur Verbesserung der Stellung des Verletzten und der Zeugen im Strafverfahren. Das rechtspolitische Ziel besteht darin, die im Strafverfahren bestehenden Rechte der Opfer und Zeugen von Straftaten zu erweitern sowie sachgerecht und konsequent durchzusetzen.[8] Des Weiteren wird die Weiterentwicklung der Rolle des Opfers vom bloßen Beweismittel zu der eines gleichberechtigten Prozessbeteiligten verfolgt, damit Verletzte in die Lage versetzt werden, ihre Interessen selbst und aktiv in das Prozessgeschehen einzubringen.[9]

Zur Erreichung dieser Ziele gibt u.a. die StPO den Opfern prozessuale Instrumente in die Hand und instruiert die Strafverfolgungsbehörden. Exemplarisch sei zunächst die Schaffung und Erweiterung der Informationsrechte des Opfers genannt. Verletzte können aber ihre Ansprüche nur geltend und von ihren Rechten Gebrauch machen, wenn sie von deren Existenz wissen. Da die Strafverfolgungsbehörden regelmäßig die erste Anlaufstelle für Verbrechensopfer sind, obliegt es diesen auch, die Opfer umfassend über Ihre Rechte im Strafverfahren in schriftlicher Form und in einer für die Betroffenen verständlichen Sprache aufzuklären.[10] Dieses Recht auf Erhalt von Informationen wurde erstmals mit dem Opferschutzgesetz vom 18.12.1986 gesetzlich normiert. Nach zahlreichen Erweiterungen des Informationsgehalts sind Opfer nun nicht mehr nur über das Rechtsinstitut der Nebenklage, mit der Möglichkeit einen anwaltlichen Beistand zu bestellen, zu informieren. Die Informationspflicht erstreckt sich darüber hinaus auch auf den Hinweis, im Wege des Adhäsionsverfahrens ihre aus der Straftat erwachsenen vermögensrechtlichen

---

6 *Lüderssen*, FS Hirsch, 1999, S.879, 879.

7 BT-Drs. 10/5303, S. 8; BT-Drs. 14/4661, S.1; BT-Drs. 16/12098, S.1.

8 BT-Drs. 16/12098, S. 1.

9 BT-Drs. 14/4661, S. 1.

10 § 406 h StPO.

Ansprüche bereits im Strafverfahren geltend zu machen. Außerdem sind sie auf mögliche Ansprüche nach dem Opferentschädigungsgesetz und dem Gewaltschutzgesetz sowie auf die Unterstützung und Hilfe in Form von Beratung und psychosozialer Prozessbegleitung durch entsprechende Opferhilfeeinrichtungen hinzuweisen. Verstirbt der Verletzte, sind die Angehörigen und Erben ebenfalls über ihre Rechte aufzuklären.

Das Mittel zur Überwindung des Opfers aus dieser passiven Rolle als Beweismittel ist die Nebenklage (§ 395 StPO). Im Wege des Anschlusses an die öffentliche Klage der Staatsanwaltschaft oder an einen Antrag im Sicherungsverfahren mittels Nebenklage hat das Opfer die Chance, mit zum gleichberechtigten Beteiligten im Prozess zu werden und durch die Geltendmachung von zusätzlichen Rechten aktiv am Strafverfahren teilzunehmen. Neben der Möglichkeit, das Verfahrensergebnis zu beeinflussen, kann das Opfer dann sein persönliches Interesse auf Genugtuung verfolgen.[11] Zur Verwirklichung des Opferschutzes wurde die Nebenklage von der Privatklage getrennt, indem die Rechte des Nebenklägers als auch der Kreis der Nebenklageberechtigten selbständig bestimmt wurden. Das Recht zur Nebenklage sollte dabei vorwiegend Opfern schwerwiegender Straftaten gegen höchstpersönliche Rechtsgüter zustehen.[12] Zwar wurde der Katalog der opferrelevanten Straftaten stetig erweitert[13], aber nach wie vor bleibt das Recht der aktiven Beteiligung am Strafverfahren den Opfern bestimmter Straftaten, wie reiner Eigentums- und Vermögensdelikte, verwehrt.

Parallel zur Nebenklage stellt das Adhäsionsverfahren (§§ 403 – 406c StPO) ein wichtiges Opferschutzinstrument im Strafverfahren dar. Geprägt von den Folgen der verübten Straftat fehlt den Betroffen, vor allem bei Gewaltdelikten, meist die Kraft, neben dem Strafverfahren noch ein Zivilverfahren vor den ordentlichen Gerichten durchzustehen. Das Adhäsionsverfahren ermöglicht die aus der Straftat erwachsenen vermögensrechtlichen Ansprüche, wie beispielsweise Behandlungskosten, Schmerzensgeld oder Beerdigungskosten, gegen den Täter unmittelbar geltend zu machen. Die Möglichkeit zivilrechtliche Ansprüche bereits im laufenden Strafverfahren geltend zu machen, erspart den Opfern/Hinterbliebenen nicht nur Zeit und Geld, sondern auch zusätzliche psychische Belastungen. Zwar ist die Stellung des Antrags im Adhäsionsverfahren im Gegensatz zur Nebenklage nicht an einen Katalog von Straftaten gebunden, jedoch fehlt diesem Verfahren bislang praktische Bedeutung, zumal regelmäßig weder Staatsanwaltschaft noch Strafgericht an der Rea-

---

11 *Gräf/Grösbrink*, Frau komA kommt, S. 141.

12 BT-Drs. 16/12098, S. 29.

13 BT-Drs. 16/12098, S. 29.

lisierung zivilrechtlicher Ausgleichsansprüche ein gesteigertes Interesse haben.[14]

Der Idealfall sähe wie folgt aus: Der Täter wird ermittelt und strafrechtlich verurteilt, das Opfer ist handlungsfähig und in guter psychischer sowie physischer Verfassung, um gegen den Täter ein zivilrechtliches Verfahren oder Adhäsionsverfahren auf Zahlung von Schadensersatz und Schmerzensgeld einzuleiten und durchzuführen, in welchem dieser letztlich unterliegt und freiwillig den Schaden begleicht. Andernfalls wird der Anspruch erfolgreich im Wege der Zwangsvollstreckung durchgesetzt. Die Realität zeichnet für eine Vielzahl von Verbrechensopfern jedoch ein anderes Bild.

Völlig machtlos ist das Opfer, wenn der Täter unbekannt oder flüchtig ist. Aber selbst die Ermittlung des Täters verspricht noch keine Entschädigung für die durch die Straftat entstandenen vermögensrechtlichen Einbußen. Das Opfer trägt das Prozessrisiko. Nicht selten werden Schadensersatzklagen z.B. wegen mangelnder Verantwortlichkeit des minderjährigen oder unzurechnungsfähigen Täters abgewiesen.

Selbst im Falle einer strafrechtlichen oder zivilrechtlichen Verurteilung droht das Opfer, mangels hinreichenden Vermögens des Täters „leer auszugehen". Größtenteils sind die Straftäter einkommens- und vermögenslos, [15] so dass das Opfer ferner das Risiko einer fruchtlosen Vollstreckung trägt. Auch mit einer Verurteilung im Strafverfahren ist so manchem Opfer nicht gedient, denn je strenger die Strafe und je länger der Freiheitsentzug ist, desto geringer ist die Aussicht, jemals wegen des erlittenen Schadens befriedigt zu werden. Die Verdienste in den Strafanstalten reichen kaum für die Bezahlung der Kosten für den Aufenthalt der Strafgefangenen,[16] geschweige denn für die Begleichung der Wiedergutmachung an das Opfer.

Besonders betroffen sind Opfer von Straftaten, deren Handlungsfähigkeit, Lebenswille und die für den Zivilprozess notwendige Durchsetzungsfähigkeit aufgrund der schweren körperlichen Folgen der Straftat zerstört wurden.[17] Regelmäßig führen erhebliche dauerhafte Schäden, physischer oder psychischer Art, zur Arbeitsunfähigkeit und somit zum Verlust des Arbeitsplatzes als wirtschaftlicher Existenzgrundlage. Dies wiederum kann Mittellosigkeit verursachen. Selbst unter Berücksichti-

---

14 *Jescheck,* JZ 1958, 591, 593; *Schneider,* Viktimologie, S. 159; *Granderath,* NStZ 1984, 399, 400; *Kühne,* MschrKrim 1986, 98, 102.

15 *Schneider,* Viktimologie, S. 161.

16 BT-Drs. 7/2506, S. 8; *Schneider,* Viktimologie, S. 161.

17 *Schneider,* Viktimologie, S. 160.

gung der Tatsache, dass die Allgemeinheit für Mitbürger in finanzieller Not sorgt, kann es oft nur als ungerecht angesehen werden, wenn ein beschäftigter, gut verdienender Mensch unschuldig durch eine Straftat zum „Krüppel“ wird und seine Arbeitskraft einbüßt. Denn er verliert damit alles, was er bisher als seinen Lebensinhalt betrachtete, und erhält nur aufgrund der entsprechenden Sozialleistungen das soziokulturelle Existenzminimum.[18]

Den Möglichkeiten, auch über gesetzliche oder private Versicherungen Schadensersatz oder Sozialleistungen zu erlangen, steht zum einen ein fehlender oder nicht hinreichender sozialer Versicherungsschutz für den Fall des Verlustes der Gesundheit und Arbeitskraft aufgrund einer Gewalttat entgegen. Zum anderen gleicht das soziale Versicherungsrecht nicht alle Opferlagen und nicht den volle Verlust aus.[19]

## 3. Die Opferentschädigung als Sozialleistungstatbestand

Die seit 1976 bestehende besondere Entschädigung für Opfer von Gewalttaten aus öffentlichen Mitteln soll diese Lücke im sozialen Recht schließen.[20] Der Erlass des Gesetzes über die Entschädigung für Opfer von Gewalttaten (Opferentschädigungsgesetz -OEG) vom 11. Mai 1976[21] begründete erstmals in der Geschichte der Bundesrepublik Deutschland einen staatlichen Entschädigungs- und Versorgungsanspruch für Opfer von Straftaten. Mit diesem Akt sozialer Gerechtigkeit[22] erkennt der Staat seine besondere Verantwortung gegenüber Opfern von Gewaltverbrechen an und setzt sich zum Ziel, eine eigenständige, über die Verweisung des Opfers auf die Sozialversicherung und die Sozialhilfe hinausgehende staatliche Entschädigung zu gewähren, welche den besonderen Bedürfnissen der Opfer gerecht wird. Die Einstandspflicht des Staates für Opfer der Gewaltkriminalität, welche von einem Tag auf den anderen ohne jedes Verschulden erwerbsunfähig, hilflos oder pflegebedürftig werden, sei nicht nur eine soziale Aufgabe, sondern auch ein Gebot der sozialen Gerechtigkeit. Denn es könne nicht hingenommen werden, dass die Betroffenen auf die allgemeinen Sozialhilfeleistungen verwiesen und dadurch

---

18 *Schneider*, Viktimologie, S. 160.

19 BT-Drs. 7/2506, S. 1; *Kunz/Zeller/Gelhausen/Weiner*, OEG, Einleitung S. 13; *Jung*, JuS 1976, 478, 478.

20 BT-Drs. 7/2506, S. 1.

21 Opferentschädigungsgesetz in der Fassung der Bekanntmachung vom 7. Januar 1985 (BGBl. I S. 1), das durch Artikel 3 des Gesetzes vom 20. Juni 2011 (BGBl. I S. 1114) geändert worden ist

22 BT-Drs. 11/7969, S. 1.

der Gefahr des sozialen Abstiegs ausgesetzt werden.[23] Ferner wäre es nicht sachgerecht, die Sozialversicherung mit dem Risiko, Opfer eines Gewaltverbrechens, zu belasten, weil dieses System für die allgemeinen gesellschaftlichen Risiken nicht geschaffen ist.

Mit dieser Erkenntnis und ihrer gesetzgeberischen Umsetzung durch das OEG wurde außerdem eine Lücke im Recht der sozialen Sicherung geschlossen, da durch die bisherigen Gesetze nicht alle Personen und Personengruppen so abgesichert waren, dass sie trotz gesundheitlicher Schädigungen ein menschenwürdiges Dasein (§ 1 Abs. 1 Sozialgesetzbuch Erstes Buch – SGB I) führen konnten.[24]

Nach § 1 Abs. 1 S. 1 OEG erhält wer im Geltungsbereich dieses Gesetzes oder auf einem deutschen Schiff oder Luftfahrzeug infolge eines vorsätzlichen, rechtswidrigen tätlichen Angriffs gegen seine oder eine andere Person oder durch dessen rechtmäßige Abwehr eine gesundheitliche Schädigung erlitten hat, wegen der gesundheitlichen und wirtschaftlichen Folgen auf Antrag Versorgung in entsprechender Anwendung der Vorschriften des Bundesversorgungsgesetzes (BVG).

## 4. Ziel der Untersuchung

Die Situation der Verbrechensopfer in Deutschland hat sich aus prozess-, als auch sozialrechtlicher Sicht erheblich verbessert. Mit den Leistungen des OEG/BVG wird seit dem Inkrafttreten im Jahre 1976 ein wesentlicher Beitrag zur sozialen Sicherung von Verbrechensopfern geleistet. Trotz des positiven Ansatzes des OEG und zahlreichen Überarbeitungen weist das Gesetz jedoch nach wie vor einige beträchtliche Schwächen auf, die es vorliegend aufzuzeigen gilt. Ziel der Untersuchung ist sodann die Bewertung dieser Gesetzesmängel unter Berücksichtigung sozial- und strafrechtlicher Vorgaben sowie sozialpolitischer Forderungen hinsichtlich der Verbesserung des Opferschutzes. Neben dem Reformbedarf sollen zugleich Reformmöglichkeiten aufgezeigt werden.

Auf Grund der zahlreichen unbestimmten Formulierungen des OEG, insbesondere im Hinblick auf die Anspruchsgrundlage des § 1 Abs. 1 OEG und die Versagungsgründe des § 2 Abs. 1 OEG, weist das Verfahren ein hohes Maß an Unberechenbarkeit auf. Die Frage nach der Opferentschädigung konnte stets nur gelöst werden, indem deren normativen Zweck und empirische Grundlagen mitberücksichtigt werden.[25] Zur Be-

---

[23] BT-Drs. 7/2506, S.7.

[24] *Sailer* in Wilke, Soziales Entschädigungsrecht – OEG, § 1, Rn. 1.

[25] *Braum*, SGb 1997, 438, 438; *Stolleis*, FS Wannagat, 1981, S.579, 580.

urteilung des dogmatischen Umgangs mit den entsprechenden Normen bedurfte es stets eines prinzipiellen Maßstabes, dessen Aufgabe es war, die vagen Rechtsbegriffe mit rationalen Zwecküberlegungen anzureichern und ihnen dadurch Kontur zu verleihen. Folglich steht die Dogmatik der Entscheidungsträger im stetigen Spannungsverhältnis zu dem normativen Zweck des OEG einerseits und zu dessen Anwendung in der Rechtswirklichkeit andererseits.[26]

Die zahlreichen Erweiterungen des internationalen Geltungsbereichs des OEG sind kennzeichnend für die legislative Unsicherheit. Angesichts der Formulierung „wer" in § 1 Abs. 1 OEG kommt zunächst jedes Gewaltopfer, grundsätzlich unabhängig von seiner Nationalität, für einen staatlichen Entschädigungsanspruch in Betracht. Das OEG beschränkt die Leistungsansprüche zwar nicht ausdrücklich auf deutsche Staatsangehörige, allerdings ist der Anspruch ausländischer Geschädigter an bestimmte Voraussetzungen geknüpft.

Die Stellung der ausländischen Staatsangehörigen im Recht der sozialen Entschädigung für Gewaltopfer wurde ursprünglich allein vom Gegenseitigkeitsprinzip beherrscht.[27] Der internationale Geltungsbereich des OEG hat in den vergangenen Jahren jedoch eine wesentliche Erweiterung erfahren. Die wiederholten Erweiterungen waren unter anderem veranlasst durch vermehrte Übergriffe Anfang der 1990er Jahre auf ausländische Mitmenschen, denen im Tatzeitpunkt kein Anspruch auf Entschädigung zustand. Dennoch gibt es nach wie vor ausländische Personengruppen, denen im Falle eines gewaltsamen Angriffs auf ihre Person im Gebiet der Bundesrepublik Deutschland keinerlei Ansprüche nach dem OEG zustehen. Unter Beachtung des normativen Zwecks des OEG sowie ausländischer Opferentschädigungsregelungen bietet die Anwendung des Staatsangehörigkeits- und Wohnsitzprinzips gerade bei Inlandstaten Diskussionsbedarf. Als eine vorzugswürdige Alternative dazu könnte das Tatortprinzip in Ausgestaltung einer gesetzlichen Einzelanknüpfung in Erwägung gezogen werden.

Zudem wurde der „tätliche Angriff" als zentrales Tatbestandsmerkmal in den letzten Jahren durch die Rechtsprechung des BSG näher konturiert. Dabei beruft sich die Rechtsprechung auf einen eigenen vom Strafrecht unabhängigen Begriff. Trotz einer mittlerweile umfangreichen Zahl von Präjudizien sind die Einzelheiten in der Rechtspraxis oftmals unklar und nach wie vor umstritten. Dies führt zu Unsicherheiten bei ihrer Anwendung durch Verwaltungen und Gerichte.

---

[26] *Braum*, SGb 1997, 438, 438.

[27] *Otte*, Staatliche Entschädigung von Gewaltopfern, S. 91.

Auch die mangelnde Präzisierung des Opferbegriffs im OEG begünstigt eine restriktive Behördenpraxis. Die Anspruchsgrundlage des § 1 Abs. 1 OEG setzt das „ideale" Opfer voraus. Für die Fälle, in denen sich das Opfer als mitverantwortlich und somit nicht als „ideal" erweist, sieht § 2 OEG die Möglichkeit vor, die Entschädigung wegen Mitverschulden oder Unbilligkeit zu versagen.[28] Der Status des Opfers im Sinne des OEG ist letztlich das Ergebnis eines unbestimmten Auslegungsprozesses geprägt von unvorhersehbaren moralischen und gesellschaftlichen Vorurteilen.

Wie die Versagung von sozialen Entschädigungsleistungen für Gewaltopfer wegen Mitverschuldens allgemein gerechtfertigt werden kann und in wie weit es sozialrechtlich vertretbar ist, dass das Opfer erneut Gefahr läuft zum „Verlierer" zu werden, soll im Rahmen der Untersuchung aufgezeigt und kritisch beurteilt werden.

## 5. Gang der Untersuchung

Im ersten Abschnitt (Abschnitt I) wird zunächst die Entwicklung des Opferschutzes im deutschen Strafprozessrecht, Strafrecht und Sozialrecht (Teilabschnitt 1) mit Blick auf die internationalen Vorreiter des Opferentschädigungsrechts (Teilabschnitt 2) sowie den verschiedenen Theorien bzw. Erklärungsansätzen bezüglich der Rechtfertigung einer staatlichen Entschädigung für Verbrechensopfer nach dem OEG (Teilabschnitt 3) dargestellt.

Gegenstand des zweiten Abschnitts (Abschnitt II) ist der internationale Geltungsbereich. Nach der Darstellung der fortwährenden Erweiterung der leistungsberechtigten Personengruppen (Teilabschnitt 1), sollen das Staatsangehörigkeits-, Wohnsitz- und Tatortprinzip auf ihre Recht- und Zweckmäßigkeit im sozialen Entschädigungsrecht untersucht werden (Teilabschnitt 2). Unter Berücksichtigung der Tendenzen auf europäischer Ebene sowie der Gesetzeslagen in einzelnen Staaten Nordamerikas und Europas wird in einer Abschlussbewertung (Teilabschnitt 3 und 4) das für die Entschädigung von Verbrechensopfer geeignetste Prinzip bestimmt.

In einem weiteren Abschnitt (Abschnitt III) soll das zentrale Tatbestandsmerkmal „tätlicher Angriff" des § 1 Abs. 1 OEG näher beleuchtet werden. Hierbei wird unter Auswertung der Rechtsprechung des BSG die stetige Konturierung des Begriffs aufgezeigt. Dabei soll das Augenmerk ferner auf sogenannte „gewaltlose" Delikte gelegt werden, deren

---

28 *Braum*, SGb 1997, 438, 438.

Bewertung als tätlicher Angriff in der Rechtsprechung noch nicht abschließend geklärt oder konträr entschieden wurde. Abschließend soll unter Beachtung des normativen Zwecks die Praxistauglichkeit des Begriffs „tätlicher Angriff" untersucht und näher bestimmt werden.

Im Anschluss (Abschnitt IV) folgt eine Erörterung der sozialrechtlichen Vertretbarkeit des Ausschlusstatbestandes des § 2 OEG und dessen Handhabung in der Praxis. Mittelpunkt bildet die Konturierung der unbestimmten Rechtsbegriffe „Mitverursachung" und „Unbilligkeit" als zentrale Versagungsgründe.

# I. ENTWICKLUNG DES OPFERSCHUTZES. INTERNATIONALE VORBILDER. RECHTFERTIGUNG DES PRINZIPS DER STAATLICHEN OPFERENTSCHÄDIGUNG

## 1. Entwicklung des Opferschutzes im deutschen Strafprozessrecht, Strafrecht und Sozialrecht

Der Grundstein für die Entwicklung des Opferschutzes wurde in der Mitte des 20. Jahrhunderts seitens der Kriminologie gelegt. Bevor das Verbrechensopfer Einzug in die Lehre vom Verbrechen fand, befassten sich die Kriminologen mit dem kriminellen Verhalten und später mit der kriminellen Persönlichkeit des Täters. Im Vordergrund standen die soziale Verteidigung gegen den Straftäter, seine Behandlung, Rehabilitation, Abschreckung oder Sicherung.[29] „Opfer" wie „Täter" waren für die Klassiker des 18. und 19. Jahrhundert – namentlich Cesare Beccaria (1738-1794) und Cesare Lombroso (1835-1909) – mechanische, statische Begriffe und wurden für sie zu Stereotypen. Anfang der 1940er des letzten Jahrhunderts unternahm der deutsche Kriminologe Hans von Hentig (1887-1974) erste Ansätze einer systematischen Betrachtung des Opfers. Nach ihm ist das Verbrechensopfer kein passives Objekt mehr, vielmehr wird es zum aktiven Subjekt im Kriminalisierungs- und Entkriminalisierungsprozess.[30] Nunmehr geht es nicht nur um die Verfassungs- und Menschenrechte des Täters, sondern ganz wesentlich auch um die des Opfers.

Mit dem Blick auf das Opfer erkannte man schnell die Defizite im Strafrecht und Strafverfahrensrecht.[31] Die Stellung des Opfers erfuhr im Laufe der Jahrhunderte besonders im deutschen Strafprozessrecht mehrfach entscheidende Veränderungen. Dabei ging es dem Gesetzgeber je-

29 *Schneider*, DRiZ 1978, 141, 141.

30 *Schneider*, DRiZ 1978, 141, 141.

31 BT-Drs. 10/5305, S. 8.

doch vor allem darum, das Strafverfahren zu einem schlagkräftigen Instrument moderner Verbrechensbekämpfung zu gestalten und neu entwickelte technische Mittel für die Aufklärung von Straftaten nutzbar zu machen.[32] Ein entscheidender Kurswechsel setzte Anfang der 1980er ein. Anlass für die Wiederentdeckung des lange nicht beachteten Opfers waren internationale sowie nationale wissenschaftliche Diskussionen und viktimologische Forschungen, deren Ziel die Neubestimmung der Rolle des Opfers im Strafverfahren, wie auch im materiellen Strafrecht war.[33] Die Reformdiskussionen fanden mit dem Inkrafttreten des Opferschutzgesetzes[34] vom 18.12.1986 ihren Abschluss. Dieses fand bemerkenswert schnell Eingang in das deutsche Verfahrensrecht. Das Gesetz beschränkte sich zunächst auf die Verbesserung der verfahrensrechtlichen Position des Verletzten. Dabei fanden die Ansätze und Überlegungen zur Verbesserung der Schadenswiedergutmachung durch den Täter und der Herbeiführung eines Täter-Opfer-Ausgleichs zunächst nur wenig Beachtung.[35] Seitens der Wissenschaft und Politik wuchs jedoch die Überzeugung, dass zusätzlicher Reformbedarf besteht. Hinzu kam ein detaillierter Forderungskatalog zur Verbesserung der Rolle des Opfers im Strafverfahren, welcher vom Rat der Europäischen Union in seinem Rahmenbeschluss vom 15.3.2001 aufgestellt wurde.[36]

Als Folge ergingen weitere Gesetze, die den Opferschutz zunehmend verstärkten. Zu nennen sind vor allem das Verbrechenbekämpfungsgesetz[37] vom 28.10.1994, das Zeugenschutzgesetz[38] vom 30.4.1998, das Gesetz zur strafverfahrensrechtlichen Verankerung des Täter-Opfer-

---

32 *Herrmann,* ZIS 2010, 236, 236.

33 *Kühne* in Löwe/Rosenberger, Die Strafprozessordnung und das Gerichtsverfassungsgesetz, Einl. Rn. 125; *Herrmann,* ZIS 2010, 236, 236; *Weigend,* Deliktsopfer und Strafverfahren, S. 13 ff; BT-Drs. 10/5305, S. 8.

34 Erstes Gesetz zur Verbesserung der Stellung des Verletzten im Strafverfahren (Opferschutzgesetz – OpferSchG) vom 18.12.1986 BGBl. I S. 2496; aufgehoben durch Artikel 68 G. v. 19.04.2006 BGBl. I S. 866; Geltung ab 01.04.1987.

35 *Kühne* in Löwe/Rosenberger, Die Strafprozessordnung und das Gerichtsverfassungsgesetz, Einl. Rn. 125; *Herrmann,* ZIS 2010, 236, 236.

36 Rahmenbeschluss 2001/220/JI, ABl. EG, Nr. L 82, S.1 v. 22.3.2001.

37 Gesetz zur Änderung des Strafgesetzbuches, der Strafprozessordnung und anderer Gesetze (Verbrechensbekämpfungsgesetz-VerbrBekG) v. 28.10.2994 BGBl. I S. 3186, aufgelöst durch Artikel 182 G. v. 19.04.2006 BGBl. I S. 866; Geltung ab 01.12.1994.

38 Gesetz zur Harmonisierung des Schutzes gefährdeter Zeugen (Zeugenschutz-Harmonisierungsgesetz – ZSHG)vom 30.4.1998 BGBl. I S. 820.

Ausgleichs[39] vom 20.12.1999 und das 2. Opferrechtsreformgesetz[40] vom 29.7.2009.

Rückblickend können vier Schwerpunkte des Reformprozesses festgestellt werden:

Rechte des Opfers auf Information und anwaltlichen Beistand (a), Verbesserung des Persönlichkeitsschutzes von Opfern und Zeugen (b) sowie die Neugestaltung der Nebenklage (c). Im materiellen Strafrecht erfuhr der Regelungskomplex Täter-Opfer-Ausgleich und Schadenswiedergutmachung (d) eine Verbesserung.[41]

Daneben etablierte sich außerhalb des Strafrechts und Strafprozessrechte die staatliche Entschädigung für Opfer von Gewalttaten im Sinne des Sozialrechts (e). Mit dem Erlass des OEG vom 11.5.1976 wurde ein neuer Sozialleistungszweig geschaffen.

### a) Rechte des Opfers auf Information und anwaltlichen Beistand

Das Recht auf Information (§ 406 d Strafprozessordnung (StPO)) wurde mit dem Opferschutzgesetz von 1986 für sämtliche Verbrechensopfer eingeführt und im Zuge des Erlasses des Opferrechtsreformgesetzes von 2004 erweitert. Die Regelung bringt die Anerkennung des Verletzten als selbständigen Verfahrensbeteiligten.[42] Demnach sind jedem Opfer auf Antrag die Einstellung des Verfahrens und der Ausgang des gerichtlichen Verfahrens mitzuteilen. Dem persönlichen Schutz und dem Sicherheitsbedürfnis des Opfers soll dadurch Rechnung getragen werden, dass es auf Antrag eine Mitteilung über eine mögliche freiheitsentziehende Maßnahme gegen den Beschuldigten oder Verurteilten erhält. Von Belang sind in diesem Rahmen insbesondere die Verhängung oder Beendigung von Untersuchungshaft, eine Vollzugslockerung und Urlaub aus der Haft (§ 406 d Abs. 2 StPO).[43]

Mit dem Opferschutzgesetz von 1986 wurde das Recht, sich des Beistands eines Rechtsanwalts zu bedienen oder sich durch einen solchen vertreten zu lassen (§ 406 f Abs. 1 S. 1 StPO), eingeführt. Diese Regelung

39 Gesetz zur strafverfahrensrechtlichen Verankerung des Täter-Opfer-Ausgleichs und zur Änderung des Gesetzes über Fernmeldeanlagen v. 20.12.1999 BGBl. I, S. 2491.

40 Gesetz zur Stärkung der Rechte von Verletzten und Zeugen im Strafverfahren (2. Opferrechtsreformgesetz – 2. ORRG) v. 29.07.2009 BGBl. I S. 2280.

41 *Herrmann*, ZIS 2010, 236, 236; *Weigend*, NJW 1987, 1170, 1171.

42 BT-Drs. 10/5305, S. 16.

43 *Herrmann*, ZIS 2010, 236, 237; *Weiner* in BeckOK StPO, § 406 d, Rn. 3.

sollte dem Opfer die Geltendmachung der Mitwirkungsmöglichkeiten erleichtern. Anfangs beschränkte sich das Recht auf Beiziehung eines Anwalts bei den Vernehmungen des Opfers durch die Staatsanwaltschaft und den Richter – nicht aber durch die Polizei. Da die Vernehmungen in der Praxis jedoch regelmäßig durch die Polizei stattfinden, war der Beistand eines Rechtsanwaltes von eher geringer Bedeutung. Erst mit dem 2. Opferrechtsreformgesetz von 2009 wurde die Anwesenheit des Rechtsanwaltes auch bei polizeilichen Vernehmungen des Opfers, wie jedes Zeugen (§ 68 Abs. 1 S. 2 StPO) zugelassen.[44]

Neben einem rechtskundigen Beistand kann bei der Vernehmung des Opfers auch die Anwesenheit einer Vertrauensperson gestattet werden (§ 406 f Abs. 2 StPO). Das von der Rechtsstellung des Opfers abgeleitete „Verletztenbegleitungsrecht“[45] ermöglicht Mitarbeitern von Opferhilfeeinrichtungen sowie Angehörigen, den Verletzten bei seiner Vernehmung als Zeuge zu begleiten. Besonders bei der Vernehmung von Gewalt- und Sexualopfern, aber auch in anderen Fällen ist die psychologische Betreuung äußerst hilfreich. Diese kann neben der Minderung der Befangenheit und Angst beim Betroffenen gleichzeitig auch der Wahrheitsfindung dienen.[46]

### b) Verbesserung des Persönlichkeitsschutzes von Opfern und Zeugen

Nicht selten werden Opfer eines Verbrechens im Rahmen ihrer Zeugenaussage im Strafprozess erneut zu Opfern und tragen abermals einen psychischen Schaden davon (Sekundärviktimisierung). Strafverfahren über Sexualdelikte bieten immer wieder Beispiele[47] dafür, dass das Intimleben des Opfers bei dessen Aussage als Zeuge in rücksichtsloser und verletzender Weise vor aller Öffentlichkeit ausgebreitet wird. Nicht selten wird das Opfer zum „Schuldigen“ der Tat erklärt. In der Praxis der Strafjustiz führt die Konfrontation im Strafprozess zwischen dem Angeklagten als „mutmaßlichem Täter“ und dem Zeugen, der tatsächlich oder angeblich das Opfer der Straftat ist, zu Konflikten zwischen dem Persönlichkeitsschutz des Zeugen sowie der Wahrung seiner rechtlich geschützten Intimsphäre auf der einen und der Öffentlichkeit der Beweisaufnahme

---

44 *Weiner* in BeckOK StPO § 406 f, Rn. 2; *Herrmann*, ZIS 2010, 236, 237.

45 *Weiner* in BeckOK StPO § 406 f, Rn. 3.

46 BT-Drs. 10/5305 S. 19.

47 bspw. Schärmer-Prozess in München aus dem Jahre 1983, siehe hierzu *Böttcher*, DRiZ 1984, 17.

auf der anderen Seite.[48] Dieser Gratwanderung versucht das Opferschutzgesetz von 1986 mit verschiedenen neuen Regelungen zu begegnen. Obgleich diese Neuerungen in erster Linie dem Schutz der Verbrechensopfer dienen sollen, begünstigen sie alle Zeugen und wirken teilweise sogar über das Strafverfahren hinaus.[49]

Im Zuge dessen wurde versucht, dem Persönlichkeitsschutz des Opfer durch eine Beschränkung des Fragerechts Rechnung zu tragen, indem Fragen, die die persönliche Lebensbestimmung betreffen und dem Zeugen oder einem Angehörigen zu Unehre gereichen können, nur gestellt werden dürfen, wenn sie unerlässlich sind (§ 68 a Abs. 1 StPO).

Das Opferschutzgesetz von 1986 schuf für die Zeugen die Möglichkeit, in Abwesenheit des Täters auszusagen, wenn die dringende Gefahr besteht, dass es zu einem schwerwiegenden Nachteil für dessen Gesundheit kommt (§ 247 S. 2 StPO). Diese Regelung beruht auf der Erfahrung, dass die Begegnung mit dem Täter und die Wiedergabe des Geschehenen in dessen Gegenwart von den Opfern als äußerst unangenehm und belastend empfunden werden.

Zur Wahrung schutzwürdiger Interessen des Zeugen kann die grundsätzlich anwesenheitsberechtigte Öffentlichkeit von der Hauptverhandlung ausgeschlossen werden. Dies gilt jedoch nur unter der Voraussetzung, dass das Interesse an der öffentlichen Erörterung der persönlichen Lebensumstände des Opfers nicht überwiegt (§ 171 b Abs. 1 Gerichtverfassungsgesetz (GVG)). Auf diese Weise kann die Intimsphäre des Opfers auch dann geschützt werden, wenn es nicht als Zeuge oder Nebenkläger an der Verhandlung teilnimmt.

Noch prekärer wird die Situation, wenn Kinder oder Jugendliche Opfern sind. Die Konfrontation mit der Tat und dem Täter in einer gerichtlichen sowie außergerichtlichen Vernehmung kann gerade beim minderjährigen Opfer zu besonderen psychischen Belastungen führen.[50] Aufgrund des Opferschutzgesetzes von 1986 können Aussagen von jugendlichen Zeugen – zunächst unter sechzehn, seit dem 2. Opferrechtsreformgesetz von 2009 unter achtzehn Jahren – im Vorverfahren auf Bild- und Tonträger aufgenommen und deren erneute Aussage in der Hauptverhandlung unter bestimmten Voraussetzungen durch Abspielen der Aufnahme ersetzt werden (§§ 58 a, 225 a StPO). Dasselbe gilt für Zeugen, die in der Hauptverhandlung nicht vernommen werden können und die Aufzeichnung zur Erforschung der Wahrheit erforderlich ist.

48 *Dahs*, NJW 1984, 1921, 1921.

49 *Weigend*, NJW 1987, 1170, 1171.

50 *Herrmann*, ZIS 2010, 236, 239.

### c) Neugestaltung der Nebenklage

Neben zahlreichen Neuregelungen wurden ferner bereits bestehende Normen des Strafprozessrechts über die Rechtsstellung des Opfers im Strafverfahren reformiert. Mit der Neugestaltung der Nebenklage wollte der Gesetzgeber eine umfassende Beteiligungsbefugnis des Verletzten ab Erhebung der öffentlichen Klage schaffen.[51] Neben der Lösung der Nebenklage aus ihrer engen Bindung zur Privatklage, wurde der Kreis der unmittelbar Anschlussberechtigten erweitert. Trotz der Zulassung der Nebenklage bei nunmehr auch schweren, gegen höchstpersönliche Rechtsgüter gerichteten Delikten blieben zahlreiche Straftaten, die ähnlich gravierend in persönliche Rechtsgüter des Opfers eingreifen, ausgeschlossen.[52] Verschiedene in der Folgezeit ergangene Gesetze ergänzten stetig den Katalog der nebenklagefähigen Delikte. Eine umfassende Reform brachte endlich das 2. Opferrechtsreformgesetz, durch eine weitere Ergänzung des Katalogs sowie der Einführung einer Generalklausel. Sie berechtigt das Opfer jeder „anderen rechtswidrigen Tat" zur Nebenklage, wenn dies aus „besonderen Gründen", insbesondere wegen der schweren Folgen der Tat, zur Wahrnehmung seiner Interessen geboten erscheint (§ 395 Abs. 3 StPO).

Dem Opfer stehen als Nebenkläger in der Hauptverhandlung die Rechte zu, deren es zur Wahrnehmung seiner Interessen, insbesondere seiner Darstellung des Sachverhalts und der Abwehr von unberechtigten Schuldzuweisungen durch den Angeklagten, bedarf (§ 397 StPO).

### d) Täter-Opfer-Ausgleich und Schadenswiedergutmachung

Einen weiteren Schwerpunkt der Reformbewegung bildete die Verbesserung des Schadensausgleichs zwischen Täter und Opfer. Neben der Änderung bereits bestehender Bestimmungen, wurden verschiedene prozessrechtliche und materielle-rechtliche Einrichtungen geschaffen. Dem Opfer stehen heute zahlreiche Optionen zur Verfügung, seine zivilrechtlichen Ansprüche gegen den Täter bereits im Strafverfahren geltend zu machen.

Auf prozessualer Ebene versuchte der Gesetzgeber das 1943 eingeführte *Adhäsionsverfahren* praktikabler und für das Opfer attraktiver zu gestalten.[53] Zum Zeitpunkt seiner Einführung sollte es vor allem der Prozessökonomie dienen. Heute steht dagegen der Verletzte im Vorder-

---

[51] BT-Drs. 10/5305, S. 11.

[52] *Herrmann*, ZIS 2010, 236, 241.

[53] *Dallmeyer*, JuS 2005, 327, 328; *Herrmann*, ZIS 2010, 236, 243.

grund, dessen Stellung nach der Tat erleichtert und verbessert werden soll, indem ihm ein kostengünstiges und risikoarmes Prozessinstrument gegeben wird.[54] Der Verletzte kann in einem Antragsverfahren vor dem Strafgericht einen vollstreckbaren Titel erlangen, ohne vor einem Zivilgericht klagen und Beweis führen zu müssen. Durch die Antragstellung wird die Verjährung der zivilrechtlichen Ansprüche gehemmt und bei stattgegebener Sachentscheidung der Anspruch auf Prozesszinsen begründet.[55] Trotz der wesentlichen Bedeutung, die dem Adhäsionsverfahren aus rechtspolitischer Sicht beizumessen ist, weist es selbst nach den Änderungen durch das Opferschutzgesetz von 1986 und das Opferrechtsreformgesetz von 2004 kaum praktische Relevanz auf. Grund hierfür ist die nach wie vor fehlende Akzeptanz in der Rechtspraxis.[56]

Die Interessen des Opfers haben auch im materiellen Strafrecht größere Bedeutung erlangt. Im Rahmen des Sanktionsrechts wurden bislang die Bemühungen des Täters, den beim Opfer verursachten Schaden wieder gutzumachen, bei der Strafzumessung zu dessen Gunsten berücksichtigt. Das Opferschutzgesetz von 1986 schließt an diese Regelung an, indem es neben dem Bemühen, den Schaden wieder gutzumachen, „das Bemühen des Täters, einen Ausgleich mit dem Verletzten zu erreichen" als weiteren Strafzumessungsgrundsatz hinzufügte (§ 46 Abs. 2 StGB).[57]

Mit der Übernahme des im Jugendstrafrecht erfolgreich praktizierten *Täter-Opfer-Ausgleichs* in das Erwachsenenstrafrecht im Zuge des Erlasses des Verbrechensbekämpfungsgesetzes von 1994 ging der Gesetzgeber noch einen Schritt weiter. Der neu eingefügte § 46 a StGB sieht nunmehr eine fakultative Strafmilderung oder gar ein Absehen von der Strafe vor, wenn der Täter in dem Bemühen, einen Ausgleich mit dem Verletzten zu erreichen (Täter-Opfer-Ausgleich), seine Tat ganz oder zum überwiegenden Teil wiedergutgemacht oder deren Wiedergutmachung ernsthaft erstrebt.

Ziel des Gesetzgebers war zum einen, das Interesse des Opfers an Schadenskompensation in den Mittelpunkt zu rücken, und zum anderen den Täter auf diesem Wege besser als mit bloßer Bestrafung zur Einsicht in die Verwerflichkeit seines Tuns und zur Übernahme der Verantwortung für die Folgen seiner Tat zu veranlassen.[58] Für den Täter soll ein An-

---

54 *Meier/Dürre*, JZ 2006, 18, 19.

55 *Meier/Dürre*, JZ 2006, 18, 19.

56 *Tenter/Schleifenbaum*, NJW 1988, 1766, 1766; *Dallmeyer*, JuS 2005, 327, 330;*Herrmann*, ZIS 2010, 236, 243; *Meier/Dürre*, JZ 2006, 18, 25.

57 *Herrmann*, ZIS 2010, 236, 243.

58 BT-Drs. 12/6853, S. 21.

reiz für Ausgleichsbemühungen geschaffen werden, dem Opfer durch persönliches Einstehen für die Folgen der Tat, durch immaterielle Leistungen oder auch durch materielle Schadensersatzleistungen, Genugtuung zu verschaffen.[59]

Die Staatsanwaltschaft und das Gericht sind verpflichtet, in jedem Stadium des Verfahrens zu prüfen, ob ein Täter-Opfer-Ausgleich in Frage kommt und in geeigneten Fällen auf einen solchen hinzuwirken (§ 155 a StPO). Sie dürfen auch ein Verfahren vorläufig einstellen, um einen Täter-Opfer-Ausgleich oder eine Schadenswiedergutmachung herbeizuführen (§ 153 a Abs. 1 S. 2 Nr. 5 StPO). Das Ausgleichsverfahren kann sowohl öffentlichen als auch privaten Stellen übertragen werden (§ 155 b StPO). Im Rahmen der Strafaussetzung ist die Schadenswiedergutmachung in doppelter Hinsicht zu beachten. Zum einen ist das Bemühen des Täters um Schadenswiedergutmachung bei der Frage zu berücksichtigen, ob überhaupt eine Strafaussetzung in Betracht kommt (§ 56 Abs. 2 S. 2 StGB). Zum anderen legt das Gesetz fest, dass bei der Festsetzung von Bewährungsauflagen die Schadenswiedergutmachung vorgeht (§ 56 b Abs. 2 StGB). Der relative Vorrang gegenüber den übrigen Geldauflagen ist Resultat des Verbrechensbekämpfungsgesetzes von 1994. Die Regelung fußt auf der Überlegung, dass den Interessen des Opfers gegenüber den Interessen anderer Geldauflagenempfänger, insbesondere der Landeskasse, Vorrang zukommt.[60]

Vereinzelt wird die strafrechtliche Mediation in Form des Täter-Opfer-Ausgleichs und der Wiedergutmachung, neben der Strafen und Maßregelungen, als dritte Spur im Sanktionsrecht angesehen.[61]

### e) staatliche Entschädigung für Opfer von Gewalttaten als Sozialleistungstatbestand

Einen weiteren Schwerpunkt in der Entwicklung des Opferschutzes bildet die staatliche Entschädigung für Opfer von Gewaltverbrechen. Mit dem OEG von 1976 wurde das Recht der sozialen Entschädigung um einen Leistungstatbestand erweitert.

---

59 *Heintschel-Heinegg*, in BeckOK StGB, § 46 a, Rn. 1.

60 BT-Drs. 12/6853, S. 22.

61 vgl. *Roxin*, FS Baumann, S. 243; *Walther*, ZStW 111, S. 123; *Weigend*, FS Müller-Dietz, S. 975; kritisch: *Hirsch*, ZStW 102, 534; *Schild*, FS Geerds, S. 157, sieht den Täter-Opfer-Ausgleich als echte Strafe an, so dass es danach einer „dritten Spur" gar nicht bedürfte.

Zwar berücksichtigt die Strafrechtsreform neben der Verbesserung der Stellung des Opfers im Strafprozess auch das Interesse des Verletzten an Schadenskompensation durch den Täter. Die Situation der Opfer von Straftaten ist jedoch aus verschiedenen Gründen in tatsächlicher Hinsicht nicht ausreichend gesichert. Nicht selten scheitert die erfolgreiche Durchsetzung der zivilrechtlichen Ansprüche des Opfers an einer mangelnden Tataufklärung oder an der Mittellosigkeit des Täters. Auch private Hilfsorganisationen sind nicht in der Lage, die entstandenen Schäden im vollen Umfang zu ersetzen. Das OEG will der Erkenntnis Rechnung tragen, dass Opfern von Gewaltverbrechen in einem weiteren Umfang als bisher mit öffentlichen Mitteln geholfen werden muss. Auf diese Weise soll eine wichtige soziale und rechtspolitische Aufgabe erfüllt werden. Zur Verhinderung des sozialen Abstiegs der Betroffenen selbst, ihrer Familien und ihrer Hinterbliebenen sollte die Entschädigung an das Opfer der sozialen Verantwortung der Allgemeinheit gerecht werden.[62]

Das Sozialrecht als Inbegriff sozialer Rechte prägt soziale Prinzipien aus, schützt den Schwachen und bildet Gerechtigkeit als „komplexe Gleichheit“ durch die Kombination und die Bündelung unterschiedlicher Leitbilder[63] aus.[64] Aus der wechselseitigen Verbundenheit der Menschen folgt ein Füreinander-Einstehen-Müssen – namentlich der Leistungsfähigen gegenüber den Bedürftigen.[65] Die sozialen Rechte werden im System des Sozialrechts dargestellt. Bei dem Versuch der Systematisierung wurden vor allem die unterschiedlichen Leistungsbestimmungen berücksichtigt. Ergebnis war die Zuordnung der Sozialleistungszweige der Versicherung, Versorgung und Fürsorge.[66] Die „klassische Trias“ beruhte auf dem Sozialrecht der ersten Hälfte des 20. Jahrhunderts. Mit der weiteren Ausdifferenzierung in der zweiten Hälfte des 20. Jahrhundert wird die Trias dem gegenwärtigen Sozialrecht nicht mehr gerecht.[67] Neue Systematisierungsversuche unterscheiden nunmehr zwischen den vier Teilgebieten Vorsorge, Entschädigung, Förderung und Hilfe.[68]

---

62 BT-Drs. 7/2506, S. 7.

63 *Walzer* in Krebs (Hg.), Gleichheit oder Gerechtigkeit, S. 172.

64 *Eichenhofer*, Sozialrecht, Rn. 10.

65 vgl. *Kersting*, Theorien der sozialen Gerechtigkeit, 2000; Gilbert, Welfare Justice, 1995; Goodin, Reasons for Welfare.

66 *Kessler* in LPK – SGB I, § 5, Rn. 5; *Bogs*, Grundfragen des Rechts der sozialen Sicherheit und seiner Reform, S. 15 ff; *Wannagat*, Lehrbuch des Sozialversicherungsrecht, S. 1 ff.

67 *Eichenhofer*, Sozialrecht, Rn. 11.

68 *Eichenhofer*, Sozialrecht, Rn. 11; *Kessler* in LPK – SGB I, § 5 Rn. 5.

Die Entschädigung der Gewaltopfer nach dem OEG gehört in dieser Systematik zum sozialen Entschädigungsrecht i.S.d. § 5 SGB I. Bei der (sozialen) Entschädigung handelt es sich um einen Schadensausgleich aus öffentlichen Mitteln im Falle von Gesundheitsschäden, für deren Entstehung die Allgemeinheit eine besondere Verantwortung trägt und hinsichtlich deren Folgen der Staat nach versorgungsrechtlichen Grundsätzen einsteht.[69] Der § 5 SGB I nimmt hiermit auf die historisch erstmals für Kriegsopfer geschaffene staatliche Entschädigung Bezug. Diese bildete den Kern der Versorgung (klassische Trias).[70]

Der Aufbau von Versorgungssystemen für abgedankte, insbesondere invalide Soldaten begann im 17. Jahrhundert.[71] Die Monarchen sorgten für ihre kriegsbedingt erkrankten und verwundeten Soldaten durch eigene Krankenhäuser (Charité, Hôtel des Invalides) und Renten. Die Idee der Entschädigung für Kriegsopfer mit Mitteln der öffentlichen Hand ist bereits in der am 18.4.1814 erlassenen „Instruction" zum Ausdruck gekommen, deren Erlass im unmittelbaren Zusammenhang mit der Einführung der Allgemeinen Wehrpflicht im Jahre 1814 steht.[72] Der Rechtsgrund für die staatliche Entschädigungspflicht lag in der Aufopferung des Einzelnen für das Allgemeinwohl. Die Kriegsopferentschädigung begründete also ein Sonderopfer für die Allgemeinheit, das diese zum Ausgleich verpflichtet.

Rechtsgrund der sozialen Entschädigung ist die Einstandspflicht des Staates für erlittene Gesundheitsschäden, unabhängig davon, ob der Verletzte ein besonderes Opfer für die staatliche Gemeinschaft erbracht hat oder ihre Einstandspflicht aus anderen Gründen folgt. Abzugrenzen ist diese von dem Recht der staatlichen Ersatzleistungen (Staatshaftung). Denn der Rechtsgrund liegt gerade nicht im Ausgleich eines dem einzelnen auferlegten Sonderopfers für die Allgemeinheit, das nach § 75 EinlALR „der Staat demjenigen, welcher seine besonderen Rechte und Vorteile dem Wohl des gemeinen Wesens aufzuopfern genötigt wird, zu entschädigen gehalten" sei. Im sozialen Entschädigungsrecht wird die Leistungspflicht des Staates damit begründet, dass der Staat die entstandenen Schäden zwar nicht zugefügt, aber veranlasst habe.[73]

---

69 *Kessler* in LPK – SGB I, § 5 Rn. 5; *Eichenhofer*, Sozialrecht, Rn. 416.

70 *Kessler* in LPK – SGB I, § 5 Rn. 5; *Eichenhofer*, Sozialrecht, Rn. 416.

71 *Schulin*, Soziales Entschädigungsrecht als Teilsystem des kollektiven Schadensausgleich, S. 67; *Welti*, Behinderung und Rehabilitation im sozialen Rechtsstaat, S. 191.

72 *Schulin*, Soziales Entschädigungsrecht als Teilsystem des kollektiven Schadensausgleich, S. 69.

73 BGH, NJW 1955, 1876, 1876; BGH, NJW 1956, 629, 629.

Die Einstandspflicht aufgrund *staatlicher Veranlassung* rechtfertigt somit die Leistungen der Kriegsopfer-, Soldaten- und Zivildienstleistendenversorgung, weil in der Ausübung jener Dienstpflichten für die Allgemeinheit eine wesentliche Bedingung für die Gesundheitsschädigung liegt. Auch die Haftung für eine über normale Impfreaktion hinausgehende Schädigung der Person infolge einer gesetzlich angeordneten oder behördlich empfohlenen Impfung ist demnach gerechtfertigt. Endlich folgt die Entschädigung für die Opfer der NS- und DDR-Diktatur aus der Einstandspflicht der vereinten Bundesrepublik Deutschland für Schädigungsakte aus staatlicher Veranlassung eines menschenrechtswidrigen Regimes.[74]

Die Einstandspflicht des Staates erklärt sich zudem aus *staatlichem Unterlassen* und schließlich dem Bemühen um *Förderung* von im *öffentlichen Interesse* liegendem *Handeln*.[75]

Letzteres rechtfertigt die Entschädigung nach den Grundsätzen der unechten Unfallversicherung – etwa für die Unfallschäden der in der Wohlfahrtspflege ehrenamtlich Tätigen, Nothelfern, Blut- und Organspendern, Zeugen und Sachverständigen, Kindern, Schülern und Studenten sowie Personen, die eine Gesundheitsschädigung beim Bau öffentlich geförderter Eigenheime in Selbst- oder Nachbarschaftshilfe erleiden.[76]

Für Personenschäden aus rechtswidrigen Übergriffen auf die Lebensgüter Gesundheit, Leben und körperliche Unversehrtheit haftet der Staat, weil er diese trotz staatlichem Gewaltmonopol nicht zu unterbinden vermocht hat. Die Einstandspflicht wegen staatlichen Unterlassens rechtfertigt auch die Entschädigung der Gewaltopfer.

Bei der sozialen Entschädigung handelt es sich um eine kausale Sozialleistung, die wegen des besonderen Grundes eines Bedürfnisses gewährt wird, nicht um eine reine finale Leistung, welche nur nach dem Bedürfnis und dessen mögliche Befriedigung fragt.[77] Ziel ist die Schadlosstellung der betroffenen Personengruppen in einem solchen Umfang, dass für die Verletzten selbst, aber auch für ihre Familien und Hinterbliebenen ein Schutz begründet und ein sozialer Abstieg verhindert wird. Diesem Anliegen wird am besten das Leistungssystem des BVG gerecht. Aus diesem Grund knüpft u.a. auch das OEG an dieses hinsichtlich der Entschädigung wegen gesundheitlichen und wirtschaftlichen Folgen einer gesundheitlichen Schädigung, nicht aber wegen Vermögensschäden,

---

74 *Eichenhofer*, Sozialrecht, Rn. 418.

75 *Eichenhofer*, Sozialrecht, Rn. 418.

76 § 2 I Nr. 8, 9, 10, 13, 16 SGB VII.

77 *Rüfner*, NJW 1976, 1249, 1249.

an.[78] Von Vorteil ist neben dem umfassenden Spektrum an Leistungen auch die Unabhängigkeit von etwaigen Versicherungspflichten und Beitragszeiten.[79]

Mit dem Erlass des OEG als Ermächtigungsgrundlage[80] für eine Entschädigung für Gewaltopfer wurde endlich ein weiterer Sozialleistungstatbestand innerhalb der sozialen Entschädigung geschaffen, welcher seinerseits gerechtfertigt ist durch eine Einstandspflicht des Staates. Diese erklärt sich wiederum durch staatliches Unterlassen; mangels Ausübung des Gewaltmonopols.

## 2. Internationale Vorbilder im Opferentschädigungsrecht

Mangels geschichtlicher Vorläufer im deutschen Recht orientierte sich der Bundesgesetzgeber bei dem Erlass des OEG an ausländischen Vorbildern. Dabei bot sich Großbritannien als besonders gutes Studienobjekt an, da es neben Neuseeland über die längste, nämlich eine damals mehr als zehnjährige Praxis auf diesem Gebiet verfügte, und auch im Hinblick auf die Bevölkerung und die Wirtschaft eine vergleichbare Struktur aufweist. Ferner dienten die Erfahrungen der verschiedenen Einzelstaaten Australiens, Kanadas, den USA und Österreich als Hilfe bei der Gesetzgebung.[81]

Den entscheidenden Denkanstoß gab im Jahre 1957 die englische Strafrechtsreformerin Margery Fry mit der Publizierung eines mit dem Titel „Justice for Victims“[82] überschriebenen Artikels. Mit eindringlichen Worten trat sie für eine staatliche Entschädigung für Opfer ein. Unter dem Vorantritt von Fry entwickelte sich in England eine Bewegung, die zu wichtigen Ergebnissen auf dem Gebiet des Opferschutzes führte.

Das vom englischen Justizkomitee im Jahre 1961 veröffentlichte Weißbuch (White Paper) über „Entschädigung von Opfern von Gewaltverbrechen“ führte zunächst 1963 in Neuseeland[83] und dann 1964 in Großbritannien[84] zum Erlass eines Opferentschädigungsprogramms.

---

78 *Sailer* in Wilke, Soziales Entschädigungsrecht – OEG, § 1, Rn. 1.

79 *Kunz*, Problem der Opferentschädigung im deutschen Recht, S. 268.

80 *Eichenhofer*, Sozialrecht, Rn. 418.

81 *Weintraud*, Entschädigung für Opfer von Gewalttaten in Großbritannien und der Bundesrepublik Deutschland, S. 13; *Schoreit*, Entschädigung der Verbrechensopfer als öffentliche Aufgabe, S. 14 .

82 *Fry* in Hudson/Galaway, Considering the victim, S. 54 ff.

83 Criminal Injuries Compensation Act, (N.Z.), as am. 1971.

84 Home Office, Compensation for Victims of Crime of Violence, Cmnd. 2323 (1964).

Dem folgten im angloamerikanischen Rechtskreis weitere ähnliche Entschädigungsmodelle: verschiedene Staaten der USA (Kalifornien 1965, New York 1967, Hawaii 1967, Massachusetts und Maryland 1968, New Jersey 1971), Australien (New South Wales 1967, Queensland 1968) und acht von zehn Provinzen Kanadas sowie Nordirland (1968). Auch weitere europäische Staaten wie Österreich (1972) und die Republik Irland (1972) schlossen sich dem Vorbild Großbritanniens an.[85]

In allen Staaten wurden die Grundlagen für die Entschädigung in gesetzlicher Form erlassen. Eine Ausnahme bildete zunächst Großbritannien: Hier gewährte eine Verwaltungsbehörde (Criminal Injuries Compensation Board) die Entschädigung, ohne dass dafür ein entsprechendes Entschädigungsgesetz die Rechtsgrundlage bildete.[86] Erst durch den Criminal Justice Act von 1988 wurde das Entschädigungsmodell für Verbrechensopfer (Criminal Injuries Compensation Scheme) auf eine gesetzliche Grundlage gestellt.[87]

Die Erfahrungen dieser Staaten zeigten, dass ursprüngliche Bedenken gegen die staatliche Entschädigung von Verbrechensopfern unbegründet waren. Vom Staat finanzierte Opferentschädigungsprogramme führten weder zu enormen staatlichen Mehrausgaben noch entstanden große Bürokratien. Auch auf das Verhalten von potentiellen Opfern in Form von Sorglosigkeit und auffallender Nachlässigkeit zeigte die staatliche Maßnahme keinerlei Wirkung. Auf die Kriminalitätsentwicklung, das Anzeigeverhalten und die Verurteilungsrate hatte eine solche staatliche Maßnahme ebenfalls keinerlei Einfluss.[88]

### 3. Rechtfertigung des Prinzips der staatlichen Opferentschädigung

Über die Notwendigkeit, ein spezielles Opferprogramm einzuführen, besteht in Deutschland nunmehr Einigkeit. Es stellt sich allerdings die Frage nach der prinzipiellen Rechtfertigung der Opferentschädigung. Die Beantwortung der Frage nach der „causa" der Gewaltopferentschädigung

---

85 *Ebert,* Hilfe für Verbrechensopfer, S. 12; *Schoreit/Düsseldorf,* OEG, S. 104 ff; *Burns/Ross,* Revue Internationale de droit Pénal, 70, 70 ff; Council of Europe 1978, S. 31 ff.

86 *Huber,* Revue Internationale de droit Pénal, 321, 324; *Schoreit/Düsseldorf,* OEG, S. 104 ff.

87 *Schulte,* ZIAS 2010/2011, 41, 45; *Miers,* State Compensation for Criminal Injuries, S. 1.

88 *Schneider,* DRiZ 1978, 141, 144; *Lamborn,* Victimology, 503, 506 ff.

ist nicht nur von theoretischem Wert. Sie liefert vielmehr Interpretationshilfen für die Erklärung, Handhabung und Weiterentwicklung des vorhandenen Modells.[89]

Die Grenzen zwischen einer rechtlich, sozial- und kriminalpolitisch motivierten Begründung hinsichtlich einer aus öffentlichen Mitteln finanzierten Opferentschädigung sind durchaus fließend. Vereinfacht betrachtet lassen sich die Erklärungsansätze und Rechtfertigungsgründe in haftungsrechtliche (a), sozialpoltische (b) und kriminalpolitische (c) Kategorien unterteilen.[90]

### a) Haftungsrechtlicher Ansatz

#### aa) Staatsversagungstheorie

Nach dem haftungsrechtlichen Ansatz ergibt sich die Rechtfertigung staatlicher Entschädigung aus dem Versagen des staatlichen Schutzes (Staatsversagungstheorie).[91] Die Ersatzpflicht des Staates resultiert nach dieser Deutung letztlich aus seiner unzureichenden Kriminalitätsbekämpfung. Dieser schadensersatzrechtliche Begründungsansatz muss vor dem Hintergrund des staatlichen Gewaltmonopols gesehen werden.[92] Der Staat hätte es danach übernommen, dem Bürger umfassenden Schutz vor Straftaten zu gewähren.[93] Zwischen Staat und Bürger bestehe ein Garantievertrag, der jede nicht verhinderte Straftat als Vertragsbruch erscheinen lässt.[94]

Spätestens die Verkündung des „Ewigen Landfriedens" von 1495 beseitigte das Recht eines jeden, Selbstjustiz zu üben. Das Faustrecht der Fehden wurde als unzulänglich empfunden, weil die Selbstjustiz nur den Starken hilft und nicht selten ein gieriger Raubzug als rechtmäßige Fehde

---

89 *Jung* in Kirchhoff/Sessar, Das Verbrechensopfer, 379, 380; Heinz, Das Opferentschädigungsgesetz, Teil A Rn.17.

90 *Jung* in Kirchhoff/Sessar , Das Verbrechensopfer, 379, 380.

91 BSGE 59, 40, 44; *Kunz/Zellner/Gelhausen/Weiner*, OEG, § 1, Rn. 1; *Rüfner*, Rechtsgutachten, E 45; *Fry* in Hudson/Galaway, Considering the victim, S. 54 ff.

92 *Jung* in Kirchhoff/Sessar, Das Verbrechensopfer, 379, 380.

93 *v. Hippel*, ZRP 1971, 5, 5; *Fry* in Hudson/Galaway, Considering the victim, S. 54; *Stolleis*, FS Wannagat, 579, 583.

94 *Kirchhoff* in Janssen/Kerner, Verbrechensopfer, Sozialarbeit und Justiz, S. 152; *Villmow/Müller/Krieger/Plemper*, KrimJ 1982, 303, 304; *Weintraud*, Entschädigung für Opfer von Gewalttaten in Großbritannien und der Bundesrepublik Deutschland, S. 21.

getarnt wurde. Mit Abschaffung des Faustrechts und der Anerkennung des Gewaltmonopols auf Seiten der Staatsgewalt übernahm der Staat die Verpflichtung, die öffentliche Sicherheit durch Rechtspflege zu gewährleisten.[95] Nach wie vor hat die staatliche Monopolisierung der Gewalt den primären Zweck zu verhindern, dass Konflikte mittels Gewalt und Waffen ausgetragen werden. Mit der Entwaffnung des Einzelnen wird die Gefahr, Opfer zu werden, erheblich verringert.[96]

Die Annahme, der Staat übernehme gegenüber seinen Bürgern eine Garantie, diese mittels Schaffung einer Institution wie der Polizei, nunmehr vor Schaden an Leib und Vermögen zu bewahren, überzeugt allerdings nur schwer. Wie sollte ein lückenloser Schutz gegen Delinquente in einer Gesellschaftsordnung mit Kriminalität als scheinbar immanenten Bestandteil tatsächlich aussehen? Niemand wird bedingungslos dafür einstehen wollen, dass sich in jedem öffentlichen Gebäude, etwa einem Kaufhaus oder einer Gaststätte sowie in öffentlichen Verkehrsmitteln, je ein uniformierter und bewaffneter „Hüter des Gesetzes“ befindet. Noch absurder erscheint die Vorstellung, einen Polizisten in Wohnungen von Privatpersonen zu postieren.[97]

Vielmehr wird sich der Staat in der Pflicht sehen, die öffentliche Sicherheit nur im Rahmen seiner personellen und finanziellen Möglichkeiten zu gewährleisten, jedoch ohne Begründung eines haftungsrechtlichen Anspruchs im Falle der Verübung eines Verbrechens. Die staatliche Opferentschädigung muss hierbei vom Staatshaftungsrecht abgegrenzt werden. Während beim Letzteren vom „Versagen“ des Staates im Sinne einer Pflichtverletzung gesprochen werden kann, kann ein solches nicht pauschal bei jedem gesetzeswidrigen Verhalten eines Bürgers angenommen werden. In der Begründung des staatlichen Gewaltmonopols liegt der Grundstein für ein friedliches Zusammenleben, wobei dieses dennoch nur angestrebt, aber keineswegs garantiert werden kann.

Es erscheint nicht nur konstruiert, die staatliche Leistung einer Entschädigung für Opfer allein auf das vermeintliche „Versagen“ des Staates zu stützen, da es sich hierbei um einen Garantievertrag handeln würde, dessen Einhaltung von Anfang an unmöglich ist.

---

95 *Becker*, NJW 1995, 2077, 2077.

96 *Schulte*, ZIAS 2010/2011, 41, 47.

97 *Weintraud*, Entschädigung für Opfer von Gewalttaten in Großbritannien und der Bundesrepublik Deutschland, S. 21 ff; *Hase* in Maydell/Ruland/Becker, Sozialrechtshandbuch, § 26, Rn. 5; *Schmidt-Klügmann*, ZSR 1989, 257, 268.

### bb) Befriedigungsvereitelung durch den Staat

Ein anderer Begründungsversuch sieht die besondere Verantwortung des Staates gegenüber Verbrechensopfern in der Strafverfolgung. Ausgangspunkt der Theorie „Befriedigungsvereitelung durch den Staat" ist erneut die staatliche Monopolisierung der Gewalt und der Sanktionierung.[98] Den Inhalt dieser Theorie bildet die Annahme, der staatliche Strafanspruch gehe dem privatrechtlichen Schadensersatzanspruch vor, weil diese Privilegierung sowohl bei Freiheits- als auch bei Geldstrafen zur Befriedigungsvereitelung beim Opfer führe.[99] Die strikte, ziel- und zweckorientierte Trennung von Schadensersatz und Strafe, von Zivil- und Strafverfahren und einhergehend damit die Doppelung der Rechtsfolgen für den Täter, haben zur Folge, dass die Durchsetzung der zivilrechtlichen Ansprüche des Opfers meist erfolgslos verläuft.[100] Grund hierfür sei die Herabsetzung der Zahlungsfähigkeit des Täters durch den Staat mittels Festsetzung einer Geldbuße oder der Anordnung einer Freiheitsstrafe mit einer äußerst geringen Entlohnung für die Arbeit in der Strafvollzugsanstalt.[101] Die Verpflichtung des Staates zur Entschädigung resultiere also aus der Vereitelung der Durchsetzung schadensersatzrechtlicher Ansprüche des Opfers gegenüber dem Täter.

Es lässt sich nicht von der Hand weisen, dass der staatliche Strafanspruch und der zivilrechtliche Schadensersatzanspruch des Opfers in einer gewissen Konkurrenz zueinander stehen. Auch mag die Sinnhaftigkeit und Zweckmäßigkeit der Ausklammerung der zivilrechtlichen Schadenswiedergutmachung aus der Strafrechtspflege bezweifelt werden.[102] Doch schon allein der Befriedungswirkung des staatlichen Gewaltmonopols wegen möchte wohl niemand das Rad der Zeit zurückdrehen. Man denke nur an den erbarmungslosen Kampf der Sippen und die Fehden aus Blutrache, die nicht selten zur Ausrottung ganzer Familien führten[103].

---

98 *Kunz,* Probleme der Opferentschädigung im deutschen Recht, S. 59.

99 *Doering-Striening,* Die Versagung von Opferentschädigungsleistungen gemäß § 2 Abs. 1 OEG, S. 45 ff; *Weintraud,* Entschädigung für Opfer von Gewalttaten in Großbritannien und der Bundesrepublik Deutschland, S. 22 ff.

100 *Doering-Striening,* Die Versagung von Opferentschädigungsleistungen gemäß § 2 Abs. 1 OEG, S. 45 ff.

101 *Weintraud,* Entschädigung für Opfer von Gewalttaten in Großbritannien und der Bundesrepublik Deutschland, S. 23; *Zipf,* MSchkrim 1970, 1, 11; *Schoreit,* Entschädigung der Verbrechensopfer als öffentliche Aufgabe, S. 48 ff; Council of Europe 1975, S. 6.

102 *Kunz,* Probleme der Opferentschädigung im deutschen Recht, S. 59 m.w.N.

103 *Becker,* NJW 1995, 2077, 2078.

Die Verhängung einer langjährigen Freiheitsstrafe oder die Festsetzung einer Geldstrafe führen zur Vermögensminderung beim Täter. Gerade bei der deutschen Regelsanktion – der Geldstrafe – läuft das bei der Freiheitsstrafe oder bedingten Verfahrenseinstellung grundsätzlich bewährte Auflagensystem, das die Wiedergutmachung des Opfers ermöglicht, von vornherein leer.[104] Der Begründungsansatz geht von der Annahme aus, dass der Täter in jedem Falle ohne die Verhängung einer Strafe das Opfer zivilrechtlich entschädigen könne. Diese überzeugt nicht, wenn man bedenkt, dass die Straftäter zum größten Teil einkommens- und vermögenslos sind.[105] Der Strafvollzug stellt somit nicht per se den Grund für die Zahlungsunfähigkeit beim Täter dar. Nicht zuletzt verlangt die Gesellschaft selbst nach einer „gerechten" Bestrafung des Täters und nicht wenige Opfer würden sich bitter beklagen, wenn der Täter unbestraft davon käme.[106] Zudem ziehe das Prinzip der Rechtsstaatlichkeit die Pflicht des Staates nach sich, die Sicherheit seiner Bürger und deren Vertrauen in die Funktionstüchtigkeit der staatlichen Institutionen zu schützen sowie die Gleichbehandlung aller Beschuldigten im Strafverfahren die grundsätzliche Durchsetzung des staatlichen Strafanspruchs.[107]

### cc) Aufopferungstheorie

Nach der „Aufopferungstheorie" wird der aus der Straftat erwachsene Schaden dem Betroffenen als Dienst an der Gemeinschaft abverlangt. Der Ausgleich müsse daher als sinnvolles Opfer aus öffentlichen Mitteln erbracht werden.[108] Dieser Begründungsansatz beruht auf der Überlegung, dass Institute wie die Strafaussetzung zur Bewährung, die vorzeitige Strafentlassung oder der Freigang, zwar für eine erfolgsversprechende

---

104 *Kilchling,* NStZ 2002, 57, 62.

105 *Schneider,* Viktimologie, S. 161.

106 *Kilchling,* NStZ 2002, 57, 62; *Weintraud,* Entschädigung für Opfer von Gewalttaten in Großbritannien und der Bundesrepublik Deutschland, S. 23.

107 BVerfGE 51, 324, 343; *Schmidt-Aßmann* in Maunz/Dürig, GG, Art. 103 Abs. 2, Rn. 176.

108 *Ebert,* Hilfe für Verbrechensopfer, S. 22; *Schoreit,* Entschädigung der Verbrechensopfer als öffentliche Aufgabe, S. 75 ff; erwähnt bei: Schneider in Kirchhoff/Sessar, Das Verbrechensopfer, 365, 368; *Jung* in Kirchhoff/Sessar, Das Verbrechensopfer, 379, 380.

Resozialisierung des Täters unerlässlich seien, aber eine zusätzliche Gefährdung der Allgemeinheit bedeuten.[109]

Führt der erwünschte und erforderliche Sozialkontakt zwischen Vorbestraften und Mitbürgern zu einer erneuten Straftat, so dürfe der Kontakt dennoch nicht als wertlos und der eingetretene Schaden nicht als nutzlos, sondern vielmehr als die Erbringung eines sinnvollen Opfers beurteilt werden.[110]

Die Opferentschädigung lässt sich jedoch nur schwer auf die Theorie der Aufopferung stützen. Dieser Begründungsansatz ist nur auf die Fälle einer fehlgeschlagenen Resozialisierung des Täters beschränkt, wobei der Schaden beim Opfer den Beweis dafür darstellt. Gerade auch in Anbetracht des Scheiterns der Wiedereingliederung des Täters in die Gesellschaft, kann man den Opferschaden nur schwerlich als „nicht nutzlos" bewerten. Auch setzt eine Aufopferung stets ein vom Willen getragenes bewusstes und zielgerichtetes Handeln in Form eines Tuns, Duldens oder Unterlassens voraus. Der Nothelfer, der wissentlich seine Gesundheit oder sogar sein Leben riskiert, um einer anderen Person zu Hilfe zu kommen, opfert sich auf. Der Eigentümer einer Sache opfert sich auf, indem er diese der Allgemeinheit zur Verfügung stellt und auf seine Rechte verzichtet. Eine Person jedoch, die rücklings überfallen und niedergeschlagen wird, weist hinsichtlich der Schäden, die sie davon trägt keinerlei zielgerichtetes Handeln auf. Von einer Aufopferung kann hier nicht die Rede sein.

In diesem Zusammenhang wird zudem vertreten, das Opfer bestehe darin, dass es den konkret Geschädigten und keinen anderen getroffen hat.[111] Diese These setzt voraus, dass in jedem Fall anstelle der tatsächlich geschädigten Person eine andere Person zu Schaden gekommen wäre. Dem ist entgegen zuhalten, dass eine Vielzahl von Straftaten nicht planmäßig, sondern spontan begangen werden. Täter nutzen häufig „günstige" Situationen für sich aus, so dass die Verübung der Tat von sich zufällig aneinander reihenden Ereignissen abhängt. Nur wenige straffällig gewordene Personen gehen mit dem Vorsatz außer Haus, eine andere Person zu berauben, zu vergewaltigen oder zu nötigen.

---

109 *Weintraud,* Entschädigung für Opfer von Gewalttaten in Großbritannien und der Bundesrepublik Deutschland, S. 24; vgl. *Wolfgang,* 50 Minnesota Law Review (1965-1966), 223, 234.

110 *Schneider,* Viktimologie, S. 161 ff.

111 *Ebert,* Hilfe für Verbrechensopfer, S. 22.

## b) sozialpolitischer Ansatz

### aa) Ausbau des Sozialstaates

Vertreter von Rechtsfertigungsgründen sozialpolitischer Natur, neigen zwar nicht dazu, eine unmittelbar rechtliche Verpflichtung des Staates zur Entschädigung von Verbrechensopfern anzunehmen, vertreten aber gleichwohl Gründe, die eine moralische Verpflichtung des Staates nahelegen.[112]

Die Entschädigung von Opfern sei eine Aufgabe, die weder durch die strafrechtliche Gesetzgebung noch mit Mitteln aus dem Budget der Justiz gelöst werden könne, sondern allein im Wege einer sozialrechtlichen Regelung. Unabhängig von den Denkanstößen der Strafrechtsreform, habe die Forderung, Opfer von Straftaten von Staats wegen zu entschädigen, eine zweite Wurzel im Entwicklungsprozess des Sozialrechts.[113]

Autoren, die die staatliche Opferentschädigung als einen notwendigen oder zumindest wünschenswerten Ausbau des Sozialstaates sehen, heben hervor, dass die Gesellschaft eine Gefahrengemeinschaft sei, in der menschliche Solidarität verwirklicht werde.[114] Da alle Menschen in gleicher Weise gefährdet seien und das Opferwerden reiner Zufall sei, gebiete schon die Vernunft sich zusammen zu tun und die Kosten für die Wiederherstellung und gegebenenfalls den Lebensunterhalt des Verletzten gemeinsam zu tragen.[115] Das gemeinschaftliche Eintreten für die Mitmenschen, bei denen sich die Gefahr des Opferwerdens verwirklicht hat, sei folglich ein sozialpolitisches Postulat.[116]

Dagegen wird der Einwand erhoben, hinsichtlich der Schaffung eines Entschädigungsprogramms für Verbrechensopfer fehle es an einer überzeugenden Darlegung der Gründe. Es sei nicht gelungen, eine plausible Begründung dafür zu geben, dass das Opfer eines Gewaltverbrechens in stärkerem Maße staatlicher Unterstützung bedürfe als andere Unfallopfer. Neben der Verhütung von Verbrechen und dem Schutz des

---

112 *Weintraud*, Entschädigung für Opfer von Gewalttaten in Großbritannien und der Bundesrepublik Deutschland, S. 24.

113 *Schätzler*, ZStW 86 (1974), 471, 473.

114 *Schneider*, Viktimologie, S. 161; *Schäfer*, Soziale Schäden, soziale Kosten und soziale Sicherung, S. 356 These 3 d.; *Kunz*, Probleme der Opferentschädigung im deutschen Recht, S. 67.

115 *Schultz* in Hudson/Galaway, Considering the victim, 130, 132 ff.

116 *Schätzler*, ZStW 86 (1974), 471, 473.

Einzelnen vor tätlichen Übergriffen gibt es zahlreiche andere Gebiete, auf denen seitens des Staates Vorkehrungen zur Sicherung des Bürgers vor Unglücksfällen, Krankheiten und anderen Schicksalsschlägen getroffen werden können und müssen. Man denke an die Opfer von Verkehrsunfällen, auf dem Versagen gefährlicher technischer Anlagen beruhende Gesundheitsschädigungen, Umweltverschmutzungen und der Herstellung und Verteilung gesundheitsschädlicher Medikamente und Lebensmittel.[117] Opfer solcher Katastrophen sind im Fall der Erwerbsunfähigkeit gleichermaßen auf die Sozialhilfe angewiesen. Zwar lasse sich darüber streiten, ob der Staat im Interesse der Gewährleistung umfassender Sicherheit den Bürger gegen alle jene Risiken schützen müsse. Aber es leuchte nicht ein, warum er gerade für die Opfer von Gewalttaten eine besondere Verantwortung trage.[118]

Des Weiteren wird der Vorwurf erhoben, für die staatliche Opferentschädigung bedürfe es finanzieller Aufwendungen, die besser und gerechter für eine Verbesserung des Gesamtsystems eingesetzt werden könnten, zumal die Forderung nach einem Opferentschädigungsprogramm von der Unzulänglichkeit der sonstigen staatlichen Fürsorgemaßnahmen ausgehe[119]. Einzelne sehen in dem verstärkten Einsatz staatlicher Mittel für derartige Spezialfälle sogar einen Grund für die ungenügende Versorgung der Betroffenen auf der Grundlage der bereits bestehenden Sozialhilferegelungen.[120]

Wieder andere befürchten den Abbau der Eigenverantwortung und lehnen eine Entschädigung aus öffentlichen Mitteln als staatlichen Paternalismus ab.[121] Zum Teil wird das staatliche Entschädigungsprogramm auch als Eingriff in die freie Marktwirtschaft erachtet.[122]

Vereinzelt wird eine privatversicherungsrechtliche Lösung als weitaus flexibler empfunden, da beispielsweise der zu zahlende Beitrag nach dem Maß der Gefährdung der einzelnen Personengruppen bemessen werden könne. Zudem wird behauptet, die Leistung einer privaten Versicherung sei gerechter, da es der Einzelne in der Hand habe, eine seinen

---

117 *Kötz*, ZRP 1972, 139, 141 ff.

118 *Kötz*, ZRP 1972, 139, 142.

119 *Burns/Ross*, 8 U.Brit.Col.L.R. (1973), 105, 108.

120 *Atiyah*, Accidents, Compensation and the Law, S. 330; anders *Schäfer*, Soziale Schäden, soziale Kosten und soziale Sicherung, S. 140, der durch derartige Spezialeinrichtungen vielmehr eine Intensivierung der Forderung analoger Gruppen, welche sich auf das Gleichheitspostulat berufen können, festgestellt hat.

121 *Inbau*, 8 Journal of Public Law (1959), 201, 202.

122 *Mueller*, 8 Journal of Public Law (1959), 218, 219.

finanziellen Verhältnissen entsprechende Prämie und damit Versicherungsleistung zu wählen.[123]

Diesem Argument wird allerdings zu Recht entgegen gehalten, dass gerade die ärmeren Bevölkerungsschichten, welche in höherem Maße von der Kriminalität betroffen sind, sich eine solche Versicherung nicht leisten können.[124] Eine mit staatlichen Mitteln finanzierte Entschädigung für unschuldige Opfer von Gewaltverbrechen trifft auf eine breite Akzeptanz in der Gesellschaft. Auch die Notwendigkeit einer sozialen Entschädigung dieser Art wird nunmehr weitestgehend anerkannt. Um jedoch willkürliches Handeln auf Seiten des Staates auszuschließen, bedarf es mehr als der Annahme eines sozialpolitischen Postulats.

### bb) Gesellschaft als Verbrechensverursacher

Ein weder im Kreise der Kriminologen noch von offizieller Seite anerkannter Begründungsansatz[125] sieht die staatliche Verpflichtung zur Opferentschädigung in der Tatsache begründet, dass die Gesellschaft das Verbrechen hervorbringe.[126] In den Anhängerkreisen der Theorie „Gesellschaft als Verbrechensverursacher", entwickelt vom italienischen Rechtsphilosophen Giorgio del Vecciho, ist lediglich von einer Mitschuld des Täters an der Entstehung von Kriminalität und der Mitverantwortung für das Schicksal des Opfers die Rede. Ferner variieren die Ansichten darüber, womit die Gesellschaft die Kriminalität begünstigt. Als kriminogene Faktoren gelten u.a. Vernachlässigung im Kindesalter, fehlerhafte Sozialisierung, Normverfall und soziale Ungerechtigkeit.[127]

### c) kriminalpolitischer Ansatz

Anhänger des kriminalpolitischen Ansatzes lassen eine rechtliche oder auch nur moralische Verpflichtung des Staates zur Entschädigung von Gewaltopfern gänzlich unbeachtet. Vielmehr versprechen sie sich von der

---

123 *Starrs*, 50 Minn. Law Review (1965-1966), 285, 302; *von Hippel*, ZRP 1971, 5, 5 ff.

124 *Mueller*, 50 Minn. Law Review (1965-1966), 213, 219; A State Statute to Provide Compensation for Innocent Victims of Violent Crime, 4 Harvard Journal on Legislation (1967,) 127, 129.

125 *Weintraud*, Entschädigung für Opfer von Gewalttaten in Großbritannien und der Bundesrepublik Deutschland, S. 29.

126 *Vecchio*, in Hudson/Galaway, Considering the victim, 85, 100.

127 *Weintraud*, Entschädigung für Opfer von Gewalttaten in Großbritannien und der Bundesrepublik Deutschland, S. 29, m.w.N..

staatlichen Maßnahme die Wiederherstellung des Rechtsfriedens, mehr Handlungsspielraum in der Kriminalpolitik, Stärkung der Zivilcourage oder ein größeres privates Engagement bei der Verbrechensbekämpfung.[128]

Sie vertreten die Auffassung, die staatliche Opferentschädigung stelle eine notwendige Kurskorrektur einer täterorientierten Kriminalpolitik dar. Staatliche Finanzmittel dürften nicht ausschließlich für die Bemühungen um eine Resozialisierung des Täters und dessen Versorgung eingesetzt werden. Eine ausgewogene Kriminalpolitik gebiete vielmehr eine stärkere Berücksichtigung der Belange der Opfer.[129]

Dieses Verlangen wird zum Teil als ein Gebot der Gerechtigkeit, von anderen dagegen als ein Gebot der politischen Klugheit bewertet. Mit dem sichtbaren Beweis dafür, dass die Aufmerksamkeit des Staates nun auch dem Opfer gilt, wüchsen die Chancen für eine aufgeklärte Kriminalpolitik, während andernfalls zu befürchten sei, dass Reformoptionen des Strafvollzugs in der Bevölkerung auf wenig Akzeptanz stoßen würden.[130]

Dieser Auffassung wird entgegen gehalten, die Bemühungen um die Resozialisierung des Täters sollten letztlich der Gesellschaft und allen ihren Mitgliedern zugutekommen, so dass von einer Uneigennützigkeit zugunsten des Straffälligen nicht die Rede sein könne. Auch sei die Gegenüberstellung der finanziellen Mittel für Strafvollzug und Resozialisierung auf der einen Seite und der staatlichen Aufwendungen für Verbrechensopfer auf der anderen Seite nicht sachgerecht. Für die staatliche Entschädigung der Kriminalitätsopfer bedürfe es einer eigenständigen Rechtfertigung.[131]

---

128 *Weintraud*, Entschädigung für Opfer von Gewalttaten in Großbritannien und der Bundesrepublik Deutschland, S. 29 ff; *Villmow/Müller/Krieger/Plemper*, KrimJ 1982, 303, 304; *Schulte*, ZIAS 2010/2011, 41, 47.

129 *Jung* in Kirchhoff/Sessar, Das Verbrechensopfer, 379, 380; *Schneider* in Kirchhoff/Sessar, Das Verbrechensopfer, 365, 366; *Frehsee*, Schadenswiedergutmachung als Instrument strafrechtlicher Sozialkontrolle, S. 191, kritisiert die Opferentschädigung als Kurskorrektur in der Kriminalpolitik.

130 *Kunz*, Probleme der Opferentschädigung im deutschen Recht, S. 66; *Weintraud*, Entschädigung für Opfer von Gewalttaten in Großbritannien und der Bundesrepublik Deutschland, S. 32; vgl. *Veitch/Miers*, 38 Modern Law Review (1975), 139, 150.

131 *Geis*, Task Force Report: Crime and its impact, 157, 159.

## 4. Schlussfolgerung

Da jede Zuwendung aus öffentlichen Mitteln, welche dem einzelnen Bürger zugutekommt, hinreichend begründet werden muss, um bloße Willkür des Staates auszuschließen, bedarf es mehr als der Aufführung allgemeiner staatspolitischer Ziele, um die Opferentschädigung zu rechtfertigen. Entscheidend ist vielmehr, ob die Entschädigung von Gewaltopfern im Rahmen des sozialen Entschädigungsrechts in der Weise rechtlich erforderlich ist, dass ohne seine Existenz dem Bürger nicht zuteil wird, worauf er nach allgemeinen Rechtsgrundsätzen und dem allgemeinen und vernünftig begründbaren Rechtsverständnis Anspruch haben müsste.[132]

Die Aufstellung eines sozialpolitischen Postulats hinsichtlich eines naturgemäßen, gemeinschaftlichen Einstehens füreinander sowie eine Leistung aus Gründen der Gerechtigkeit und Billigkeit reicht für die Begründung eines Rechtsanspruchs im sozialen Entschädigungsrecht nicht. In Anlehnung an die von Thomas Hobbes begründete klassische Theorie eines Gesellschaftsvertrages und dem daraus resultierenden Gewaltmonopol auf Seiten des Staates, kann zwar von dessen Verpflichtung gegenüber dem Bürger, diesen vor gewaltsamen Übergriffen zu schützen, ausgegangen werden. Die Annahme eines fingierten Garantievertrages zwischen dem Staat und seinen Bürgern eignet sich aber nicht als Haftungsgrundlage. Andernfalls wäre die Verübung einer Straftat stets auch immer als eine Amtspflichtverletzung des Staates zu bestimmen und zöge eine Ersatzpflicht aus § 839 BGB i.V.m. Art. 34 GG nach sich.

Der Staat geht jedoch gerade nicht von einem gewaltlosen Zustand unter den Menschen aus. Dies zeigt vor allem die Schaffung von Strafvorschriften. Es ist dem Staat unmöglich, alle Lebenssituationen zu bewachen und jeden einzelnen zu schützen. Er kann eine Grundordnung schaffen und jedes delinquente Verhalten mit Strafe bedrohen. In Abgrenzung zu präventiven Maßnahmen obliegen ihm außerdem die Strafverfolgung und die rechtskräftige Verurteilung der Täter.

Die Rechtfertigung der Opferentschädigung fußt daher vielmehr in der Verfassung als rechtliche und politische Grundordnung. Das Rechtsstaatsprinzip (Art. 20 Abs. 3, 28 Abs. 1 GG), welches seine Konkretisierung in den Vorschriften des Grundgesetzes, vor allem in den Grundrechten findet, verpflichtet den Staat über die traditionelle Funktion der Abwehr staatlicher Eingriffe (z.B. Art. 19 Abs. 4 GG und Art. 103 GG) hinaus auch zu Leistungen. Das Recht auf Leben und körperliche Unversehrtheit gemäß Art. 2 Abs. 2 S. 1 GG versteht sich daher zunächst als ein

---

132 vgl. *Schmidt-Klügmann*, ZSR 1989, 257, 259.

Abwehrrecht gegen den Staat selbst. Es beinhaltet jedoch gleichzeitig auch die Pflicht und Befugnis des Staates, das Leben seiner Bürger vor Eingriffen Dritter zu schützen.[133]

Vor dem Hintergrund des staatlichen Gewaltmonopols kann deswegen im Falle der Verübung einer Straftat durchaus von einem Versagen des Staates gesprochen werden. Denn er vermochte es nicht mit den ihm zur Verfügung stehenden Mitteln, den Bürger vor Verletzungen seiner von Verfassung wegen geschützten Güter und Interessen zu schützen. Unter Beachtung der Verantwortung des Staates gegenüber seiner im Bundesgebiet lebenden Menschen schuldet dieser dem Opfer eines Verbrechens den Ausgleich des erlittenen wirtschaftlichen und sozialen Schadens. Diese Ausgleichspflicht des Staates resultiert jedoch nicht aus einem, wenn auch nur gedachten, haftungsrechtlichen Anspruch, sondern vielmehr aus einer **gesteigerten Verantwortung des Staates** gegenüber den Verbrechensopfern.

Über die repressiven Maßnahmen hinaus, sieht sich der Staat verpflichtet, eine gehobene Versorgung der Opfer von Gewalttaten zu gewährleisten. Die Verpflichtung des Staates beruht zwar nicht, wie bei der Versorgung der Kriegsopfer, auf einer staatlichen Veranlassung. Doch begründen Unterlassungen im Zusammenhang mit der Verbrechensprävention ebenfalls eine gehobene Verantwortung, welche den Umfang der jedermann zugänglichen Sozialleistungen überschreiten und den besonderen Bedürfnissen der Betroffen entsprechen muss. Eine aus staatlichen Mitteln gewährte Gewaltopferentschädigung ist auch nicht willkürlich und tendiert nicht in Richtung einer Volksversicherung, die jedes Lebensrisiko abdeckt. Bei Opfern von Gewaltkriminalität ist regelmäßig ein Versagen der privatrechtlichen Haftungssysteme zu verzeichnen. Der Täter kann nicht immer überführt werden oder ist wirtschaftlich nicht in der Lage, dem Opfer für die erlittenen Schädigungen Ersatz zu leisten. In Abgrenzung dazu unterscheiden sich die Situationen von beispielsweise Unfallopfern im Straßenverkehr und Opfern von Sportunfällen deutlich. Bei einem Sportunfall ist der Sportler für sein Handeln eigenverantwortlich. Er gibt sich wissentlich in eine gefährliche Situation und setzt so die Ursache für die Schädigung selbst. Ansprüche gegen Dritte stehen ihm folglich nicht zu. Verkehrsteilnehmer setzen zum Teil ebenfalls die Ursache für die Schädigung selbst, sei es bei der Verursachung eines Fahrfehlers oder durch die Unterhaltung des Fahrzeuges als eine Gefahrenquelle an sich. Sind Ansprüche gegen Dritte nach den Vorschriften des Straßenverkehrsgesetzes oder aus unerlaubter Handlung vorhanden, aber nicht durchsetzbar, weil der Schädiger nicht liquide ist, greift der

---

133 *Di Fabio* in Maunz/Dürig, GG, Art.2 Abs. 2 S. 1, Rn. 7.

Schutz der Haftpflichtversicherung, der neben die Haftung des Schädigers tritt. Das Opfer eines Verkehrsunfalls wird somit, unabhängig von den Vermögensverhältnissen des Schuldners, schadlos gestellt. Zudem kennt jeder Teilnehmer des Straßenverkehrs die Gefahren und geht somit bewusst ein Risiko ein. Das Opfer einer Gewalttat konnte die Gefahrensituation dagegen weder vorhersehen, noch in irgendeiner Art und Weise beherrschen.

Das in Art. 20 Abs. 1 GG niedergelegte Sozialstaatsprinzip begründet die Pflicht des Staates die materiellen Voraussetzungen für eine freie Entfaltung der Persönlichkeit zu schaffen oder jedenfalls zu erhalten. Dies verlangt danach, dass dem einzelnen Bürger das für ihn erforderliche Existenzminimum nicht nur nicht entzogen, sondern vielmehr geschaffen wird.[134] Zu der Verwirklichung der sozialen Rechte zählt auch die soziale Entschädigung (§ 5 SGB I). Unter Berücksichtigung der gesteigerten Verantwortung des Staates und dessen „Versagen" bei der Verbrechensbekämpfung steht dieser in der Pflicht der gehobenen Schadenskompensation beim Opfer, um zugleich dessen sozialen Status wiederherzustellen und den besonderen Bedürfnissen des Betroffenen gerecht zu werden. Dem Anliegen wird am besten das Leistungssystem des BVG gerecht. Neben dem umfassenden Spektrum an Leistungen ist auch die Unabhängigkeit von etwaigen Versicherungspflichten und Beitragszeiten von Vorteil.

---

134 *Herzog/Grzeszick* in Maunz/Dürig, GG, Art. 20, Rn. 19.

## II. DER INTERNATIONALE GELTUNGSBEREICH DES OEG

Allgemein findet sich immer noch die Aussage, das OEG basiere auf dem „Territorialprinzip".[135] Die Pflicht zur staatlichen Entschädigung für die durch einen tätlichen Angriff ausgelöste Gesundheitsschädigung und die dadurch bedingten wirtschaftlichen Nachteile beruhte auf dem Grundgedanken, dass der Staat sich verantwortlich zeigen muss, da er es nicht vermocht hat den Betroffenen mit seinen Sicherheitskräften vor einer Gewalttat zu bewahren. Folglich bestand bis zum Inkrafttreten des 3. OEG – Änderungsgesetzes zum 1.7.2009 kein Entschädigungsanspruch, wenn die Straftat im Ausland begangen wurde. Mangels Polizeibefugnis sei es dem Staat nicht möglich, außerhalb des eigenen Territoriums den Schutz der betroffenen Personen sicherzustellen. Mit der Ergänzung des OEG durch die Schaffung von Ansprüchen für Auslandstaten wurde jedoch das Territorialprinzip eindeutig aufgegeben.[136] Aber auch im Bezug auf Inlandstaten ist der Tatort nicht alleiniger Anknüpfungspunkt. Dem Grundsatz nach werden nicht alle auf dem Hoheitsgebiet befindlichen Personen, sondern nur solche mit Wohnsitz bzw. gewöhnlichem Aufenthalt im Inland (Wohnortprinzip) vom persönlichen Geltungsbereich erfasst.[137] Es wird aber zu berücksichtigen sein, dass sich eine Vielzahl von Gewalttaten gerade gegen bestimmte ausländische Nationalitäten richtet und gerade diese Personengruppen den Schutz des Opferentschädigungsgesetzes, unabhängig von der Dauer ihres Aufenthaltes, benötigen.[138] Der Rückgriff auf ein „Territorialprinzip" ist folglich verfehlt und überflüssig.

---

135 *Kunz/Zellner/Gelhausen/Weiner*, OEG, § 1, Rn. 6; *Kauder*, ZRP 2003, 402, 402.

136 *Kunz/Zellner/Gelhausen/Weiner*, OEG, § 1, Rn. 6.

137 *Gutzler* in BeckOK SGB I, § 30, Rn. 2; *Seewald* , KassKomm , § 30, Rn. 2.

138 *Kunz/Zellner/Gelhausen/Weiner*, OEG, § 1, Rn. 6.

## 1. Die Entwicklung des OEG

Zunächst beschränkte sich der internationale Geltungsbereich auf Inlandstaten sowie auf die inländischen Staatsangehörigen. Jedoch führten verschiedene Gewaltereignisse in der Vergangenheit zur mehrmaligen Ausdehnung des persönlichen Geltungsbereiches auf verschiedene Gruppen von Ausländern sowie zur Öffnung des Tatbestandes auf im Ausland begangene Straftaten.

Die Stellung der ausländischen Staatsangehörigen im Recht der sozialen Entschädigung für Gewaltopfer wurde ursprünglich allein vom Gegenseitigkeitsprinzip beherrscht.[139] Gemäß der ursprünglichen Fassung des § 1 Abs. 4 des OEG vom 11. Mai 1976[140] hatten Ausländer grundsätzlich keinen Anspruch auf Versorgung, sofern nicht die Gegenseitigkeit gewährleistet ist. Demnach waren Ausländer von der Opferentschädigung bei Inlandstaten auszuschließen, soweit ihr Heimatstaat keine vergleichbare Regelung kennt (Gegenseitigkeit).[141] Gleichwertig ist ein ausländisches Entschädigungsmodell, wenn es in Bezug auf deutsche Staatsangehörige im Ausland gewisse Mindeststandards gewährleistet.[142] Anhaltspunkte für die Äquivalenz bilden insbesondere der Entschädigungstatbestand und die Leistungshöhe.[143] Der Gegenseitigkeitsvorbehalt begründet sich daraus, Angehörigen anderer Staaten im Inland keine Rechte einzuräumen, die ein Deutscher in ihrem Heimatstaat nicht genießt.[144] Maßgebende Erwägung hierfür ist, diesen anderen Staaten die Gleichstellung ihrer Staatsangehörigen als Gegenleistung für eine entsprechende Verstärkung des Schutzes der deutschen Staatsbürger anbieten zu können, um durch den Abschluss von Staatsverträgen oder in anderer Weise Regelungen zu erreichen, die für beide Seiten von Nutzen sind, indem sie den jeweiligen Ausländern „inländergleiche" Rechte verschaffen.[145]

Die Anwendung der Gegenseitigkeitsklausel im Opferentschädigungsrecht wurde im Zuge der Rechtsprechung des Europäischen Gerichtshofes (EuGH) in der Rechtssache „Cowan"[146] überwunden, was

---

139 *Otte*, Staatliche Entschädigung von Gewaltopfern, S. 91.

140 BGBl. 1976 I, S. 1181.

141 BT-Drs. 87/2/76, S. 1.

142 BSGE 78, 51, 53.

143 *Held/Wältermann*, BArbBl. 9/1993, 9, 9; Kunz/Zellner/Gelhausen/Weiner, OEG, § 1, Rn. 65.

144 BVerfGE 30, 409, 414.

145 BVerfGE 30, 409, 414.

146 EuGH 2.2.1989, Cowan gegen Trésor public, Rs. 186/87, 195, 223.

gleichzeitig zur Erweiterung des persönlichen Geltungsbereichs des OEG führte.

Im Ausgangsverfahren beantragte der britische Staatsangehörige Ian Williams Cowan, der während eines Aufenthaltes in Paris in einer Metro-Station Opfer eines Raubüberfalls wurde, bei den zuständigen französischen Behörden die Zuerkennung einer Entschädigung für den Raub, für seine zeitweise Arbeitsunfähigkeit, für die Beeinträchtigung seines Lebensgenusses sowie für seine teilweise dauernde Arbeitsunfähigkeit. Im Zuge der Instanzen berief er sich angesichts der bestehenden Regelungen auf das in Artikel 7 EWG-Vertrag verankerte Diskriminierungsverbot, da derartige Voraussetzungen Touristen daran hindern würden, sich frei in einen anderen Mitgliedsstaat zu begeben, um dort Dienstleistungen in Anspruch zu nehmen.

Den Gegenstand des Verfahrens bildete die Regelung im französischen Code de procédure pénale zur Beschränkung des persönlichen Geltungsbereiches im Opferentschädigungsrecht. Die Bestimmungen über eine Entschädigung von Gewaltopfern gestatteten nur eine Leistungsgewährung an Opfer mit französischer Staatsangehörigkeit sowie an Ausländer von Staaten, die mit Frankreich ein Gegenseitigkeitsabkommen für die Anwendung der genannten Bestimmungen geschlossen haben. Begünstigt waren zudem Ausländer, die Inhaber des als Fremdenkarte bezeichneten Ausweises sind.

Nach Auffassung des EuGH ist das insbesondere in Artikel 7 des Vertrages zur Gründung der Europäischen Wirtschaftsgemeinschaft (EWG-Vertrag) enthaltene Diskriminierungsverbot dahin auszulegen, dass ein Mitgliedstaat die Gewährung einer staatlichen Verbrechensopferentschädigung bei ausländischen EU-Bürgern nicht davon abhängig machen darf, ob sie Inhaber einer Fremdenkarte oder Angehörige eines Staates sind, der ein Gegenseitigkeitsabkommen mit diesem Mitgliedsstaat geschlossen hat.[147] Garantiert das Gemeinschaftsrecht einer natürlichen Person die Freiheit, sich in einen anderen Mitgliedstaat zu begeben, so ist zwingende Folge dieser Grundfreiheit, dass Leib und Leben dieser Person in dem betreffenden Mitgliedstaat in gleicher Weise geschützt sind, wie dies bei den eigenen Staatsangehörigen und den in diesem Staat wohnhaften Personen der Fall ist. Folglich gilt das Diskriminierungsverbot gegenüber Dienstleistungsempfängern im Sinne des EWG-Vertrages, soweit es um den Schutz vor möglichen Gewalttaten und, falls eine Gewalttat verübt wird, um den im nationalen Recht vorgesehenen An-

[147] EuGH 2.2.1989, Cowan gegen Trésor public, Rs. 186/87, 195, 223; vgl. auch die zweite Erwägung zur Richtlinie 2004/80/EG vom 29.4.2004 zur Entschädigung der Opfer von Straftaten (Abl. L 261/15).

spruch auf Geldersatz geht. Davon erfasst werden gleichwohl aus der Staatskasse finanzierte Entschädigungen.[148]

Der deutsche Gesetzgeber sah sich in der Folgezeit veranlasst[149] der Rechtsprechung des EuGH folgend, die gleiche Regelung des § 1 Abs. 4 OEG durch Artikel 6 KOV-Anpassungsgesetz vom 26. Juni 1990[150] dahin zu modifizieren, dass Angehörige eines Mitgliedstaates der Europäischen Gemeinschaft (EG) vom Gegenseitigkeitsvorbehalt ausgenommen sind und folglich als Gewaltopfer dieselben Rechte wie Deutsche erhalten.

Anlass für eine wiederholte Erweiterung des internationalen Geltungsbereiches waren Attentate mit rechtsextremistischem Hintergrund auf in Deutschland lebende Ausländer, die zum Tatzeitpunkt noch keinen Anspruch auf Leistungen nach dem OEG hatten. Exemplarisch dafür stehen die Ausschreitungen in Hoyerswerda und Rostock-Lichtenhagen Anfang der 90er Jahre, welche in den Mordanschlägen von Mölln und Solingen ihren dramatischen Höhepunkt fanden.[151] Der beschämenden Zunahme von Gewalttaten dieser Art konnte die Regelung des § 1 Abs. 4 OEG, die praktisch einen Ausschluss der Mehrzahl aller in Deutschland lebenden Ausländer bedeutete, nicht gerecht werden. Dies wird umso deutlicher, als nicht nur Asylbewerber und Flüchtlinge betroffen sind, sondern auch Ausländer, die seit vielen Jahren in der Bundesrepublik Deutschland leben, deren Kinder sogar in Deutschland geboren wurden und die mit ihren hier gezahlten Steuern den Staat und seine Organe, die sie letztlich nicht haben schützen können, mitfinanziert haben.[152]

In Zuge des Zweiten Gesetzes zur Änderung des OEG vom 21. Juli 1993[153] waren neben den Staatsangehörigen der Mitgliedsstaaten der EG nunmehr alle Ausländer vom Gegenseitigkeitsvorbehalt ausgenommen, welche durch Rechtsvorschriften der EG (§ 1 Abs. 4 Buchst. a) Nr. 2 OEG) oder zwischenstaatlichen Vereinbarungen (§ 1 Abs. 4 Buchst. a) Nr. 3 OEG) gesetzlich mit deutschen Staatsangehörigen gleichgestellt wurden. Mit den neu eingefügten § 1 Abs. 5 und 6 OEG erhalten Ausländer, die sich rechtmäßig und nicht nur für einen vorübergehenden Aufenthalt

---

148 EuGH 2.2.1989, Cowan gegen Trésor public, Rs. 186/87, 195, 221.

149 BT-Drs. 11/7097, S. 23.

150 Gesetz über die neunzehnte Anpassung der Leistungen nach dem Bundesversorgungsgesetz sowie zur Änderung weitere sozialrechtlicher Vorschriften, BGBl. 1990 I, S. 1211.

151 *Otte*, Staatliche Entschädigung von Gewaltopfern, S. 93, *Böhm*, ZRP 1988, 420, 423; *Held/Wältermann*, BArbBl. 9/1993, 9, 9.

152 BT-Drs. 12/4889, S. 6.

153 BGBl. 1993 I, S. 1262.

von längstens sechs Monaten im Bundesgebiet aufhalten, einen Anspruch auf Versorgung. Bei den vom erweiterten persönlichen Geltungsbereich erfassten Ausländern wird hinsichtlich des Leistungsspektrums nach der Dauer und damit nach der daraus resultierenden Verfestigung des Aufenthalts differenziert.[154] Der vollumfängliche Leistungsanspruch ist gemäß § 1 Abs. 5 Nr. 1 OEG nur bei einem ununterbrochenen Aufenthalt von mindestens 3 Jahren gegeben. Ausländer, welche eine dreijährige Wartefrist noch nicht zurückgelegt haben, erhalten gemäß § 1 Abs. 5 Nr. 2 OEG ausschließlich einkommensunabhängige Leistungen. Eine eingeschränkte Leistungsberechtigung erwerben außerdem ausländische Geschädigte, die sich rechtmäßig für einen nur vorübergehenden Aufenthalt von längstens sechs Monaten im Bundesgebiet aufhalten (§ 1 Abs. 6 OEG). Voraussetzung hierfür ist allerdings, dass sie mit einem Deutschen oder mit einem Ausländer, der zu den in § 1 Abs. 4 und 5 OEG bezeichneten Personen gehört, verheiratet oder in gerader Linie verwandt sind.

Um besondere Härten zu vermeiden, die sich im Einzelfall durch die Anwendung des § 1 Abs. 5 und 6 OEG ergeben könnten, wurde § 10 b OEG eingeführt. Danach kann mit Zustimmung der zuständigen obersten Landesbehörde im Benehmen mit dem Bundesministerium für Arbeit und Soziales ein Härteausgleich als einmalige Leistung gewährt werden. Die Leistungsgewährung liegt im Ermessen der zuständigen Behörde. Besonders relevant war diese Vorschrift im Zeitpunkt des Inkrafttretens für Verwandte in der Seitenlinie, Touristen und Geschäftsreisende, die sich nur kurz in Deutschland aufhalten, da diese nicht unter die Personengruppen der Absätze 5 und 6 fallen.

Die Einschränkungen für ausländische Opfer gelten bei der Gewährung von Entschädigungsleistungen an die Hinterbliebenen gemäß § 1 Abs. 8 OEG i.d.F. vom 21. Juli 1993 (§ 1 Abs. 7 OEG n.F.) gleichermaßen. Die notwendige Bedingung für die Leistungsberechtigung ist lediglich die Erfüllung der persönlichen Voraussetzung beim Antragssteller, nicht jedoch beim Opfer.[155] Dementsprechend erhalten Hinterbliebene mit deutscher Staatsangehörigkeit einen Leistungsanspruch, auch wenn das infolge eines tätlichen Angriffs verstorbene Opfer nicht Deutscher war.

Die Vorfälle in Solingen und Mölln verdeutlichten einmal mehr die andauernde Unzulänglichkeit der bestehenden Regelungen. Die in der Türkei lebenden Hinterbliebenen der beiden Mädchen, die bei den Brandanschlägen gerade als Nichten in den jeweiligen Opferfamilien zu Besuch waren und verbrannten, erhielten keine Entschädigung nach dem

[154] BT-Drs. 12/4889, S. 6.

[155] BSGE 60, 186, 189; *Behn*, ZfS 1993, 289, 301.

OEG, da bis dato lediglich Verwandte in gerader Linie bei kurzfristigen Aufenthalt in den persönlichen Geltungsbereich des OEG fielen. In Betracht kam lediglich ein Härteausgleich nach § 10 b OEG.

Die Vergangenheit zeigte jedoch, dass zudem der Hinweis auf den Anspruch nach § 10 b OEG keinen ausreichenden Schutz der betroffenen Personengruppen begründet, da dieser keinen Rechtsanspruch auf Leistung, sondern lediglich einen Anspruch auf eine fehlerfreie Ermessensentscheidung verschafft.[156] Konsequenz dieser Erkenntnis war das Dritte Gesetz zur Änderung des OEG vom 25. Juni 2009[157]. Anknüpfend an die vergangenen Ereignisse wurde der Schutzbereich des § 1 Abs. 6 OEG auf sich nur vorrübergehend in Deutschland aufhaltende ausländische Verwandte bis zum dritten Grad in gerader und in der Seitenlinie ausgedehnt.

Neben der Erweiterung des Schutzes für Ausländer kam es 2009 auch zur Ausdehnung des internationalen Geltungsbereiches auf im Ausland durch eine Straftat geschädigter Deutsche und ihnen nach § 1 Abs. 4 und 5 Nr. 1 OEG gleichgestellten Personen (§ 3 a OEG). Die Ausdehnung des Anwendungsbereiches des OEG auf Auslandstaten spiegelt die Zunahme verübter Terroranschläge auf beliebte Urlaubsziele wider. So geschehen in Djerba und Bali im Jahre 2002. Die verletzten Deutschen bzw. deren Hinterbliebene hatten vor Einführung des § 3 a OEG keinerlei Ansprüche auf Opferentschädigung.

Das dem OEG bis dato zugrunde liegende Tatortprinzip basierte auf dem Gedanken, dass die staatliche Gemeinschaft für die durch einen tätlichen Angriff ausgelösten gesundheitlichen Schädigungen und die dadurch bedingten wirtschaftlichen Nachteile eintritt, da es der Staat auf seinem Territorium nicht vermocht hat, mit seinen Polizeikräften den Betroffenen vor der Gewalttat zu bewahren.[158] Mangels Polizeibefugnis im Ausland obliegen dem deutschen Staat dagegen keinerlei Möglichkeiten, seine Bürger zu beschützen. Frei von der Verantwortung der Kriminalitätsbekämpfung kann ihm eine solche Straftat folglich auch nicht zugeschrieben werden. Zwar wird in solchen Fällen grundsätzlich auf EU-Ebene mit dem Erlass der Richtlinie zur Entschädigung der Opfer von Gewalttaten (Richtlinie 2004/80/EG) vom 6. August 2004 Abhilfe geschaffen. Allerdings sind noch nicht alle EU-Mitgliedstaaten der Verpflichtung, eine faire und angemessene Entschädigungsregelung für eigene wie auch fremde Staatsangehörige zu erlassen, nachgekommen.

---

156 BT-Drs. 16/12273, S. 5.

157 BGBl. 2009 I, S. 1580.

158 BT-Drs. 16/12273, S. 5.

Gleichwohl problematisch sind die Fälle, in denen Deutsche und die ihnen gleichgestellten Personengruppen als Touristen in Staaten außerhalb der EU aufgrund von Gewaltverbrechen zu Schaden kommen.[159] Oftmals ist selbst ein bestehender Entschädigungsanspruch gegen das Tatortland aufgrund erschwerter Durchsetzung, bedingt durch komplizierte administrative Verfahren sowie Sprachbarrieren, wertlos.[160] Zur Vermeidung unangemessener Härten soll den von Auslandstaten betroffenen Opfern deshalb nunmehr ein Ausgleich für erlittene gesundheitliche und wirtschaftliche Folgen zugestanden werden. Voraussetzung ist der gewöhnliche und rechtmäßige Aufenthalt im Bundesgebiet sowie ein nur vorübergehendes Verweilen von längstens sechs Monaten am Tatort zum Tatzeitpunkt (§ 3 a Abs. 1 Nr. 1 und Nr. 2 OEG).

Die Leistungsgewährung umfasst, entgegen der Leistungen bei Inlandstaten, ausschließlich Maßnahmen der Heilbehandlung und der medizinischen Rehabilitation einschließlich psychotherapeutischer Angebote sowie eine am Grad der Schädigungsfolgen bemessene Einmalzahlung nach § 3 a Abs. 2 OEG. Zudem wurden die Gründe eines Leistungsausschlusses sowie das Spektrum anrechenbarer öffentlich-rechtlicher als auch privatrechtlicher Leistungen erweitert. Die Leistungsbeschränkung wird damit begründet, dass sich die staatliche Entschädigungspflicht bei Auslandstaten nicht aus der Verantwortung für Staatsversagen, sondern „nur" aus der allgemeinen Fürsorgepflicht des Staates ergebe.[161] Dieser Unterschied zu der Leistungsverpflichtung des Staates bei Inlandstaten müsse sich im Leistungsspektrum und Leistungsumfang niederschlagen.[162]

## 2. Anknüpfungspunkte im Recht der Verbrechensopferentschädigung

Die Entwicklung des internationalen Geltungsbereichs des OEG führte zu einer Erweiterung der Anknüpfungspunkte. Beherrschte zunächst das Staatsangehörigkeits- und das Tatortprinzip den persönlichen Anwendungsbereich des Opferentschädigungsrechts, so wird gegenwärtig im Wesentlichen auf den Wohnsitz bzw. die Dauer des gewöhnlichen Aufenthalts (Wohnsitzprinzip) abgestellt.

---

159 BT-Drs. 16/12273, S. 5.

160 *Kauder*, ZRP 2003, 402, 403.

161 BT-Drs. 16/12273, S. 6.

162 BT-Drs. 16/12273, S. 6.

### a) Staatsangehörigkeitsprinzip

Nach dem Wortlaut des § 1 Abs. 1 OEG („Wer") wird hinsichtlich der Leistungsberechtigung nicht zwischen In- und Ausländern unterschieden.[163] Der Leistungsanspruch für Ausländer wurde jedoch an die Erfüllung weiterer Voraussetzungen geknüpft. Bei der deutschen Staatsangehörigkeit handelt es sich um eine Voraussetzung des Opferentschädigungsanspruchs. Hierbei genügt es, wenn diese erst später hinzukommt. Allerdings ist der Leistungsanspruch erst zum Zeitpunkt des Erwerbs der deutschen Staatsangehörigkeit begründet.[164]

Den deutschen Staatsangehörigen gleichgestellt sind gemäß § 1 Abs. 4 Nr. 1 OEG Staatsangehörige eines Mitgliedstaates der EU. Diese Regelung ist, entsprechend der Rechtsprechung des EuGH in der Rechtssache „Cowan", Ausdruck des in Art. 18 AEUV festgelegten Diskriminierungsverbotes aus Gründen der Staatsangehörigkeit. Der EuGH legte in seiner Entscheidung das Diskriminierungsverbot dahin aus, dass die Mitgliedstaaten diejenigen Personen, die kraft Gemeinschaftsrecht Freizügigkeit i.S.d. Art. 21 AEUV genießen, bei der Gewährung von Opferentschädigung gegenüber ihren eigenen Staatsangehörigen nicht diskriminieren dürfen. Die Garantie der Freizügigkeit erschöpft sich danach nicht in der Abwehr staatlicher Eingriffe. Vielmehr geht das Recht auf Einreise und Aufenthalt notwendig damit einher, dass die körperliche Integrität im Gastland ebenso geschützt wird wie die von dessen eigenen Staatsangehörigen.[165]

Nach § 1 Abs. 4 Nr. 2 OEG haben Ausländer als Nicht-EU-Bürger einen Anspruch auf Versorgung, soweit Rechtsvorschriften der Europäischen Gemeinschaften, die eine Gleichbehandlung mit Deutschen erforderlich machen, auf sie anwendbar sind. Rechtsvorschrift in diesem Sinne ist das Abkommen über den Europäischen Wirtschaftsraum vom 2.5.1992. Art. 4 des EWR-Abkommens enthält ein Diskriminierungsverbot aufgrund der Staatsangehörigkeit und bewirkt somit die Geleichstellung der Staatsangehörigen der EWR-Staaten.[166] Zudem begründet sich ein Leistungsanspruch für Ausländer, soweit dies aufgrund zwischenstaatlicher Vereinbarungen gesetzlich bestimmt ist.

Eine Gleichstellung mit Deutschen bewirkt endlich die Gegenseitigkeitsklausel in § 1 Abs. 4 Nr. 3 OEG.

---

163 *Kunz/Zellner/Gelhausen/Weiner*, OEG, § 1, Rn. 61.

164 *Kunz/Zellner/Gelhausen/Weiner*, OEG, § 1, Rn. 62.

165 *Kunz/Zellner/Gelhausen/Weiner*, OEG, § 1, Rn. 63.

166 *Kunz/Zellner/Gelhausen/Weiner*, OEG, § 1, Rn. 64.

## b) Wohnsitzprinzip

Handelt es sich bei den Opfern um nicht von § 1 Abs. 4 OEG erfasste Ausländer, wird hinsichtlich der Leistungsgewährung auf den Wohnsitz bzw. gewöhnlichen Aufenthalt (Wohnsitzprinzip) abgestellt. Die übrigen Ausländer erhalten nach § 1 Abs. 5 OEG eine entsprechende Versorgung, soweit sie sich rechtmäßig nicht nur vorrübergehenden von längstens sechs Monaten im Bundesgebiet aufhalten. Rechtmäßig i.S.d. § 1 Abs. 5 OEG bedeutet, dass der Aufenthalt legal sein muss.[167] Trotz des maßgeblichen Bezugs zur ausländerrechtlichen Beurteilung des „erlaubten" Aufenthalts, ist der Besitz eines Aufenthaltstitels nach dem Aufenthaltsgesetz nicht erforderlich.[168] Demnach hält sich ein Asylbewerber mit der Aufenthaltsgestattung nach § 55 AsylVfG rechtmäßig im Inland auf.[169] Als rechtmäßig gilt ein Aufenthalt auch dann, wenn die Abschiebung aus rechtlichen oder tatsächlichen Gründen oder auf Grund erheblicher öffentlicher Interessen ausgesetzt ist (§ 1 Abs. 5 S. 2 OEG).

Der Wohnsitz ist zudem ein wesentlicher Anknüpfungspunkt bei der Geltendmachung von Leistungen nach dem OEG bei im Ausland erlittenen Schädigungen aufgrund einer Gewalttat. Nach § 3 a Abs. 1 OEG haben im Ausland geschädigte Deutsche oder Ausländer nach § 1 Abs. 4 und 5 Nr. 1 OEG nur dann einen Leistungsanspruch, wenn sie ihren gewöhnlichen und rechtmäßigen Aufenthalt in der Bundesrepublik Deutschland innehaben. Die bedingungslose Anwendung des Wohnsitzprinzips schließt demnach auch deutsche Staatsangehörige aus dem persönlichen Anwendungsbereich des § 3 a OEG aus, wenn diese ihren Lebensmittelpunkt ins Ausland verlegt haben. Im Gegenzug werden Ausländer einbezogen, die sich seit mindestens 3 Jahren ununterbrochen rechtmäßig im Bundesgebiet aufhalten.

## c) Tatort

Bis zum Inkrafttreten des 3. OEG-Änderungsgesetzes zum 1.7.2009 galt das Tatortprinzip uneingeschränkt. Nicht zuletzt wegen der grundsätzlichen Bewertung des Gesetzgebers galt als Grundvoraussetzung für die Geltendmachung eines Opferentschädigungsanspruchs, dass die Tat auf dem Staatsgebiet der Bundesrepublik Deutschland geschehen sein musste.[170] Daraus wurde gefolgert, dass der tätliche Angriff und die daraus

---

[167] *Kunz/Zellner/Gelhausen/Weiner*, OEG, § 1, Rn. 67.

[168] *Kunz/Zellner/Gelhausen/Weiner*, OEG, § 1, Rn. 67; *Behn*, ZfS 1993, 289, 296.

[169] *Kunz/Zellner/Gelhausen/Weiner*, OEG, § 1, Rn. 67.

[170] BSGE 49, 98; 52, 281; 56, 90.

resultierende gesundheitliche Schädigung im Geltungsbereich des OEG zusammenfallen müssen. In der Literatur wurde bisweilen die Auffassung vertreten, dass für die Feststellung des Tatorts der Erfolgs-, und nicht der Handlungsort maßgebend sei.[171] Aufgrund der Anknüpfung der Rechtsfolgen an den Ort einer erlittenen Schädigung, kommt es nicht auf den Ort der Handlung des Schädigers, sondern vielmehr auf den Ort des Erfolgseintrittes an.[172] Mit der Schaffung eines Leistungsanspruchs für Auslandstaten gemäß § 3 a OEG ist der Tatort nur noch für das Leistungsspektrum von maßgeblicher Bedeutung.[173] Ein Auseinanderfallen von Handlungs- und Erfolgsort führt daher nicht mehr zum Ausschluss des Geschädigten aus dem Geltungsbereich des OEG und somit zur Versagung der Leistung.

## 3. Die rechtliche Tragfähigkeit der Anknüpfungsmomente bei Inlandstaten

Die vom Gesetzgeber gewählte Zugangsregelung zu den Leistungen der sozialen Entschädigung und der daraus folgende Ein- und Ausschluss von Ausländern reflektiert die Zugehörigkeit des Einzelnen zur Kompensation verpflichteten Allgemeinheit und gibt somit Aufschluss über die Tragweite der sozialen Verantwortung.[174] Unter diesem Aspekt erscheint die Ausgestaltung des deutschen Entschädigungsrechts für Verbrechensopfer von Inlandstaten als Doppelanknüpfung[175] unter Anwendung des Staatsangehörigkeits- und Wohnsitzprinzips neben dem Tatortprinzip, als mögliches Kriterium einer Einzelanknüpfung,[176] überaus fragwürdig. Während die Einzelanknüpfung es bei der durch die Opferlage begründeten Inlandsbeziehung bewenden lässt, fordert die Doppelanknüpfung darüber hinaus eine zusätzliche Bindung an die inländische Rechtsordnung.[177] Der zwischen beiden Normen bestehende Unterschied zeigt sich zuweilen in der Praxis – namentlich in Entschädigung von Touristen, die im Inland Opfer einer Gewalttat geworden sind. Folgte das deutsche Entschädigungsrecht im internationalen Kontext der Einzelanknüpfung an

171 *Gelhausen*, Soziales Entschädigungsrecht, Rn. 723; i.E. ebenso *Schoreit/Düsseldorf*, OEG, § 1 Abs. 1, Rn. 26, 28.

172 *Gelhausen*, Soziales Entschädigungsrecht, Rn. 723.

173 *Kunz/Zellner/Gelhausen/Weiner*, OEG, § 1, Rn. 6.

174 *Janda*, Migranten im Sozialstaat, S. 364.

175 zum Begriff *Eichenhofer*, Internationales Sozialrecht, Rn. 492.

176 zum Begriff *Eichenhofer*, Internationales Sozialrecht, Rn. 492.

177 *Eichenhofer*, Internationales Sozialrecht, Rn. 492.

den Tatort, so wären auch im Inland durch ein Gewaltverbrechen geschädigte Touristen zu entschädigen. Bei der Doppelanknüpfung ist dagegen ein zusätzlicher Anknüpfungspunkt nötig.[178]

## a) Staatsangehörigkeitsprinzip

Bei einer unbeschränkten Schutzpflicht des Staates scheint eine auf Angehörige des rechtssetzenden Staates beschränkte Entschädigungsregelung systemwidrig und willkürlich.[179]

### aa) Gegenseitigkeitsprinzip als geeigneter Rechtfertigungsgrund

Fraglich ist, inwieweit dieser Grundsatz durch das Gegenseitigkeitsprinzip eingeschränkt werden kann. Neben dem durch das Gegenseitigkeitsprinzip verfolgten Ziel der Erweiterung des Schutzes der deutschen Staatsangehörigen im Ausland durch die Schaffung von den deutschen Gesetzen vergleichbaren Regelungen, wird teilweise auch das Bedürfnis formuliert, den Devisenhaushalt durch die Gegenseitigkeitsklauseln zu regulieren.[180] Des Weiteren wurde den finanziellen Mehrbelastungen, die aufgrund von Ausländeransprüchen entstehen würden, entscheidende Bedeutung bei der Einführung der Gegenseitigkeitsklausel beigemessen.[181]

Das Gegenseitigkeitsprinzip ist kein spezielles Instrument des Opferentschädigungsrechts, sondern ein im Völkerrecht übliches Rechtsinstitut, das zahlreichen völkerrechtlichen Verträgen sowie inländischen Normen mit Auslandsbezug zugrunde liegt[182] – namentlich im ehemaligen Gesetz über die Entschädigung für unschuldig erlittene Untersuchungshaft (UHaftEntschG) sowie im Rentenrecht (§ 94 Abs. 1 Nr. 1 Angestelltenversicherungsgesetz (AVG)).[183]

Durch den Ausschluss von Leistungen aufgrund der Staatsangehörigkeit bestehen oftmals Zweifel an der Verfassungsmäßigkeit solcher

---

178 *Eichenhofer*, Internationales Sozialrecht, Rn. 492.

179 *Eichenhofer*, ZAR 1987, 108, 114; ders, Internationales Sozialrecht, Rn. 493; BSG, SozR 4-3800, § 1, Nr. 12, Rn.30; *Wulfhorst*, Soziale Entschädigung, S. 33 und 89; *Böhm*, ZRP 1988, 420, 423; *Körtek*, ZIAS 2010/2011, 2, 4.

180 BVerfGE 51, 1, 12; *Kunze*, Probleme der Opferentschädigung, S. 190.

181 BVerfGE 51, 1, 13; BR-Prot. 431. Sitzung, S. 67 (Anlage 9); *Kunz*, Probleme der Opferentschädigung, S. 190.

182 BSG, SGb 1997, 186, 188.

183 *Kunz*, Probleme der Opferentschädigung, S. 190.

Gegenseitigkeitsklauseln. In Bezug auf die Vereinbarkeit des § 12 UHaftEntschG mit Art. 3 Abs. 1 GG wurde der Gegenseitigkeitsvorbehalt vom Bundesverfassungsgericht nicht beanstandet.[184] Die Differenzierung aufgrund der Gegenseitigkeitsverbürgung wird unter Heranziehung des dem Gegenseitigkeitsprinzip zugrunde liegenden Leitgedankens grundsätzlich als sachgerecht und somit gerechtfertigt angesehen.[185] Die Erwägung – Verstärkung des Schutzes deutscher Staatsangehöriger im Ausland als Gegenleistung für die Gleichstellung der Angehörigen ausländischer Staaten mit Deutschen im Inland – entspreche einem legitimen Anliegen des Staates. Denn zu dessen traditionellen Aufgaben gehöre es auch außerhalb seiner Grenzen, den Schutz der eigenen Staatsbürger nach Möglichkeit zu gewährleisten.[186]

Eine restriktive Auffassung vertritt das Bundesverfassungsgericht dagegen in der Entscheidung bezüglich der Vereinbarkeit des § 94 Abs. 1 Nr. 1 AVG mit Art. 3 Abs. 1 GG. Das Gericht erklärt die sozialrechtliche Regelung, nach der Ausländern im Ausland ihre Rente nicht ausgezahlt wird und die dem Berechtigten auch keinen Anspruch auf eine angemessene Erstattung der Beiträge einräumt, als mit dem Grundgesetz nicht vereinbar. Grundsätzlich sei der Gesetzgeber zwar nicht verpflichtet Rentenzahlungen ins Ausland vorzunehmen, weil seine Aufgabe in erster Linie auf die innerstaatliche Ordnung und im Rahmen der gesetzlichen Rentenversicherung insbesondere auf die soziale Gerechtigkeit im Inland gerichtet sei.[187] Eine Verpflichtung zur sozialen Tätigkeit im Ausland bestehe somit nicht.[188] Der Gesetzgeber sei durch das verfassungsrechtliche Sozialstaatsgebot grundsätzlich nur verpflichtet, den Personen eine soziale Sicherheit zu garantieren, für die er verantwortlich ist.[189] Das seien in erster Linie deutsche Staatsangehörige und die im Gebiet der Bundesrepublik Deutschland lebenden Ausländer. Die gesetzgeberische Zielsetzung, durch den Abschluss von Sozialversicherungsabkommen für deutsche Staatsangehörige, die im Ausland Rentenansprüche erworben haben, die Auszahlung ihrer Renten auch in die Bundesrepublik Deutschland zu erreichen, sei im Sinne der ständigen Rechtsprechung des Bundesverfassungsgerichts sachlich einleuchtend.[190] Ungleichheiten, zu denen die Verfolgung derartiger Zielsetzungen führe, ließen sich jedoch nur

184 BVerfGE 30, 409.

185 BVerfGE 30, 409, 414.

186 BVerfGE 30, 409, 414.

187 BVerfGE 51, 1, 27.

188 *Kunz*, Probleme der Opferentschädigung, S. 191.

189 BVerfGE 51, 1, 27.

190 BVerfGE 51, 1, 24.

rechtfertigen, wenn auch die hierfür eingesetzten Mittel angemessen seien.[191] Eine verhältnismäßige Zweck-Mittel-Relation verneint das Bundesverfassungsgericht in diesem Fall. Die Regelung bedeute für den Ausländer, dass sein Rentenanspruch, den er unter den gleichen Voraussetzungen wie andere Versicherte erworben hat, als Druckmittel dafür eingesetzt werde, dass deutschen Staatsangehörigen ihre im Ausland erworbenen Rentenansprüche auch im Falle der Rückkehr nach Deutschland ausgezahlt würden.[192] Die durch Beiträge erworbenen Ansprüche des Versicherten dürften allerdings nicht als „Faustpfand" für die berechtigten Anliegen anderer verwendet werden.[193]

In Bezug auf die Gegenseitigkeitsklausel des § 1 Abs. 4 OEG führen das BSG[194] und das Bundesverfassungsgericht[195] in ihren Entscheidungen dazu aus, die Ungleichbehandlung von Ausländern im Recht der Gewaltopferentschädigung sei durch sachliche Gründe gerechtfertigt und somit verfassungsgemäß.[196] Dem könne auch nicht entgegen gehalten werden, die bisherige Praxis habe erwiesen, dass der Gegenseitigkeitsvorbehalt ein untaugliches Mittel zur Verschaffung gleichwertigen Schutzes für deutsche Staatsbürger im Ausland sei, weil zwanzig Jahre nach Inkrafttreten des OEG nur wenige Staaten ein vergleichbares Opferentschädigungssystem aufweisen können.[197] Der Gegenseitigkeitsvorbehalt sei auf eine langfristige Wirkung angelegt und könne als ein ständiges Angebot an ausländische Staaten zum Abschluss zwischen- oder überstaatlicher Vereinbarungen verstanden werden. Außerdem müsse dem Gesetzgeber die Möglichkeit eingeräumt werden, Auswirkungen seiner Regelungen zu beobachten, Erfahrungen zu sammeln und auszuwerten, und erst dann über eine Reform nachzudenken.[198]

Die Entwicklungen im Europarat[199] zeigten, dass der Gegenseitigkeitsvorbehalt auch kein von Anfang an untaugliches Mittel zur Zweckerreichung gewesen ist.[200] Es bestehe auch keine verfassungswidrige Un-

191 BVerfGE 51, 1, 24.

192 BVerfGE 51, 1, 24.

193 BVerfGE 51, 1, 25; *Kunz*, Probleme der Gewaltopferentschädigung, S. 191.

194 BSG SGb 1997, 186, 186 ff.

195 BVerfG, Urteil vom 14.03.2001, 1 BvR 1931/96.

196 BVerfG, Urteil vom 14.03.2001, 1 BvR 1931/96, juris, Rn. 25; BSG, SGb 1997, 186, 188.

197 BVerfG, 14.03.2001. a.a.O., Rn. 26; BSG, SGb 1997,186, 188.

198 BSG, SGb 1997, 186, 188.

199 Europäisches Übereinkommen über die Entschädigung von Opfern von Gewalttaten vom 24.11.1983.

200 BVerfG, 14.03.2001, a.a.O., Rn. 26; BSG, SGb 1997, 186, 188.

gleichbehandlung gegenüber Ausländern, die Angehörige eines Mitgliedstaates der EU sind. Die Bundesrepublik hat als deren Mitgliedstaat das primäre Gemeinschaftsrecht unmittelbar anzuwenden[201] Somit gilt für die EU-Mitgliedstaaten Art. 12 S. 1 EGV (Art. 18 AEUV), der jede Diskriminierung von Staatsangehörigen eines anderen Mitgliedstaates der EU aus Gründen der Angehörigkeit verbietet. Der § 1 Abs. 4 OEG trägt dem Diskriminierungsverbot Rechnung. Indem Personen von einem Entschädigungsanspruch ausgeschlossen werden, die die Voraussetzungen nicht erfüllen, werde Art. 3 Abs. 1 GG nicht verletzt. Die Zugehörigkeit zu einem Mitgliedstaat der EU stelle ein sachgerechtes Differenzierungsmerkmal dar.[202]

Unter der Beachtung des 3. Änderungsgesetzes des OEG vom 25. Juni 2009 kann der genannten Rechtsprechung weder bezüglich der Begründung noch im Ergebnis gefolgt werden. An einer Rechtfertigung der Ungleichbehandlung von Gewaltopfern ausländischer Herkunft gegenüber Opfern aus dem Inland mittels Wahrnehmung gewichtiger Belange deutscher Staatsbürger und den ihnen gleichgestellten Personengruppen fehlt es spätestens seit der Einführung der Entschädigung von Auslandstaten (§ 3 a OEG) im Zuge der dritten Reform des Opferentschädigungsrecht im Jahre 2009. Mit der Einführung einer Entschädigung von Inländern, welche Opfer einer Gewalttat im Ausland geworden sind (§ 3 a OEG), kann dem Gesetzgeber die Erkenntnis unterstellt werden, dass der Gegenseitigkeitsvorbehalt ein untaugliches Mittel zur Verschaffung gleichwertigen Schutzes für deutsche Staatsbürger im Ausland ist, fehlt es doch seit nun mehr als 35 Jahren nach dem Inkrafttreten des OEG in vielen Ländern der Welt nach wie vor an einem gleichwertigen Entschädigungsmodell.[203]

Die Gegenseitigkeitsklausel hat letztlich die Gleichbehandlung zwischen Inländern und Deutschen an einem im Ausland gelegenen Tatort zum Ziel.[204] Eine durch den deutschen Gesetzgeber verfolgte Besserstellung von Deutschen im Ausland kann durchaus als legitimer Zweck anerkannt werden. Doch erscheint das eingesetzte Mittel dem verfolgten Zweck abträglich zu sein, wenn hierzulande Ausländer diskriminiert werden, um zu erreichen, dass das Ausland Deutsche und den ihnen gleichgestellten Personen nicht diskriminiert[205]. Die tatsächlich stattge-

---

201 BVerfGE 45, 142, 169; 73, 339. 375.

202 BVerfG, 14.03.2001, a.a.O., Rn. 28.

203 BT-FDrs. 16/12273, S. 5; *Böhm*, ZRP 1988, 420, 422.

204 BT-Drs. 11/7969, S. 19, BSGE 60, 186, 188; BVerfGE 30, 409, 414.

205 *Eichenhofer*, ZAR 1987, 108, 114.

fundene Gewalttat an einem Ausländer und die möglicherweise fehlende Entschädigung potentieller deutscher Opfer im Ausland stellen zwei voneinander völlig unabhängige Umstände dar.[206]

Auch der Verweis auf den Härteausgleich nach § 10 b OEG kann nicht zur Verneinung einer Ungleichbehandlung führen.[207] Zwar können im Inland geschädigte Ausländer außerhalb des persönlichen Geltungsbereichs grundsätzlich Entschädigungsleistungen nach § 10 b OEG beanspruchen. Hierbei fehlt es jedoch an der Gleichwertigkeit dieser Leistung gegenüber den Leistungen nach Maßgabe des BVG (vgl. § 1 Abs. 1 OEG), da sich der Härteausgleich auf eine der Höhe nach begrenzte Einmalzahlung beschränkt.[208]

Des Weiteren besteht wegen des den Behörden eingeräumten Ermessens kein Rechtsanspruch auf die Leistung. Es bedarf vielmehr der Anerkennung einer auf den Einzelfall bezogenen besonderen Härte unter Zustimmung der obersten Landesbehörde im Benehmen mit dem Bundesministerium für Arbeit und Soziales. Mit dem Ausschluss ausländischer Gewaltopfer von Inlandstaten aus dem Kreise der Leistungsberechtigten wird also ein wesentlich gleicher Sachverhalt ungleich behandelt. Mangels geeigneter und verhältnismäßiger Rechtfertigung durch das Gegenseitigkeitsprinzip sind deshalb auch Ausländern, die sich nur vorübergehend im Bundegebiet aufhalten, volle Entschädigungsleistungen zu gewähren, wenn sie während ihres Aufenthaltes in Deutschland Opfer einer Gewalttat werden.

### bb) Zweckmäßigkeit des Gegenseitigkeitsprinzips im Opferentschädigungsrecht

Neben der Würdigung des Gegenseitigkeitsprinzips im rechtlichen Kontext steht die Frage nach dessen Zweckmäßigkeit im Opferentschädigungsrecht. Aus Sicht der Opfer lässt sich die Gegenseitigkeitsklausel nicht begründen, da sämtliche Motive der staatlichen Gewaltopferentschädigung ebenso für Ausländer gelten.[209] Ferner stellen die zur Begründung des Leistungsausschlusses bei fehlender Gegenseitigkeit vorgetragenen fiskalischen Gründe im Hinblick auf die sozial- und rechtsstaatli-

---

206 *Janda,* Migranten im Sozialstaat, S. 367 f.

207 *Janda,* Migranten im Sozialstaat, S. 368.

208 *Janda,* Migranten im Sozialstaat, S. 368.

209 *Kunz,* Probleme der Opferentschädigung, S. 191.

chen Herleitungen der Entschädigungsleistungen eine sachfremde und unverhältnismäßige Argumentation dar.[210]

Neben der wenig erfolgreichen Appellfunktion, führt die Intention des Gegenseitigkeitsvorbehalts letztlich zu dem Ergebnis, dass der Stand der ausländischen Sozialgesetzgebung über die Leistungspflicht des deutschen Staates bestimmt.[211] Der Umfang des internationalen Geltungsbereichs des OEG darf aber nicht von der Gesetzeslage der verschiedenen Heimatländer abhängig gemacht werden.

Zudem wird vorgebracht, dass schon rein tatsächlich bei einigen Ländern wie Italien und der Türkei aufgrund unterschiedlicher gesellschaftlicher und sozialer Verhältnisse keine „Gegenseitigkeit" gegeben sei, so dass die Forderung dieser im OEG fast willkürlich wirke.[212] Nicht zuletzt durch die Bindung der Gegenseitigkeit an eine dem deutschen Recht vergleichbare Leistungshöhe kommt es zum Ausschluss verschiedener Ausländer, deren Herkunftsland zwar über ein Entschädigungsmodell verfügt, aber bedingt durch ein weitaus geringeres Leistungsniveau keine Gegenseitigkeit im Sinne des OEG gewährt. Die Gleichstellung von Ausländern mit deutschen Staatsangehörigen im Entschädigungsrecht hinge im Zuge der Gegenseitigkeitsklausel entscheidend von dem Wohlstandsniveau des Herkunftslandes ab. Dieses Faktum steht jedoch nicht im inneren Zusammenhang mit dem normativen Zweck des sozialen Entschädigungsrechts.

Für eine Streichung der Gegenseitigkeitsklausel spricht außerdem, dass die Opferwerdung von Ausländern in Deutschland viktimologisch mit den Besonderheiten des Lebens in einer fremden Kultur zusammenhängen kann. So sei es zwar nicht verwunderlich, dass sich unter den bekannt gewordenen Fällen eine größere Gruppe von Taten befindet, bei denen sowohl Opfer als auch Täter Ausländer sind. Nicht selten seien Deutsche die Täter, wobei die Ausländer Opfer blindwütigen Fremdenhasses geworden sind.[213] Fälle, in denen es als wohl besonders störend empfunden wird, wenn schwer geschädigten Opfern staatliche Hilfe verwehrt bleibt. Dennoch hält der Gesetzgeber am Gegenseitigkeitsprinzip fest, so dass sich trotz zahlreicher Reformen in Bezug auf den internationalen Geltungsbereich nach wie vor die Frage nach dessen Zweckmäßigkeit stellt. Nicht zuletzt wegen der stetigen Erweiterung des Ausländerschutzes, sind zwar die Stimmen für eine Abschaffung der Gegensei-

---

210 *Schuler*, Das internationales Sozialrecht der Bundesrepublik Deutschland, S. 733.

211 *Eichenhofer*, Internationales Sozialrecht, Rn. 492.

212 *Böhm*, ZRP 1988, 420, 422.

213 *Böhm*, ZRP 1988, 420, 422.

tigkeitsklausel erheblich ruhiger geworden. Aber nach wie vor sind ausländische Touristen und Geschäftsreisende, die weder mit einem Deutschen verheiratet oder Verwandte ab den 3. Grad sind, noch in einer Partnerschaft oder nichtehelichen Lebensgemeinschaft leben von der inländischen Opferentschädigung ausgeschlossen, wenn sie im Inland Gewaltopfer geworden sind.

### b) Wohnsitzprinzip

Wegen einer Anknüpfung an den gewöhnlichen Aufenthalt des Opfers steht dem durch ein Gewaltverbrechen geschädigten Touristen kein Anspruch auf Leistung nach dem OEG zu. Es stellt sich schließlich die Frage, inwieweit der internationale Geltungsbereich der Verbrechensopferentschädigung vom gewöhnlichen Aufenthalt des Opfers abhängig sein sollte.

Von grundsätzlicher Bedeutung für den internationalen Geltungsbereich deutscher Sozialgesetze ist die in § 30 Abs. 1 SGB I getroffene Bestimmung.[214] Danach gilt das deutsche Sozialrecht für sämtliche Personen, die ihren Wohnsitz oder gewöhnlichen Aufenthalt in Deutschland haben, vorbehaltlich der Regelungen über- und zwischenstaatlichen Rechts. Im deutschen Internationalen Sozialrecht (ISR) gilt daher grundsätzlich das Wohnsitzprinzip als leitendes Prinzip für den Einschluss eines Menschen in das Sozialleistungsrecht.[215] Zudem könnte das Opfer beim Eintritt der Bedürftigkeit, als Folge der Einbuße seiner Erwerbsfähigkeit, entsprechende Leistungen der Sozialhilfe im Wohnstaat in Anspruch nehmen.[216] Mit dem Wohnsitz als Regelanknüpfung im ISR und dem Verweis auf die Sozialleistungen im Heimatland, könnte die Doppelanknüpfung gerechtfertigt sein.

Dem kann entgegengehalten werden, dass das Ziel der Opferentschädigung gerade die Verhinderung des sozialen Abstiegs des Opfers ist.[217] Auf die Möglichkeit einer Inanspruchnahme von Sozialhilfe zu verweisen, wäre mit dem normativen Zweck des OEG folglich nicht vereinbar.[218] Ferner formuliert § 30 SGB I weder den Regelfall, noch ein das deutsche ISR prägendes Prinzip, denn in einer Vielzahl von sozialrechtli-

---

214 *Seewald*, KassKomm, § 30, Rn. 2; *Eichenhofer* in Eichenhofer/Wenner, SGB I, § 30, Rn. 2 ff.

215 *Eichenhofer*, Internationales Sozialrecht, Rn. 109.

216 *Eichenhofer*, Internationales Sozialrecht, Rn. 494.

217 BT-Drs. 7/2506, S. 7.

218 vgl. *Eichenhofer*, Internationales Sozialrecht, Rn. 494.

chen Einzelgesetzen sind sozialpolitisch gewichtige Abweichungen zum Wohnsitzprinzip zu finden.[219] Im sozialen Entschädigungsrecht bilden sowohl die Vorschriften über die unechte Unfallversicherung im SGB VII, als auch die Bestimmungen des BVG über die Kriegsopferentschädigung ein Beispiel für derart divergente Regelungen. Der gewöhnliche Aufenthalt der Geschädigten ist hierfür ohne Belang. Es kommt im Wesentlichen darauf an, dass sich das schädigende Ereignis im Inland zugetragen hat (Tatortprinzip).[220]

Unter Beachtung der Rechtfertigungsgründe der staatlichen Opferentschädigung und des normativen Zwecks des OEG erscheint die Anknüpfung der Leistungsgewährung an den gewöhnlichen Aufenthalt als verfehlt. Die Dauer des Aufenthaltes in einem Land bildet zwar ein Indiz für die Zugehörigkeit zur inländischen Solidargemeinschaft.[221] Ferner dient sie der Abgrenzung der Zuständigkeiten und Verantwortlichkeit des sozialen Sicherungssystems des Aufenthalts- und Herkunftslandes. Im sozialen Entschädigungsrecht für Gewaltopfer liegt die „causa" der Leistungsgewährung jedoch nicht in der Individuellen Bedürftigkeit, sondern im Unterlassen des Staates. Die Pflicht des Staates zum Schutz von Leben und Gesundheit gemäß Art. 2 Abs. 2 S. 1 GG beschränkt sich nicht nur auf die Wohnbevölkerung, sondern erstreckt sich auf jedermann, unabhängig von der Staatsangehörigkeit und der Dauer des Aufenthaltes im Bundesgebiet.[222] Der persönliche Geltungsbereich der Opfer entschädigung müsste sich folglich auch auf jedermann beziehen, unabhängig von seinem Aufenthaltsstatus im Inland.[223]

### c) Opferentschädigung als Einzelanknüpfung

Wenn unter Berücksichtigung des Art. 2 Abs. 2 S. 1 GG dieses „Jedermann-Grundrecht"[224] als Grund und das Staatsversagen in der Kriminalitätsbekämpfung als auslösendes Moment der Verbrechensopferentschädigung für Opfer von Inlandstaten anzusehen ist, erscheint die Einzelanknüpfung der Opferentschädigung an den Tatort als folgerichtig. Deshalb fordert der normative Zweck des OEG einen ausschließlich durch das Tatortprinzip beschränkten internationalen Geltungsbereich. Die Ent-

219 *Eichenhofer*, Internationales Sozialrecht, Rn. 109.

220 *Janda*, Migranten im Sozialstaat, S. 364.

221 *Held/Wältermann*, BArbBl. 9/1993, 9, 9; Behn, ZfS 1993, 289, 299.

222 *Lang* in BeckOK GG, Art.2, Rn. 64.

223 *Eichenhofer*, Internationales Sozialrecht, Rn. 494.

224 *Lang* in BeckOK GG, Art.2, Rn. 64.

schädigung wäre dann unabhängig von der Staatsangehörigkeit sowie dem Wohnsitz oder gewöhnlichen Aufenthalt zu leisten.

Eine Vielzahl von Staaten im europäischen Ausland folgt bei der Ausgestaltung ihres Opferentschädigungsmodells dieser Lösung – etwa Großbritannien[225], die Niederlande[226], Österreich[227] und Schweden[228].

Zudem enthalten die Vorschläge des Europarats zu Art. 3 der Europäischen Konvention über die Entschädigung der Opfer von Gewalttaten[229] verschiedene Möglichkeiten, die Kollisionsnorm für die Verbrechensopferentschädigung zu gestalten. Gemeinsam ist allen diesen Alternativen die Anknüpfung an den Ort des Verbrechens.[230] Der § 1 Abs. 4 OEG entspricht zwar in seiner Ausgestaltung den minimalen Anforderungen des Art. 3 der Konvention. Der erläuternde Bericht (Explanatory Report) lässt die Option der Einzelanknüpfung jedoch nicht unberücksichtigt.[231]

Des Weiteren sind im deutschen Recht der sozialen Entschädigung tatbestandsmäßige Einzelanknüpfungen an den Tatort zu verzeichnen. In der unechten Unfallversicherung kommt es allein auf die Schadensverursachung im Inland ankommt.[232]

### 4. Die Rechtfertigung der Anknüpfungsmomente bei Auslandstaten

Die staatliche Entschädigung von Auslandstaten basiert auf der Fürsorge des Staates für seine Bürger und für diejenigen Personen, die sich dauerhaft rechtmäßig in der Bundesrepublik Deutschland aufhalten.[233] Anknüpfungspunkte der Entschädigung sind die Staatsangehörigkeit und der Wohnsitz sowie der gewöhnliche Aufenthalt.

Mit dem Sinn und Zweck des OEG ist es nicht vereinbar, den Anspruch auf Entschädigung ausnahmslos von der Verwirklichung des

---

225 *Schulte*, ZIAS 2010/2011, 41, 53.

226 *Darimont*, ZIAS 2010/2011, 86, 90.

227 *Ossio*, ZIAS 2010/2011, 99, 109.

228 *Wilman*, ZIAS 2010/2011, 137, 143.

229 Europäisches Übereinkommen über die Entschädigung für Opfer von Gewalttaten vom 24.11.1983, BGBl. 1996 II S.1120, 1121.

230 *Eichenhofer*, Internationales Sozialrecht, Rn. 491.

231 European Treaty Series Nr.116, Explanatory Report, Anm. 27.

232 *Janda*, Migranten im Sozialstaat, S. 364.

233 BT-Drs. 16/12273, S. 6.

Straftatbestandes im Inland abhängig zu machen. Die seitens des Gesetzgebers anerkannte Schutzwürdigkeit des schuldlosen Verbrechensopfers ist im Grundsatz nicht danach unterschiedlich, ob die Straftat im Inland oder im Ausland verübt wurde.[234] Entscheidend ist die Opferlage. Allerdings soll die von Gesetzes wegen als schutzwürdig erachtete im Ausland begründete Opferlage in einer ausreichend engen Beziehung zur deutschen Rechtsordnung stehen, um den Entschädigungsanspruch zu rechtfertigen. Dieses Erfordernis ist erfüllt, wenn das Opfer seinen gewöhnlichen Aufenthalt in der Bundesrepublik Deutschland hat und sich nur vorübergehend im Ausland aufhält.

Diese Gesetzesregelung wird gestützt durch die Rechtsprechung des BSG in den Fällen des Versicherungsschutzes für Lebensretter bei der Vornahme einer das Leben rettenden Handlung im Ausland. Kommen Personen, die bei Unglücksfällen, gemeiner Gefahr oder Not Hilfe leisten oder einen anderen aus erheblicher gegenwärtiger Gefahr für seine Gesundheit retten zu Schaden, unterfallen sie dem Schutz der gesetzlichen Unfallversicherung nach dem SGB VII (§ 2 Abs. 1 Nr. 13 Buchst. a) SGB VII). Erfolgt die Handlung im Ausland, erstreckt sich entgegen dem Territorialprinzip der Versicherungsschutz auch auf diesen Lebensretter, soweit diese Deutsche sind und sich nur vorübergehend im Ausland aufgehalten haben.[235]

Den deutschen Staatsangehörigen gleichgestellt werden im Opferentschädigungsrecht im Falle einer Auslandstat die Ausländer, die zu den Personenkreis des § 1 Abs. 4 und 5 Nr. 1 OEG gehören. Einen nur vorübergehenden Aufenthalt im Ausland umfasst nach § 3 a Abs. 1 Nr. 2 OEG ein Zeitraum von 6 Monaten.

## 5. Schlussfolgerung

Der Erlass des OEG war anfangs Ausgangspunkt für sozialpolitische Diskussionen um die Verbesserung des Ausländerschutzes im Recht der Opferentschädigung. Veranlasst durch gewaltsame Übergriffe auf ausländische Mitbürger erweiterte der Gesetzgeber mehrfach den Kreis der Leistungsberechtigten. Das OEG knüpft hinsichtlich des Entschädigungsanspruches dem Grunde nach bei Inlandstaten alternativ und bei Auslandstaten kumulativ an die Staatsangehörigkeit des Opfers und dessen gewöhnlichen Aufenthalt an. Der Ort des Verbrechens ist nunmehr ein

---

234 Vgl. BSG, SGb 1973, 514, 515 – Rechtsprechung zum Versicherungsschutz von Lebensrettern.

235 BSGE 35, 70, 72 ff; 42, 97, 99.

entscheidender Faktor bei der Bemessung des Entschädigungsumfangs. Die Ausgestaltung des Tatbestandes als Aufgabe des Gesetzgebers[236] darf jedoch nicht willkürlich geschehen. Nicht zuletzt sollten die gewählten Anknüpfungspunkte für die Leistungsberechtigung mit den zu entschädigenden Umständen im Einklang stehen.[237]

Kommt es zur Verübung eines Gewaltverbrechens, hat es der Staat nicht vermocht mit dem ihm zur Verfügung stehenden Mitteln den Einzelnen vor Eingriffen in sein Recht auf Leben und körperliche Unversehrtheit zu schützen. Diese Schutzpflicht besteht ausnahmslos gegenüber allen Personen, die sich auf deutschem Territorium befinden. Eine Begrenzung des persönlichen Geltungsbereiches durch das Staatsangehörigkeits- und Wohnsitzprinzip erscheint folglich verfehlt. Zudem vermag das Gegenseitigkeitsprinzip eine Ungleichbehandlung von Gewaltopfern je nach ihrer Staatsangehörigkeit nicht zu rechtfertigen. Unter Berücksichtigung des normativen Zwecks fordert die Entschädigung für Verbrechensopfer keine gefestigte Zugehörigkeit und Integration in die Solidargemeinschaft. Auch ein kurzfristiger Besuch im Bundesgebiet begründet durch die Opferlage eine Inlandsbeziehung und bedarf keiner weiteren Anknüpfung an die Staatsangehörigkeit und den gewöhnlichen Aufenthalt. Die Abgrenzung rechtlicher Zuständigkeiten verschiedener Staaten muss sich folglich im Recht der Opferentschädigung allein nach der Zurechnung des eingetretenen Schadens zur Verantwortung eines Staates richten. Demnach wäre also eine Ausgestaltung der Verbrechensopferentschädigung anzustreben, welche die staatliche Einstandspflicht ausschließlich von dem Ort der Schädigung abhängig macht **(Tatortprinzip)** und auf weitere Anknüpfungspunkte verzichtet.[238] Eine positive Folge dieses Ansatzes wäre die Einbeziehung aller Personen in den personellen Geltungsbereich des OEG, die im Gebiet der Bundesrepublik Deutschland Opfer eines Gewaltverbrechens werden, unabhängig von deren Staatsangehörigkeit und gewöhnlichen Wohnsitz. Es bedürfte folglich keiner Härtefallregelung nach § 10 a OEG mehr. Die Vorschrift erlaubt alle bisher nicht vom Geltungsbereich des § 1 Abs. 1 OEG erfassten Personen bei Billigkeit zu entschädigen. Jeder Betroffene hätte nun einen Rechtsanspruch auf eine Leistung nach dem OEG i.V.m. dem BVG und nicht lediglich einen Anspruch auf ermessensfehlerfreie Rechtsausübung.

Im Gegenzug hätte die generelle Anwendung des Tatortprinzips im Hinblick auf das gegenwärtig geltende Recht eine Einschränkung des internationalen Geltungsbereiches zur Folge. Deutsche Staatsangehörige

---

236 *Schuler,* Das internationale Sozialrecht der Bundesrepublik Deutschland, S. 722.

237 *Janda,* Migranten im Sozialstaat, S. 373.

238 *Eichenhofer,* Internationales Sozialrecht, Rn. 495.

und Ausländer mit einem gewöhnlichen Wohnsitz in Deutschland würden dann den Anspruch auf Entschädigung gemäß § 3 a OEG im Falle eines tätlichen Übergriffs auf ihre Person im Ausland verlieren.

Der 2009 eingeführte § 3 a OEG gilt als erhebliche Erweiterung des internationalen Geltungsbereichs und gewährt den Betroffen einen gehobenen Leistungsanspruch, obwohl dem deutschen Staat in einem solchen Fall im Hinblick auf die Verbrechensentstehung keine Verantwortung trifft. Denn die deutsche Polizei ist grundsätzlich nicht imstande, außerhalb der Grenzen Deutschlands tätig zu werden. Nach dem Sozialstaatsprinzip obliegt dem Staat jedoch die Pflicht, den Bürger vor einem Leben am Existenzminimum zu bewahren. Die Leistung nach § 3 a OEG als Ausdruck der Fürsorgepflicht würde somit entfallen. Den Betroffenen bleiben zwar die zivilrechtlichen Ansprüche gegen den Täter. Neben den grundsätzlichen Schwierigkeiten der Verfolgung der Tat und der Gefahr der Einkommens- und Vermögenslosigkeit beim Täter treten zusätzlich das Sprachproblem und die Langwierigkeit eines solchen Prozesses fernab der Heimat. Die Betroffenen können auch nicht in jedem Fall auf einen Anspruch gegen den Staat verwiesen werden, in dem der tätliche Übergriff stattgefunden hat, denn nicht jedes Land der Welt verfügt über ein Opferentschädigungsmodell. Vor allem außerhalb der EU und der angelsächsischen Staaten (USA, Australien, Neuseeland), insbesondere in den Staaten der Dritten Welt sieht die Gesetzlage keine Entschädigung von Gewaltopfern vor. Es bedürfte somit einer internationalen Abstimmung hinsichtlich der Gewaltopferentschädigung. Die Anknüpfung an den Tatort bei Auslandstaten würde daher aktuell bei Auslandsschädigungen von Inlandsbewohnern einen Rückschritt bedeuten. Das Tatortprinzip wäre folglich allein bei Inlandstaten ein taugliches Anknüpfungsmoment ohne Berücksichtigung des Wohnsitzes und der Staatsangehörigkeit.

## III. DER „TÄTLICHE ANGRIFF" ALS ENTSCHÄDIGUNGSTATBESTAND

Das zentrale Tatbestandsmerkmal des § 1 Abs. 1 OEG ist der vorsätzliche, rechtswidrige „tätliche Angriff". Der durch einen unbestimmten Rechtsbegriff geprägte Tatbestand wurde in der Vergangenheit bereits durch eine Vielzahl von Entscheidungen der Sozialgerichte konturiert. Dennoch besteht in der Praxis nach wie vor erhebliche Unsicherheit über die Einordnung von Sachverhalten unter diesen Begriff – allen voran die Bewertung „gewaltloser Delikte". Die Auslegungstendenzen in Rechtsprechung und Literatur divergieren. Unter Berücksichtigung von Wortlaut, Sinn und Zwecks des Gesetzes wie der Intention des Gesetzgebers wird zuweilen versucht, eine gesellschaftlich und persönlich vertretbare Entscheidung zu finden und in den Grenzen der Rechtsmethodik und Rechtsdogmatik zu begründen. Der Weg zur Rechtsfindung unter den Augen eines schwer geschädigten Opfers und einer nach Gerechtigkeit strebenden Bevölkerung gestaltet sich zuweilen schwierig, weil der Begriff des „tätlichen Angriffs" allgemein und höchst unanschaulich ist.

### 1. „Tätlicher Angriff"

#### a) Die Intention des Gesetzgebers

Während der CDU/CSU-Entwurf die Verletzung durch eine mit Strafe bedrohte Handlung – einschließlich Fahrlässigkeitsdelikte – als Voraussetzung für eine Entschädigung genügen lassen wollte,[239] verlangt § 1 Abs.1 S.1 OEG, dass die Gesundheitsschädigung in Folge eines vorsätzlichen, rechtswidrigen **tätlichen Angriffs** gegen eine Person erlitten wurde. Bei der Umschreibung des schädigenden Tatbestands und der Be-

239 BT-Drs. VI/2420 vom 12.7.1971, S. 3; *Brockelmann*, DRiZ 1974, 347, 347.

zeichnung der Straftat, welche die Entschädigungspflicht der Allgemeinheit auslöst, wurde auf das Wort „Gewaltkriminalität" verzichtet. Als Begründung führte man die unterschiedliche Verwendung sowie die im Ergebnis zu weit gehende Auslegung der Begriffe „Gewalt", „gewaltsam" oder „Gewalttätigkeit" in Vorschriften des Strafgesetzbuches an.[240] Ungeachtet der Diskussion um den Gewaltbegriff umfasst „Gewalt" im strafrechtlichen Sinne mehr als die körperlicher Gewaltanwendung gegen eine Person.[241] Auch die listenmäßige Benennung der strafrechtlichen Tatbestände als Voraussetzung von Entschädigungsleistungen wurde – obgleich in einigen Staaten praktiziert[242] – als unzweckmäßig verworfen.[243] Es wurden noch größere Abgrenzungsschwierigkeiten als bei einem abstrakt formulierten Entschädigungstatbestand befürchtet, da einige Straftatbestände entweder durch Tätlichkeiten gegen eine Person oder andere Mittel der Gewalt oder des Zwangs (Drohung) begangen werden können.[244] Der Gesetzgeber zog daraus den Schluss: Eine Aufzählung von Tatbeständen in einer Entschädigungsregelung müsse durch weitere allgemeine Formulierungen ergänzt werden, welche die mit tätlicher Gewalt gegen eine Person verbundenen Begehungsformen bezeichnen.[245]

Nach dem Willen des Gesetzgebers fungieren daher nicht die Tatfolgen als konstitutiver Ausgangspunkt, sondern der willentliche Bruch der Rechtsordnung durch körperliche Gewaltanwendung gegen eine Person.[246] Der Entschädigungstatbestand des § 1 Abs. 1 OEG in seiner endlichen Ausgestaltung umfasse im Wesentlichen die sogenannte Gewaltkriminalität, die zur Körperverletzung und Tod führen kann.[247] Mit dem Hinweis auf die Auslegung des Tatbestandsmerkmal des § 113 StGB „ihn…tätlich angreift", versteht der Gesetzgeber unter einem „rechtswidrigen tätlichen Angriff gegen eine Person" eine unmittelbar auf den Körper eines Menschen zielende feindselige Einwirkung, für die ein Rechtfertigungsgrund nicht gegeben ist.[248] Diese Grundregelung ergänzte der Gesetzgeber um das vorsätzliche Beibringen von Gift (§ 1 Abs.2 Nr.1 OEG)

240 BT-Drs. 7/2506, S. 10; *Schoreit/Düsseldorf*, OEG, § 1 Abs. 1, Rn.35.

241 BT-Drs. 7/2506, S. 10.

242 Vgl. dazu die Übersicht bei *Schoreit/Düsseldorf*, OEG, § 1 Abs. 1, Rn. 34.

243 *Weintraud*, Entschädigung für Opfer von Gewalttaten in Großbritannien und der Bundesrepublik Deutschland, S. 103.

244 BT-Drs. 7/2506, S. 10.

245 BT-Drs. 7/2506, S. 10.

246 *Kunz*, Probleme der Opferentschädigung im deutschen Recht, S. 126; BT-Drs. 7/2506, S. 10.

247 BT-Drs. 7/2506, S. 10.

248 BT-Drs. 7/2506, S. 10 f.

und die mit gemeingefährlichen Mitteln begangenen Verbrechen (§ 1 Abs.2 Nr.1 OEG), da in diesen Fällen ebenfalls ein gewaltsamer Bruch der Rechts- und Friedensordnung vorliegt.

### b) Strafrechtliche Auslegung

Aufgrund der Entstehungsgeschichte des OEG, insbesondere der unmittelbaren Verbindung der Opferentschädigung mit dem Strafrecht stellt sich die Frage, ob der „tätliche Angriff" als Entschädigungstatbestand mit dem tätlichen Angriff im Sinne des Strafgesetzbuches gleichzusetzen ist.[249] Die Meinungen in Literatur und Rechtsprechung divergieren diesbezüglich grundsätzlich und im Einzelfall.

Das **BSG** sieht in dem Wortlaut des § 1 Abs. 1 OEG einen Hinweis auf die Begriffsbildung des StGB. Zwar sei die entscheidende Verletzungshandlung im OEG eigenständig und ohne ausdrückliche Bezugnahme auf das StGB geregelt; aber es könne nicht unbeachtet bleiben, dass der Gesetzgeber des OEG rechtstechnische Begriffe eines anderen Rechtsgebietes mit fest umrissener Bedeutung verwandt hat.[250] Die sozialrechtliche Anwendung des „tätlichen Angriffs" im Sinne des § 113 StGB, zum Zwecke der bewussten Einschränkung des strafrechtlichen Gewaltbegriffs, decke sich mit dem Sinn und Zweck des OEG und gelte somit auch für die vorsätzliche Angriffshandlung des § 1 Abs. 1 OEG.[251] Damit solle die Entschädigungslast des Staates von Anfang an begrenzt werden. Ausgangsüberlegung des Gesetzgebers sei die Aufgabe des Staates, die Bürger vor Gewalttaten zu schützen, und im Falle der Nichterfüllung dieser Pflicht dafür die Verantwortung zu übernehmen. Gleichzeitig müsse der Gesetzgeber dafür Sorge tragen, dass das Gesetz auf Opferentschädigung nicht im Laufe der Zeit in Richtung einer allgemeinen Volksversicherung gegen schwere Unfälle jeder Art ausgeweitet werde.[252] Jedes Ausmaß sozialer Entschädigung liege in der Gestaltungsfreiheit des Gesetzgebers. Immer wieder werde dieses Ausmaß nicht uneingeschränkt nur den Sinn der staatlichen Hilfe für Opfer von Gewalttaten verwirklichen, sondern zugleich auch gezielt die staatliche Entschädigungslast begrenzen. Daran sei die Rechtsprechung gebunden.[253]

---

249 *Geschwinder*, SGb 1985, 95, 95.

250 BSGE 56, 234, 235.

251 BSGE 56, 234, 236.

252 BSGE 56, 234, 236; BT-Drs. 7/2506, S. 10.

253 BSGE 56, 234, 236.

Auch Stimmen in der Literatur folgen dieser Tendenz einer – unter Berücksichtigung strafrechtlicher Begriffe – **restriktiven Auslegung** der Begriffskombination, zum Zwecke der Kostenreduzierung.[254] Die strafrechtliche Judikatur sei nur dann nicht als verbindlich anzusehen, wenn sich aus dem Zusammenhang oder aus dem Zweck der Entschädigungsnorm ein abweichender Sinngehalt ergibt.[255] Auch beschränke sich die Begriffsbestimmung nicht auf die Kriterien des § 113 StGB. Der Begriff des tätlichen Angriffs entspreche auch der Gewalttätigkeit gegen Menschen und Sachen in § 125 StGB (Landfriedensbruch), dem Angriff in § 231 StGB (Beteiligung an einer Schlägerei) sowie dem Merkmal der Tätlichkeit in § 185 StGB (Beleidigung mittels einer Tätlichkeit).[256] Anlässlich der Beurteilung eines Sitzstreiks stellte der BGH fest, dass Gewalttätigkeit im Sinne des § 125 StGB nicht allein durch passives Verhalten erfüllt werde. Vielmehr sei grundsätzlich ein aggressives Handeln als Ausdruck des Unfrieden erforderlich.[257]

Das Merkmal der Aggressivität wird zuweilen auch in Bezug auf die Abgrenzung von Gewalttaten im Entschädigungsrecht als geeignet empfunden, um den Inhalt des Begriffs „Angriff" sinnvoll zu erfüllen.[258] Zudem lasse das Erfordernis des aggressiven Einsatzes physischer Kraft bei einem tätlichen Angriff eine genauere Abgrenzung bei Einzelfallentscheidungen zu.[259] So seien Fälle von Freiheitsberaubungen ohne aggressives Einwirken auf das Opfer nicht vom Entschädigungszweck des OEG erfasst.[260] Nicht entschädigungswürdig seien demnach auch Opfer von Handlungen aus unberechtigter Angst oder Freiheitsberaubungen infolge von Verstecken oder Verlegen des Schlüssels.[261] Dementsprechend genüge auch das Ausholen zum Schlag für die Annahme eines tätlichen Angriffs nur, wenn auf Grund dessen eine Körperverletzung wahrscheinlich erscheine.[262]

---

254 *Schoreit/Düsseldorf*, OEG, § 1 Abs.1, Rn. 36 ff; *Kunz*, Probleme der Opferentschädigung im deutschen Recht, S. 129; *Kolb*, BehindR 1977, 10, 11.

255 *Schoreit/Düsseldorf*, OEG, § 1 Abs. 1, Rn. 36.

256 *Schoreit/Düsseldorf*, OEG, § 1 Abs. 1, Rn. 41 ff.

257 BGHSt 23, 46, 51 f.

258 *Schoreit/Düsseldorf*, OEG, § 1 Abs. 1, Rn. 56.

259 *Schoreit/Düsseldorf*, OEG, § 1 Abs. 1, Rn. 58.

260 *Schoreit/Düsseldorf*, OEG, § 1 Abs. 1, Rn. 60.

261 *Schoreit/Düsseldorf*, OEG, § 1 Abs. 1, Rn. 60.

262 *Schoreit/Düsseldorf*, OEG, § 1 Abs. 1, Rn. 68; *Kolb*, BehindR 1977, 10, 11, anders: *Geschwinder*, SGb 1985, 95, 96.

Vereinzelt werden die Ausführungen des Gesetzgebers in den Gesetzesmaterialien allerdings auch dahin verstanden, dass den Betroffenen von Gewalttaten eine möglichst umfassende Versorgung gewährt werden soll. Im Sinne eines **extensiven Versorgungsschutzes** sei der Entschädigungstatbestand großzügig zu interpretieren.[263] So könne es keineswegs als erforderlich angesehen werden, dass die Tathandlung den Eintritt einer Körperverletzung oder einer Verletzung der körperlichen Unversehrtheit wahrscheinlich erscheinen lassen müsse. Vielmehr genüge es, wenn durch einen Angriff Leib und Leben eines Menschen Schaden nehmen kann.[264] Die uneingeschränkte Übernahme der strafrechtlichen Rechtsprechung und Rechtslehre sei daher nicht geboten. Im Zuge der Auslegung des OEG dürften Begriffe und Theorien aus dem Strafrecht erst dann berücksichtigt werden, wenn das Soziale Entschädigungsrecht für das zu lösende Problem keine Regelung bietet und deswegen die Berücksichtigung strafrechtlicher Grundsätze dem Willen des Gesetzgebers entspricht. Die sozialgerichtliche Rechtsprechung habe den Begriff des tätlichen Angriffs im OEG selbständig unter Beachtung der Gesetzesmaterialien zum OEG zu definieren.[265]

Trotz unterschiedlicher Interpretation der Gesetzesbegründung hinsichtlich des Tatbestandumfangs, ist sich die Literatur bezüglich der Geeignetheit des Wortlauts im § 1 Abs. 1 OEG einig. Nur ganz vereinzelt wird die Forderung nach einer abweichenden Formulierung erhoben.[266] Das Merkmal „tätlicher Angriff" sei zu sehr an die englische Regelung des „Criminal Injuries Compensation Scheme (CICS)" angelehnt, dessen Bezugspunkt das „Gewaltverbrechen" ist, ohne den vorrangigen Bezug des zu regelnden Gegenstandes auf den Gebieten der sozialen Sicherung und Kriminalpolitik zu betonen.[267] Der Gefahr einer übermäßigen Belastung des Staates durch Verwaltungsaufwand und Leistungen nach dem BVG könne durch eine Ergänzung des Tatbestandes entgegengewirkt werden. Die grundsätzlich entschädigungsfähigen gesundheitlichen und wirtschaftlichen Schäden einer Tat könnten beispielsweise durch die Einführung eines bestimmten Bagatellwertes begrenzt werden.[268]

---

263 *Geschwinder*, SGb 1985, 95, 96.

264 *Schulz-Lüke/Wolf*, OEG, § 1, Rn. 101; *Geschwinder*, SGb 1985, 95, 96.

265 *Geschwinder*, SGb 1985, 95, 97.

266 dazu *Brockelmann*, DRiZ 1974, 346, 347.

267 *Brockelmann*, DRiZ 1974, S.346, 347.

268 *Brockelmann*, DRiZ 1974, S.346, 347.

### c) Der Gewaltbegriff

#### aa) Die vier Phasen der Entwicklung

Unter einem tätlichen Angriff im Sinne des OEG wird somit nach allgemeiner Auffassung und im Einklang mit der strafrechtlichen Definition eine feindselige Handlung gegen eine Person unter Anwendung von Gewalt verstanden. Zweifelhaft bleibt dabei aber die Interpretation des Gewaltbegriffs. Dieser ist einer der umstrittensten Begriffe des gesamten Strafrechts.[269] Seine Entwicklung ist von den verschiedensten Auslegungsmöglichkeiten in Literatur und Rechtsprechung gekennzeichnet.[270] Diese lasse sich bis heute im Wesentlichen in vier Phasen[271] einteilen:

In der Rechtsprechung des **Reichsgerichts** wurde Gewalt stets mit der Anwendung körperlicher Kraft in Verbindung gebracht. Dementsprechend definierte es Gewalt als „die durch Anwendung körperlicher Kraft erfolgte Beseitigung eines tatsächlich geleisteten oder bestimmt erwarteten und deshalb von vornherein durch Körperkraft zu unterdrückenden Widerstandes".[272] Die Beibringung eines betäubenden Mittels ohne Anwendung körperlicher Kraft seitens des Täters, erfüllte demnach nicht das Tatbestandmerkmal der Gewalt.[273] Auch wenn andere Entscheidungen mehr auf die physische Zwangswirkung beim Opfer abstellten, ließen sie das Merkmal körperlicher Kraftentfaltung nicht unerwähnt. Gewalt wurde somit angenommen, wenn das Opfer durch Drehen eines Schlüssels eingesperrt wurde[274], Schreckschüsse abgefeuert[275] oder anderen Personen der Weg versperrt[276] wurde. Die Rechtsprechung des Reichsgerichts entwickelte sich tendenziell zu einer Auslegung des Gewaltbegriffs aus der Perspektive des (unbestimmten) Rechtsguts Willensentschließung und -betätigung, wobei die Entfaltung körperlicher Kraft zunehmend in den Hintergrund rückte.[277]

---

269 *Gropp/Sinn*, MüKo StGB, § 240, Rn. 31.

270 *Calliess*, Der Begriff der Gewalt im Systemzusammenhang der Straftatbestände, 1974, S. 3.

271 Ähnlich auch BVerfGE 73, 206, 239 f; *Krey/Neidhardt* , Was ist Gewalt?, 1986, Rn. 31 ff, 59 ff.

272 RGSt 56, 87, 88.

273 RGSt 56, 87, 89; 58, 98, 99.

274 RGSt 27, 405, 406; 73, 343, 344.

275 RGSt 60, 157, 158; 66, 353, 355 f.

276 RGSt 45, 153, 156; RG, DJZ 1923, 372.

277 Vgl. RGSt 60, 157, 158.

Der Bundesgerichtshof setzte mit seiner ersten Entscheidung zum Gewaltbegriff diese Rechtsprechung fort.[278] Es bedürfe danach keines erheblichen körperlichen Kraftaufwandes durch den Täter, vielmehr sei Gewalt die körperliche Zwangswirkung beim Opfer zur Überwindung eines geleisteten oder erwarteten Widerstandes.[279] Gewalt wurde nun auch bei der Beibringung von Betäubungsmitteln angenommen.[280]

Damit hatte die **zweite Phase** der Entwicklung des Gewaltbegriffs begonnen.[281] Das Erfordernis einer körperlichen Kraftentfaltung auf Täterseite und der psychische Bezug der Zwangswirkung beim Opfer wurden immer mehr vernachlässigt.[282] Gewalt wurde sodann bei der (bloßen) Bedrohung des Opfers[283] sowie im Falle der Verkehrsnötigung durch zu dichtes Auffahren[284] bejaht. Eine Abgrenzung zur psychischen Zwangswirkung wurde unmöglich und der Unterschied zur Drohung konnte nur noch in der Gegenwärtigkeit des Übels gesehen werden.[285]

Die **dritte Phase** der Entwicklung ist durch die vollständige Aufgabe der Notwendigkeit physischer Zwangswirkung beim Opfer gekennzeichnet. Mit Schaffung des „vergeistigen Gewaltbegriffs" ließ der BGH in seinem „Laepple-Urteil" vom 8.8.1969[286] im Zusammenhang mit einer Sitzblockade die Ausübung psychischen Zwangs für eine Nötigung mit Gewalt ausreichen. Es kam also zur Aufgabe der körperlichen Einwirkung als maßgeblichem Kriterium. Dennoch gab es in der Folgezeit mehrere Entscheidungen des BGH und der Untergerichte, die weiterhin die beim Opfer ausgelöste physische Zwangswirkung berücksichtigten.[287]

Das Bundesverfassungsgericht befasste sich erstmals im Jahre 1986 („Mutlangen") mit dem bis dahin in der Rechtsprechung entwickelten „vergeistigen Gewaltbegriff". Mit dem Hinweis auf einen wirksamen

278 *Gropp/Sinn*, MüKo StGB, § 240, Rn. 33.

279 BGHSt 1, 145, 146 ff.

280 BGHSt 1, 145, 146 ff.

281 *Gropp/Sinn*, MüKo StGB, § 240, Rn. 33.

282 *Gropp/Sinn*, MüKo StGB, § 240, Rn. 33.

283 BGHSt 23, 126, 127; 39, 133, 136; zust. *Bachmann/Müller-Dietz*, JuS 1975, 38, 39; *Schroeder*, JuS 1982, 491, 492; ablehnend *Geilen*, JZ 1970, 521, 524.

284 BGHSt 19, 263, 265.

285 *Gropp/Sinn*, MüKo StGB, § 240, Rn. 33.

286 BGHSt 23, 46.

287 BGHSt 23, 126, 127; BGH, NStZ 1982, 158, 159; OLG Koblenz, MDR 1987, 162, 163; OLG Köln, NJW 1983, 2206, 2207; OLG Köln, NJW 1985, 2434, 2435; OLG Köln, NStZ 1986, 30, 31; BayObLG, NStZ 1990, 281; vgl. *Krey/Neidhardt*, Was ist Gewalt?, 1986, Rn. 59 ff; *Krey*, JR 1995, 265, 269 f.; *Scholz*, NStZ 1995, 417, 419 f.

Schutz der Freiheit der Willensentschließung und Willensbetätigung konnte das Bundesverfassungsgericht keinen Verstoß gegen das Grundgesetz feststellen.[288] Ein Verstoß gegen Art. 103 Abs. 2 GG liege jedenfalls solange nicht vor, wie vom Täter zumindest ein geringfügiger Krafteinsatz gefordert werde.[289] Im Ergebnis hatte dies keine Verengung der bisherigen Auslegung zur Folge, weil ein geringfügiger Krafteinsatz selbst bei den unauffälligsten Verhaltensweisen, wie sich zu einer Blockade begeben oder beim Hinsetzen, zu beobachten ist.[290]

Nach nochmaliger Bestätigung dieser Entscheidung im Jahre 1987 („Bastian")[291], musste das Bundesverfassungsgericht im Jahre 1995 erneut zum Gewaltbegriff des § 240 Abs. 1 StGB Stellung nehmen. Dieser Beschluss[292] gilt als der Beginn der **vierten Entwicklungsphase**. Anlass dieser Entscheidung war eine Blockadeaktion vor einem Sondermunitionslager der Bundeswehr, die die Fachgerichte als Nötigung mit Gewalt bewerteten. Wider Erwarten[293] stellte das Bundesverfassungsgericht bezüglich der erweiternden Auslegung des Gewaltbegriffs in § 240 Abs. 1 StGB im Zusammenhang mit Sitzblockaden als einen Verstoß gegen Art. 103 Abs. 2 GG fest. Entscheidend war für das Bundesverfassungsgericht das Tatmerkmal „nötigen". Im Begriff der Nötigung sei bereits die Ausübung von Zwang auf den Willen Dritter enthalten. Die Benennung bestimmter Nötigungsmittel in § 240 Abs. 2 StGB habe die Funktion, innerhalb der Gesamtheit denkbarer Nötigungshandlungen die strafwürdigen einzugrenzen. Aus diesem Grund könne die Gewalt nicht mit dem Zwang zusammenfallen, sondern muss vielmehr über diesen hinausgehen.[294] Dabei sieht es das Mehr im Gewaltbegriff in der körperlichen Kraftentfaltung auf Täterseite und der physischen Zwangswirkung beim Opfer[295]. Neben der Kritik am Kern der Entscheidung[296] muss es zudem eine Spekulation bleiben, diese als politisch motiviert einzuordnen[297] oder auf eine Neubesetzung der Richterbank[298] zurückzuführen. Uneinigkeit besteht jedoch

[288] *Gropp/Sinn*, MüKo StGB, § 240, Rn. 35.

[289] BVerfGE 73, 206, 242 ff.

[290] *Gropp/Sinn*, MüKo StGB, § 240, Rn. 35.

[291] BVerfGE 76, 211.

[292] BVerfGE 92, 1.

[293] *Kühl*, Strafverteidiger 1987, 122, 122 ff.

[294] BVerfGE 92, 1, 17.

[295] BVerfGE 92, 1, 17.

[296] Vgl. *Sinn*, Die Nötigung im System des heutigen Strafrechts, S. 187.

[297] *Krey*, JR 1995, 265, 269; *Kühl*, Strafverteidiger 1987, 122, 122 f; *Scholz*, NStZ 1995, 417, 422.

[298] *Altvater*, NStZ 1995, 278, 278; *Scholz*, NStZ 1995, 417, 423.

vor allem über die Reichweite des Beschlusses. Während einige die Auffassung vertreten, dass durch die Rechtsprechung des Bundesverfassungsgerichts Sitzblockaden von dem Tatbestand der Nötigung ausgeschlossen seien,[299] wollen andere die Entscheidung als eine Absage an den vergeistigten Gewaltbegriff[300] verstanden wissen.

Die in der Folge ergangenen Entscheidungen des Bundesgerichtshofes führten zu keinem Neuansatz einer Gewaltinterpretation. Denn eine Korrektur der bisherigen Rechtsprechung zum Gewaltbegriff hält der BGH weder für geboten noch sinnvoll.[301] Die Blockade der Autobahn durch die Angeklagten als Zeichen für ihren Unmut hinsichtlich der Absage einer Kurdendemonstration in Augsburg, nahm der Bundesgerichtshof[302] zum Anlass, statt den verfassungsgerichtlichen Vorgaben zu folgen. Anders als im Fall des Bundesverfassungsgerichtes wurde nicht lediglich ein einzelnes Auto, sondern eine Vielzahl von Verkehrsteilnehmern an der Weiterfahrt gehindert. Nach dem Bundesgerichtshof seien psychisch an der Weiterfahrt nur diejenigen Kraftfahrer gehindert, die die Blockadestelle als erste erreichten. Die nachfolgenden Verkehrsteilnehmer seien hingegen vor allem durch die vor ihnen stehenden Fahrzeuge physisch gezwungen stehen zu bleiben, weshalb Gewalt zu bejahen sei. Die Blockierer hätten in mittelbarer Täterschaft gehandelt.[303] Als wesentliche Merkmale dieser neuen Gewaltrechtsprechung gelten nun ein wenigstens geringer körperlicher Kraftaufwand des Täters und eine Zwangswirkung seitens des Opfers, die sich als physisch wirkender Zwang darstellt. Gewalt übt danach jeder, der ursächlich für ein physisches Hindernis ist.[304]

Die Entscheidungen der Oberlandesgerichte sind diesbezüglich uneinheitlich. Sie bewegen sich zwischen offener Ablehnung mit Bezugnahme auf das Bundesverfassungsgericht[305] bis hin zur bereitwilligen

---

299 *Amelung*, NJW 1995, 2584, 2587; *Heselhaus*, JA 1995, 748, 750; *Jeand'Heur*, NJ 1995, 465, 467; *Lesch*, JA 1995, 889, 896; *Scholz*, NStZ 1995, 417, 423.

300 *Herzberg*, GA 1996, 557, 560; *Krey*, JR 1995, 265, 269; *Priester*, FS Bemmann, S. 362, 382 f; *Rheinländer*, FS Bemmann, S. 387, 396.

301 *Gropp/Sinn*, MüKo StGB, § 240, Rn. 44.

302 BGHSt 41, 182.

303 BGHSt 41, 182, 186 ff.

304 *Gropp/Sinn*, MüKo StGB, § 240, Rn. 45.

305 OLG Hamm, NStZ 1995, 547, 548; OLG Koblenz, NJW 1996, 3351, 3351; OLG Koblenz, NStZ-RR 1998, 44, 45.

Übernahme.[306] Das Urteil des Bundesgerichtshofs führte zudem zu heftigen Reaktionen in der Literatur.[307]

Einen neuen Höhepunkt bildete die im Jahre 2001 gefasste vierte Blockadeentscheidung des Bundesverfassungsgerichts.[308] Eine Bestrafung wegen Nötigung mit Gewalt könne danach bei Sitzblockaden auch dann angenommen werden, wenn die Teilnehmer „über die durch ihre körperliche Anwesenheit verursachte psychische Einwirkung hinaus eine physische Barriere errichten".[309] Grundlage für diese restriktive Interpretation der Entscheidung aus dem Jahre 1995 waren die Blockaden der Wiederaufarbeitungsanlagen in Wackersdorf und der Autobahn am Grenzübergang Weil am Rhein. Die vormals für erforderlich gehaltene Kraftentfaltung bei Anwesenheit sieht der Senat nun mehr dann als gegeben an, wenn sich die Blockierer aneinander ketten (Wackersdorf). Durch derartiges Verhalten soll die Demonstration eine über den psychischen Zwang hinausgehende Eignung erfahren haben, Dritten ihren Willen aufzuzwingen. Anlass zu einer Auseinandersetzung mit der umstrittenen Rechtsprechung des Bundesgerichtshofes zur mittelbaren Täterschaft sah das Bundesverfassungsgericht nicht, weil jedenfalls durch das Abstellen der Fahrzeuge auf der Autobahn und dem Grenzübergang zu Blockadezwecken ein Hindernis geschaffen worden sei.

### bb) Die Bewertung eines Verhaltens als Gewalt

Mangels einer wertneutralen Begriffsbildung ist eine Übereinkunft über den Gewaltbegriff bis heute nicht möglich.[310] Die zum Teil inflationäre Ausdehnung des Begriffs, bis hin zur Bezeichnung jeder Form der Verhinderung von menschlicher Entfaltungsfreiheit als Gewalt[311], hat nicht zuletzt gesellschaftspolitische Gründe.[312] Rechtsprechung, Gesetzgeber und die Bevölkerung zeigen daher ein differenziertes Verständnis von

---

306 OLG Zweibrücken, NJW 1996, 866, 867; OLG Naumburg, NStZ 1998, 623, 623.

307 *Amelung*, NStZ 1996, 230, 230 ff; *Arnold*, JuS 1997, 289, 294; *Hentschel*, NJW 1996, 628, 637; *Herzberg*, GA 1996, 557, 560 ff; *Hoyer*, JuS 1996, 200, 201; *Hruschka*, NJW 1996, 160, 160 f; *Krey/Jaeger* , NStZ 1995, 542, 542 ff; *Kudlich*, JuS 1996, 664, 664; *Priester*, FS Bemmann, S. 362; *Rheinländer*, FS Bemmann, S. 387; zusammenfassend OLG Koblenz, NStZ-RR 1998, 44, 45.

308 BVerfGE 104, 92.

309 BVerfGE 104, 92, 101 ff.

310 *Schwind/Baumann*, Ursachen, Prävention und Kontrolle von Gewalt, Bd. 1, Rn. 21.

311 *Schwind/Baumann*, Ursachen, Prävention und Kontrolle von Gewalt, Bd. 1, Rn. 23.

312 *Schwind/Baumann*, Ursachen, Prävention und Kontrolle von Gewalt, Bd. 1, Rn. 20, 23.

Gewalt. Gewalt wird in der Frauenbewegung anders definiert als in konservativen Juristenkreisen. Hausbesetzer haben ein anderes Gewaltverständnis als die Polizei. Der Gewaltbegriff und somit die Bewertung eines Verhaltens als Gewalt ist in unserer Gesellschaft eine von gesellschaftlichen Strukturmerkmalen abhängige Größe.[313] Das Auseinanderfallen der Bedeutung innerhalb der Rechtsgebiete bis hin zu einzelnen Tatbeständen erzeugt deshalb ein hohes Maß an allgemeiner Rechtsunsicherheit und Irritation beim Bürger.[314]

## 2. Die sozialgerichtliche Rechtsprechung

Die Instanzen übergreifende Betrachtung der Rechtsprechung der Sozialgerichte spiegelt ebenfalls die Unsicherheit im Umgang mit dem zentralen Tatbestandsmerkmal des § 1 Abs. 1 OEG wider, zum einen aufgrund der besonderen Nähe zu den strafrechtlichen Streitständen, zum anderen durch die Berücksichtigung des gesetzgeberischen Willens. Der vom Gesetzgeber bewusst unbestimmt gehaltene Tatbestand wurde seit dem Inkrafttreten des OEG durch eine Vielzahl von Entscheidungen, insbesondere des BSG konturiert.

### a) „Angriff" als Abgrenzungskriterium

Das Tatbestandsmerkmal des Angriffs dient der Abgrenzung von gezielt gegen die Personen gerichteten gewaltsamen Einwirkungen einerseits und von nicht entschädigungspflichtigen Handlungen – namentlich gegen das Vermögen – andererseits.[315]

Als sozial angemessenes Verhalten stufte das BSG nicht feindselige Handgreiflichkeiten bei einem Volksfest ein.[316] Die Klägerin nahm als 16-jährige an einem Altstadtfest teil. Als sie nachts gegen 2.00 Uhr auf der Straße einem Fremden begegnete, umfasste dieser lachend und juchzend ihre Hüften und hob sie hoch. Die Klägerin schrie und zappelte. Beide fielen um, wahrscheinlich deshalb, weil der Mann wegen des Hochwerfens das Gleichgewicht verloren hatte. Die Klägerin erlitt erhebliche Verletzungen im Gesicht und Abbrüche von Zähnen. Nachdem der Fremde mit der Klägerin zum Sanitätszelt gegangen war, verschwand er uner-

313 *Plate/Schneider*, Schwereinschätzungen von Gewalthandlungen, S. 5.

314 *Plate/Schneider*, Schwereinschätzungen von Gewalthandlungen, S. 5 f.

315 *Kunz/Zellner/Gehlhausen/Weiner*, OEG, § 1, Rn. 12.

316 BSG, Urteil v. 23.10.1985 = SozR 3-3800 § 1 Nr. 6.

kannt.[317] Der Senat bewertete das Verhalten als nicht feindselig, da der Mann nach dem äußeren Erscheinungsbild die Klägerin hochhob, wie sonst allgemein Erwachsene kleine Kinder hochzuheben pflegen. Auch unter Erwachsenen würde einem derartigen Verhalten, der Charakter der Feindseligkeit fehlen.[318] Das Hochstemmen der Klägerin unter Lachen und Juchzen füge sich zwangslos in die besonderen Bräuche bei einem nächtlichen Stadtfest ein, die mit ausgelassener Stimmung, Gejohle zu zahlreichen Fällen von Trunkenheit einhergehen. Aus Sicht des Gerichts wäre es mit dem Zweck des OEG unvereinbar, harmloses, scherzhaftes, regelmäßig nicht besonders schmerzhaftes Zugreifen als einen Rechtsbruch i.S.d. § 1 Abs. 1 OEG anzusehen.[319]

Ebenfalls als nicht entschädigungspflichtig sieht das LSG Niedersachsen Rangeleien unter Vorschulkindern an.[320] Ein Kind im Vorschulalter könne nur bei einfachen Handlungsabläufen die unmittelbaren Auswirkungen einer eigenen Handlung ungefähr vorhersehen. Bei komplexeren Handlungsabläufen, wie das in Rede stehende absichtliche Schubsen in einen Hochwasser führenden Fluss, fehle dagegen entwicklungsbedingt diese Fähigkeit und daher regelmäßig das intellektuelle Moment des Vorsatzes.[321]

### b) „Gewaltloser" sexueller Missbrauch von Kindern

Doch auch bei Überschreitung sozial angemessenen Verhaltens bereitet die Subsumtion strafrechtlich relevanter Handlungen unter den Tatbestand des § 1 Abs. 1 OEG Schwierigkeiten und führte in der Vergangenheit zu paradoxen Entscheidungen der Gerichte.

Unter Berufung auf die ständige Rechtsprechung verneinte das Oberlandesgericht Celle im Jahre 1995 einen rechtswidrigen tätlichen Angriff im Sinne des OEG bei der Unterhaltung eines strafbaren inzestuösen Verhältnisses zwischen Vater und Tochter, wenn der Verkehr einvernehmlich vollzogen wurde und nicht festzustellen ist, dass der Vater seine Tochter jemals mit Gewalt oder durch Drohung gegen Leib und Leben zum Geschlechtsverkehr gezwungen hat.[322] Der Senat hält es zwar für rechtspolitisch geboten, Opfer von Straftaten gegen die sexuelle Selbstbe-

---

317 BSG, 23.10.1985, a.a.O., S. 17.

318 BSG, 23.10.1985, a.a.O., S. 19.

319 BSG, 23.10.1985, a.a.O., S. 20.

320 LSG Niedersachsen, Breithaupt 2006, 949.

321 LSG Niedersachsen, Breithaupt 2006, 949, 953.

322 OLG Celle, OLGR Celle 1995, 219.

stimmung auch in Fällen der vorliegenden Art in den Schutz des OEG einzubeziehen. Er sieht sich jedoch durch den Gesetzeswortlaut und durch dessen bisher einhelliges Verständnis in Rechtsprechung und Literatur als auch unter Beachtung der Entstehungsgeschichte des Gesetzes daran gehindert, im Streitfall zu diesem Ergebnis zu gelangen, wenn er nicht die der Rechtsprechung gezogenen Grenzen zulässiger Rechtsfortbildung überschreiten wollte. Voraussetzung für dieses Ergebnis wäre seiner Überzeugung nach eine – vom Senat als wünschenswert angesehene – erweiternde Änderung des Gesetzes.[323]

Aus einem der richterlichen Entscheidung zugrunde liegenden psychologischen Gutachten ging nach ausführlicher Exploration des Opfers zu der Frage der Gewaltanwendung hervor, dass selbst bei aktiver Beteiligung des Opfers die Verantwortung für das Geschehen stets beim Erwachsenen liege. Die Frage, ob der Täter gewalttätig vorgegangen war oder ob sich das Opfer gewehrt habe, und die Feststellung, dass der Geschlechtsverkehr „einvernehmlich" ausgeführt worden sei, seien psychologisch irrelevant, da die Unterschiede hinsichtlich Macht und Verantwortung sowie unterschiedlicher sozialer und emotionaler Reife und sexueller Informiertheit stets in Betracht gezogen werden müssten. Bei einem Geschehen wie dem vorliegenden sei Gewalt impliziert und die seelische Gesundheit des Opfers werde immer schwer beeinträchtigt.[324]

Einer solchen extensiven Interpretation verwehrte sich der Senat mit der Berufung auf die Gesetzesmaterialien[325] und der einhelligen Auslegung unter Anlehnung an die §§ 113 Abs. 1, 121 Abs. 1 StGB, die ein handgreifliches und gewaltsames Vorgehen in feindseliger Absicht fordern.[326] Zudem sei die Sozialpflichtigkeit des Staates im Falle des Versagens bei der präventiven Verbrechensbekämpfung auf innerfamiliäre Vorgänge kaum zu übertragen, weil diese naturgemäß dem unmittelbaren staatlichen Schutz weitestgehend entzogen seien.[327]

Der 9. Senat des BSG nahm im Anschluss an die Entscheidung des OLG Celle in zwei Fällen des sexuellen Missbrauches an Kindern Abstand von den bisherigen Präjudizien und erkennt ein **gewaltloses** Vorgehen gegen das Opfer als Gewalttat im Sinne des OEG an.[328] Unter Auf-

---

323 OLG Celle, OLGR Celle 1995, 219, 220.

324 OLG Celle,OLGR Celle 1995, 219, 220.

325 BT-Drs. 7/2506, S. 10.

326 Vgl. BSGE 59, 46.

327 OLG Celle, OLGR Celle 1995, 219, 221.

328 BSGE 77, 7; 77, 11.

gabe der strengen Bindung an das Strafrecht hat der Begriff des tätlichen Angriffs eine erweiterte Auslegung erfahren.

*Die damals 5-jährige Klägerin hielt sich in der Wohnung des älteren Mannes (S.) auf. S. badete zusammen mit der Klägerin und legte sich mit ihr auf ein Bett. Dabei berührte er ihr Geschlechtsteil.*

Nach Auffassung des Gerichts kann beim sexuellen Missbrauch eines Kindes nicht entscheidend sein, welche Begehungsweise der Täter gewählt hat, ob er mehr mit Zwang oder mehr mit List vorgegangen ist.[329] Obgleich der Wortlaut des Gesetzes Anlass zum Zweifeln gibt, schließe aber dieser die Entschädigung nicht in Fällen aus, in denen der Täter ohne Gewalt und ohne Tätlichkeit, sondern mit List, unter Ausnutzung eines Vertrauensverhältnisses und spielerisch vorgegangen ist. Die sexuellen Handlungen, derentwegen der Täter bestraft worden ist (§ 176 Abs. 1 StGB) seien ein tätlicher Angriff im Sinne des OEG, auch wenn davon auszugehen sei, dass sie sich in Streicheln erschöpfen und von der Klägerin als Spielereien empfunden wurden.[330] Dieser Ansicht stehe nicht entgegen, dass das OEG durch die Verwendung des Begriffs „tätlicher Angriff" auf das StGB verweist. Obgleich der Begriff im Strafrecht klare Konturen habe, sei eine strenge Bindung an die strafrechtliche Bedeutung nur zu vertreten, wenn das OEG hierauf ausdrücklich verweise.[331] Selbst beim Festhalten an der bisherigen Begriffsumschreibung bestehe kein Anlass, bei gewaltloser Begehungsweise des § 176 StGB die Opferentschädigung zu versagen. Die geforderte **Feindseligkeit** zwinge dazu keinesfalls. Einwände gegen das Vorliegen feindseligen Handelns würden verkennen, dass Feindseligkeit nicht immer eine innere Tatsache sei. Denn was feindselig ist, bestimme das Strafgesetz.[332] Der Straftatbestand des § 176 StGB erfasse alle geschilderten Begehungsweisen ohne Rücksicht darauf, welche innere Einstellung der Täter zum Opfer hatte und wie das Opfer die Tat empfunden habe. Selbst eine freundschaftliche Einstellung zu dem Opfer, das dann zwar wie ein „Partner" erlebt werden mag, sei möglicherweise für die Strafhöhe, nicht aber für die Strafbarkeit entscheidend. Ausschlaggebend für das Vorliegen von Gewalt bei Sexualtaten sei das jugendliche Alter des Opfers. Einer besonderen Feststellung der Feindseligkeit als innere Tatsache bedürfe es jedenfalls dann nicht, wenn es sich um eine Straftat handele.

---

329 BSGE 77, 7, 8.

330 BSGE 77, 7, 9.

331 BSGE 77, 7, 9.

332 BSGE 77, 7, 9.

Das Gericht verwirft auch den Einwand, das OEG sei nach seinem Grundgedanken nicht auf Taten anwendbar, die sich innerhalb der Familie ereigneten oder auf der Grundlage eines zwischen Täter und Opfer bestehenden Vertrauensverhältnisses stattgefunden hätten.[333] Der Gesetzgeber habe sich bewusst gegen eine derartige Einschränkung des OEG entschieden. Der Gesetzesentwurf der CDU/CSU, der Entschädigung versagen wollte, wenn die Schädigung im Rahmen bestimmter Vertrauensverhältnisse geschehen ist, sei nicht Gesetz geworden.[334]

Gegen eine teilweise Ausgrenzung von Fällen sexuellen Missbrauchs von Kindern aus dem Anwendungsbereich des OEG spreche auch, dass diese Unterscheidung vielfach nur um den Preis einer weiteren Schädigung des Opfers zu ziehen wäre.[335] Mit der von den Strafgerichten unabhängigen Beurteilung der Versorgungsverwaltung und der Gerichte der Sozialgerichtsbarkeit, ob es sich um eine Gewalttat handele, sei die Gefahr einer „sekundären Viktimisierung" des Missbrauchsopfers verbunden.[336] Die erneute Konfrontation des Kindes mit dem Trauma im Zuge einer nach dem Strafverfahren erneuten und diesmal noch gründlicheren Untersuchung, könne seelische Schäden erst hervorrufen oder bereits vorhandene Schäden verstärken. Die gewaltsame Vornahme einer sexuellen Handlung im Sinne des § 176 Abs. 1 StGB sei für die Höhe der Strafe, nicht aber für die Strafbarkeit von Bedeutung. Was im Verfahren vor dem Strafrichter unterlassen werden könne und unterlassen werde, sei unter Gesundheitsgefährdung des Kindes im Verwaltungs- und im sozialgerichtlichen Verfahren nachzuholen. Einen Ausweg aus dem Dilemma der sekundären Viktimisierung biete die Möglichkeit, einschlägige Feststellungen des Strafgerichts in das Opferentschädigungsverfahren nach dem OEG zu übernehmen.[337]

Im Fall der damals 13-jährigen Klägerin, welche eine „freundschaftliche" Beziehung zu einem damals 25-jährigen Mann unterhielt, in deren Verlauf es zum Geschlechtsverkehr kam, untermauerte der 9. Senat des BSG seine Rechtsprechung zum gewaltlosen sexuellen Missbrauch an Kindern. Ein tätlicher Angriff im Sinn des OEG liege selbst dann vor, wenn das Kind von sich aus dazu bereit und in der Lage sei, die Bedeutung des Geschehens zu erfassen[338]. Soweit das Opfer in die Tat einwilli-

333 BSGE 77, 7, 9.

334 BSGE 77, 7, 9.

335 BSGE 77, 7, 10.

336 *Lachmann*, MSchrKrim 1988, 47, 56 ff.

337 Vgl. BSGE 49, 104, 106; 50, 95, 97.

338 BSGE 77, 11.

ge, sei die Handlung dennoch nicht gerechtfertigt, wenn dem Opfer die **Einwilligung** durch Täuschung entlockt werde oder es dem Opfer aus sonstigen Gründen an der Fähigkeit mangele, Bedeutung und Tragweite seiner Einwilligung zu erkennen.[339] In sexueller Hinsicht fehle es an dieser Fähigkeit insbesondere bei Kindern, jedenfalls solange sie nicht strafmündig seien. Nichts anderes könne bei der zur Tatzeit 13-jährigen Klägerin gelten. Auch sie habe sich noch in einem Alter befunden, bei dem der Gesetzgeber ein strafrechtliches Schutzbedürfnis vor sexuellem Missbrauch angenommen und unter erhebliche Strafe gestellt habe (§ 176 StGB). Die strafgesetzliche Wertung, dass auch ein nicht gewaltsam erzwungenes Mitwirken des kindlichen Opfers für den Täter keine Rechtfertigung darstelle, schließe es auch im Rahmen des OEG aus, Untersuchungen anzustellen, welche konkrete Einsichtsfähigkeit oder welchen konkreten Reifegrad das Opfer gehabt habe und inwieweit der Täter überlegene intellektuelle oder psychische Fähigkeiten bei der Verübung der Tat eingesetzt habe.[340]

### c) Vernachlässigung von Schutzbefohlenen

#### aa) Rechtsprechung

Die im Wege höchstrichterlicher Rechtsprechung zum gewaltlosen sexuellen Missbrauch von Kindern herausgebildeten Auslegungskriterien des Tatbestandsmerkmals „tätlicher Angriff" wurden auch zur Würdigung von Fällen vernachlässigter Kinder übertragen.

Das Bundesministerium für Arbeit und Sozialordnung forderte mit seinem Rundschreiben vom 15.11.1999[341] eine bessere Zusammenarbeit von Jugendhilfeeinrichtungen, insbesondere Jugendämtern und Versorgungsverwaltung, auf dem Gebiet der Gewaltopferentschädigung. Ziel war wohl zum einen die Beseitigung des „erheblichen Informationsdefizits" über das OEG bei den Jugendhilfeeinrichtungen. Zum anderen sollte durch die Verbesserung der Zusammenarbeit der verschiedenen Ämter die Leistungen des OEG die Personengruppe erreichen, für die es auch geschaffen wurde.[342] In Folge dessen kam es zu einer zunehmenden Auseinandersetzung der zuständigen Versorgungsämter mit Fallgestaltun-

339 BSGE 77, 11, 13.

340 BSGE 77, 77, 13 ff.

341 Rundschreiben und Informationen des BMA zum sozialen Entschädigungsrecht, 1/2000, Az.: VIa 2-52039, Herausgeber: BMA

342 *Heinz*, ZfS 2001, 97, 97.

gen, mit denen die Behörden noch nicht konfrontiert wurden. Darunter befinden sich Lebenssachverhalte, die in der Fachsprache als Vernachlässigungs- und Misshandlungstatbestände beschrieben werden.[343]

Die Praxis zeigt, dass vor allem die Jugendämter als Amtsvormünder gepeinigter Kinder auch dann Anträge auf Entschädigung wegen erlittener Gesundheitsschäden stellen, wenn es zwar zu keiner körperlichen Misshandlung eines Kindes gekommen ist, auch keine Hinweise auf sexuellen Missbrauch gegeben sind, Kinder jedoch unter Umständen schwere gesundheitliche Beeinträchtigungen infolge von Vernachlässigung seitens der Eltern oder Erziehungsberechtigten davontragen.[344]

Fraglich ist, wie das BSG die Fallgestaltung der „emotionalen oder psychischen Vernachlässigung", die durch extreme Vernachlässigung und eindeutig falsches Erziehungsverhalten geprägt ist, entscheiden wird.[345]

Das **SG Ulm**[346] vertritt die Auffassung, dass auch extremes Fehlverhalten der Personensorgeberechtigten bei der Pflege und Erziehung eines Kindes, das nicht durch körperliche Übergriffe, sondern durch eine außerordentliche Vernachlässigung und eindeutig falsches Erziehungsverhalten gekennzeichnet sei, nicht aus dem Anwendungsbereich des OEG herausfallen dürfe. Es handele sich bei diesen Verhaltensformen um tätliche Angriffe im Sinne des § 1 Abs. 1 OEG.[347]

Der Entscheidung liegt folgender Sachverhalt zugrunde:

*„Der Kläger wurde 1992 geboren. Wegen Obdachlosigkeit der leiblichen Eltern wurde er nach acht Monaten bei Pflegeeltern untergebracht. Anfänglich besuchten die leiblichen Eltern den Kläger bei den Pflegeeltern, mit der Zeit nahm ihr Interesse ab, der Kontakt mit dem Kind bestand nicht mehr. Ein Jahr später wurde das Kind besuchsweise zu den leiblichen Eltern gebracht. Das Jugendamt veranlasste auf Verlangen der leiblichen Eltern, dass das Kind bei diesen bleiben sollte. Alsbald kam es zu körperlichen Misshandlungen seitens der Mutter gegenüber dem Kläger. Die dabei verursachten körperlichen Verletzungen mussten stationär behandelt werden. Diese sind vollständig ohne bleibende körperliche Schäden abgeheilt. Seitdem befindet sich das Kind wieder bei Pflegeeltern.*

---

343 Zum Begriff der Vernachlässigung von Kindern i.S.d. Gesetzes (§ 1666 BGB) und zu den verschiedenen Unterscheidungsformen in der Psychologie, vgl. *Heinz*, ZfS 2000, 129, 129 ff.

344 *Heinz*, ZfS 2000, 129, 129.

345 *Kunz/Zeller/Gelhausen/Weiner*, OEG, § 1, Rn. 21.

346 SG Ulm, ZfS 2000, 357.

347 SG Ulm, ZfS 2000, 357, 357.

*Der Kläger stützt seinen OEG-Antrag darauf, dass er in seiner Entwicklung erheblich gestört sei, da er als Kind nicht nur körperlich misshandelt wurde, sondern auch psychisch massiv vernachlässigt worden sei. Ihm sei die für Säuglinge immens wichtige körperliche Nähe und Zuwendung nicht entgegengebracht worden und auch seine emotionalen Bedürfnisse seien in keinster Weise ausreichend erfüllt worden. Dadurch leide er an erheblichen seelischen Beeinträchtigungen, psycho-sozialen Auffälligkeiten und Entwicklungsstörungen. Es wurde zudem festgestellt, dass die Eltern es unterlassen hatten, bei Verletzungen des Klägers einen Arzt aufzusuchen, um die Schmerzen zu lindern. Die Gesinnung der Mutter dem Kind gegenüber zeigte sich auch in ihrem Verhalten. Sie ist der Meinung, dass sie mit dem Kind machen könne, was sie wolle, ohne es als Persönlichkeit zu achten und zu fördern. Sie betrachtete den Kläger als ein ihr gehörendes „Ding", dass sie zeitweise besitzen wollte, das ihr größtenteils aber ‚lästig' war."*[348]

Eine Entschädigung nach dem OEG in der Folge körperlicher Einwirkungen auf den Kläger kommt nicht in Betracht, da diese folgenlos verheilt seien.[349]

Im Ergebnis richtete das SG Ulm seine Entscheidung an der Rechtsprechung des BSG zum gewaltlosen sexuellen Missbrauch an Kindern aus, indem es die Verwirklichung eines Straftatbestandes und das Kind als Opfer einer schutzwürdigen Personengruppe fordert – mit dem Ergebnis, dass gerade innerfamiliäre Vorkommnisse, bei denen das Kind Opfer ist, von dem Geltungsbereich des OEG erfasst seien.[350] Des Weiteren genüge die Verwirklichung des § 223 b StGB a.F. (§ 225 StGB n.F.) um einen Entschädigungsanspruch nach dem OEG zu bejahen.[351] Nach § 223 b StGB a.F. erfülle einen Straftatbestand, wer Kinder ..., die seiner Fürsorge oder Obhut unterstehen oder seinem Hausstand angehören ..., quäle oder roh misshandele, oder wer durch böswillige Vernachlässigung seiner Pflicht, für sie zu sorgen, sie an der Gesundheit schädige. Nach Auffassung des SG Ulm stelle das Verhalten der leiblichen Eltern des Klägers ein böswilliges Vernachlässigen der Pflichten dar und erfülle somit den Tatbestand des § 223 b StGB a.F. und folglich auch den des § 1 Abs. 1 OEG.[352]

---

348 SG Ulm, ZfS 2000, 357, 357.

349 SG Ulm, ZfS 2000, 357, 358.

350 SG Ulm, ZfS 2000, 357, 358.

351 SG Ulm, ZfS 2000, 357, 358.

352 SG Ulm, ZfS 2000, 357, 359.

Anders entschied das **LSG Bayern**[353]. Danach sei nicht jede gewaltlose risikobehaftete feindselige Handlung bei der Erziehung, die zu einer Verletzung der körperlichen Integrität führe, nach dem OEG zu entschädigen. Durch die höchstrichterliche Rechtsprechung des BSG zur Entschädigung von Kindern nach sexuellem Missbrauch habe der Begriff „tätlicher Angriff" bereits eine erweiterte Auslegung erfahren. Eine nochmalige Erweiterung auf Schädigungen im Elternhaus sei nicht mehr von der Zielsetzung des Gesetzgebers gedeckt, Personen Entschädigungsleistungen zu gewähren, die wegen des Versagens gesellschaftlicher Schutzmechanismen Opfer eines vorsätzlichen, rechtswidrigen tätlichen Angriffs geworden seien.[354]

Der Entscheidung liegt folgender Sachverhalt zugrunde:

*„Kläger waren die 1991, 1997 und 1999 geborenen Kinder der elffachen Mutter. Der Bericht des sozialpädagogischen Hilfsdienstes der Bevollmächtigten (Kreisjugendamt) stellt zusammenfassend fest, dass die Mutter ihre Kinder von der Außenwelt total isoliere. Die Kinder würden nur in dem Haus bleiben und dort den strikten Regeln ihrer Mutter folgen. Diese seien nicht nachvollziehbar und würden von der Mutter je nach Laune und Gemütszustand ausgesprochen. Wenn die Mutter zu ihren Kindern Kontakt aufnehme, dann durch lautes Geschrei, Befehle geben, wüsten Beschimpfungen und unter Androhung von Ohrfeigen. Ein Kind müsse die Rolle des bösen Kindes tragen. Es sei immer wieder in den Vorkeller geschickt worden; dort habe es auch seine Kleidung liegen gehabt. Der Aufenthalt in der übrigen Wohnung sei ihm nur zum Essen gestattet worden. Es sei auch von sich aus in den Keller gegangen oder habe stundenlang an der Treppe gestanden, wenn es gedacht hatte, dass es gegenüber der Mutter etwas falsch gemacht habe. Es sei dann ganz still und steif gestanden; es habe keinerlei Reaktion mehr gezeigt. Es habe dann keinerlei Zugang mehr zu ihm gegeben. Wenn die ambulante Haus- und Familienpflege die Kinder darauf habe ansprechen wollen, seien diese gleich wieder in diesen Zustand verfallen. Sie würden einfach jeden Kontakt zur Umwelt abschalten; es bliebe noch ein "starrer Körper" zurück. Tragischerweise würde jeder einzelne dieser Familie für sich allein einsam in seiner kleinen Welt leben. Es gebe keinerlei positiven Zusammenhalt; keiner könne dem anderen vertrauen. Sobald sie ihre Mutter hören oder sehen würden, würden sie in panische Angst verfallen. Alle Kinder seien seelisch und emotional verarmt und bräuchten dringend gezielte Maßnahmen, um wenigstens noch die größten Schäden abfangen zu können.*
*Die Geschwister würden zudem tagelang eingesperrt werden. Manchmal dürften sie nicht einmal auf die Toilette. Die Zimmer seien hermetisch abgedunkelt. Die*

---

353 LSG Bayern, Urt. V. 26.4.2007, L 15 VG 15/06, juris.

354 LSG Bayern, 26.4.2007, a.a.O., Rn. 40.

*Rollos seien von außen mit Klebeband abgedichtet, damit kein Lichtstrahl eindringen könne. Die Mutter habe immer ein Kind, auf das sie es besonders abgesehen habe."*[355]

Das LSG Bayern verneinte den Anspruch der Kläger auf Leistungen nach dem OEG mangels Vorliegens eines vorsätzlichen, rechtswidrigen tätlichen Angriffs. Unter Heranziehung der Rechtsprechung des BSG zum gewaltlosen sexuellen Missbrauch von Kindern würden nur solche „gewaltlosen Handlungen" in den Schutzbereich des OEG fallen, die bei einer Gesamtwürdigung aller Umstände in ihrer Gefährlichkeit und ihren Folgen denen eines sexuellen Missbrauchs vergleichbar seien.[356]

Als entscheidungserheblich betrachtet das LSG Bayern ebenfalls die Verwirklichung des Straftatbestandes der Misshandlung von Schutzbefohlenen gemäß § 225 StGB.[357] Nach Aktenlage, vor allem nach Auswertung des psychologischen Gutachtens der Dipl.-Psychologin sei nach Auffassung des Gerichts die Tatmodalität „Quälen" ebenso wenig erfüllt wie ein „rohes Misshandeln" oder eine „böswillige Vernachlässigung der Fürsorgepflicht" i.S.d. § 225 StGB. Bei der beteiligten Mutter der Kläger bestehe vielmehr eine gravierende Erziehungsunfähigkeit, die letztlich aus der Überforderung der Mutter mit ihren insgesamt damals acht, nunmehr elf Kindern bei teilweise ungeklärten Vaterschaftsverhältnissen resultiert. Dies werde mittelbar zudem dadurch bestätigt, dass die beteiligte Mutter bislang nicht strafrechtlich zur Rechenschaft gezogen worden sei.[358]

Die Einvernahme der Dipl.-Psychologin in der mündlichen Verhandlung als sachverständige Zeugin habe zur Überzeugung des Gerichts geführt, bei den Kindern bestehe eine erhebliche Milieu-Schädigung. Ihr Eindruck von der Mutter war, dass diese unter einer schwer wiegenden psychischen Störung leidet, die sie nicht kontrollieren könne. Dementsprechend liege bei der Mutter eine gravierende Erziehungsunfähigkeit vor, die verbunden mit der andauernden Überforderung zu einem schwerwiegenden Fehlverhalten gegenüber ihren Kindern geführt habe. Dies bedinge jedoch noch keine nach § 225 StGB strafbare Misshandlung von Schutzbefohlenen.[359]

---

355 LSG Bayern, 26.4.2007, a.a.O., Rn. 1 ff.

356 LSG Bayern, 26.4.2007, a.a.O., Rn. 35.

357 LSG Bayern, 26.4.2007, a.a.O., Rn. 36.

358 LSG Bayern, 26.4.2007, a.a.O., Rn. 38.

359 LSG Bayern, 26.4.2007, a.a.O., Rn. 39.

### bb) Begriffliche Einordnung

Es ist eine Frage der begrifflichen Einordnung, wie die Handlungen oder Unterlassungen der Erziehungsberechtigten, die unter dem Tatbestandsmerkmal des Missbrauchs und der Vernachlässigung im Sinne des Strafgesetzes verstanden werden, in der Psychologie von einem nicht rechtsfeindlichen Verhalten dieses Personenkreises abgegrenzt werden.[360] Das Verständnis von Kindermisshandlung variiert. Auch die emotionale Gewichtung der Handlung bzw. Unterlassung hängt von verschiedenen Faktoren ab: der Definition des Begriffs Kindesmisshandlung, Merkmalen des Kindes, Tätermerkmalen und Merkmalen desjenigen, der Anzeige erstattet.[361]

Für den einen sind ausschließlich alle Körperstrafen Kindesmisshandlung, während der andere bei einer Tracht Prügel nur mit einem Schulterzucken darüber hinwegsieht. Das Alter des Kindes ist von wesentlicher Bedeutung. Kleine Kinder werden eher gemeldet als ein kräftiges und bisweilen lästiges Kind in der Pubertät.[362] Daneben spielen die sozio-ökonomische Herkunft und die Hautfarbe des beschuldigten Elternteils eine Rolle, ebenso das Geschlecht. Wendet die Mutter körperliche oder sexuelle Gewalt an, bewerten sowohl Fachleute als auch Laien dies als weniger schlimm, als wenn der Vater Gewalt verübt.[363] Bei den Anzeigeerstattern fallen ebenfalls typische Regelmäßigkeiten auf. Der Beruf und das Geschlecht sind hierbei bedeutsam. Sozialarbeiter und Polizisten sehen in einer Misshandlung eher einen ernsteren Vorfall als Ärzte und Juristen. Zudem erweisen sich Frauen als eher geneigt, etwas als schlimm zu empfinden als Männer.[364]

Der Begriff Kindesmisshandlung ist somit normativ, wobei es „weitgefasste" und „engere" Definitionen gibt. In Schweden nun gilt beispielsweise bereits jeder Schlag als Kindesmisshandlung. Beim sog. „Battered Child Syndrom" wird hingegen eine solche erst bei schweren körperlichen Übergriffen angenommen.[365]

Kindesmisshandlung wird u.a. wie folgt definiert: „Kindesmisshandlung ist jede Form körperlicher oder emotionaler Gewaltanwendung bei Kindern, die nicht durch Unfall geschieht, sondern durch Zutun oder

---

360 *Heinz*, ZfS 2000, 129, 130.

361 *Rensen*, Fürs Leben geschädigt, S. 24.

362 *Rensen*, Fürs Leben geschädigt, S. 24.

363 *Rensen*, Fürs Leben geschädigt, S. 25.

364 *Rensen*, Fürs Leben geschädigt, S. 25.

365 *Rensen*, Fürs Leben geschädigt, S. 26.

Unterlassen von Erziehungsberechtigten oder Pflegern, wobei es zu Veränderungen beim Kind kommt oder damit zu rechnen ist, dass es dazu kommen wird."[366]

Dabei werden die körperliche Misshandlung, körperliche Vernachlässigung, psychische Misshandlung und psychische Vernachlässigung voneinander abgrenzt.[367]

Die **körperliche Misshandlung** ist eine eindeutige Kindesmisshandlung, die im Vergleich zu den anderen Formen problemlos nachzuweisen ist. Erscheinungsformen sind das Schlagen, Treten, Verbrennen, Festbinden oder das Zwingen zur Kinderarbeit.[368] Im Verhältnis dazu findet sich häufiger die **körperliche Vernachlässigung**, wobei diese seltener zur Anzeige gebracht wird. Grund hierfür ist der Mangel einer eindeutigen Definition bedingt durch die schleichenden Auswirkungen. Vernachlässigung im Allgemeinen kann als negative Folge fehlenden Elternbewusstseins angesehen werden.[369] Formen der körperlichen Vernachlässigung mit den dramatischen Auswirkungen sind die unzureichende Ernährung des Kindes und die Unterlassung medizinischer Versorgung. Für Außenstehende ebenfalls schwer zu erkennen, aber nicht minder schwerwiegend in deren Folgen ist die **psychische Misshandlung**. Diese geht überwiegend mit der körperlichen Misshandlung einher, kann aber auch losgelöst von dieser erfolgen. Emotional schädigen können Eltern ihr Kind, indem sie es ablehnen, korrumpieren oder terrorisieren.[370]

Als Ablehnung bezeichnet man ein Verhalten der Eltern, das keinen Raum für Leidenschaft bietet; ein Kind wird nicht berührt oder die Werte des Kindes werden ignoriert.[371] Von Korrumpieren spricht man, wenn Eltern versuchen das Kind falsch zu erziehen sowie zu abweichendem Verhalten zu bewegen. Terrorisiert wird ein Kind, wenn es mit vagen, aber unheilverkündenden Strafen bedroht wird, um intensive Angst zu erzeugen. Unter diesen Begriff zählt man zudem das bewusste Überfordern, um das Kind dann zu bestrafen, wenn es die gestellten Anforderungen nicht erfüllt.

---

366 *Rensen*, Fürs Leben geschädigt, S. 26; dem folgend *Heinz*, ZfS 2000, 120, 130.

367 *Rensen*, Fürs Leben geschädigt, S. 29 ff; *Engfer*, Formen der Misshandlung von Kindern, S. 3.

368 *Rensen*, Fürs Leben geschädigt, S. 29; *Engfer*, Formen der Misshandlung von Kindern, S. 3, 5.

369 *Rensen*, Fürs Leben geschädigt, S. 29.

370 *Rensen*, Fürs Leben geschädigt, S. 35.

371 *Rensen*, Fürs Leben geschädigt, S. 35.

In der Praxis kaum von der psychischen Misshandlung zu trennen ist die **psychische Vernachlässigung** beispielsweise in Form der Isolierung und Negierung. Isoliert wird ein Kind, wenn das Eingehen von sozialen Beziehungen unmöglich gemacht wird. Von Negieren spricht man, wenn die Eltern psychologisch nicht zur Verfügung stehen, indem sie nur mit sich selbst beschäftigt sind und nicht auf die Verhaltensweisen des Kindes reagieren.[372] Das Ausmaß der jeweiligen Verhaltensformen der Eltern gemessen an der Intensität und Häufigkeit bestimmt letztlich die Schwere der körperlichen und geistigen Schäden beim Kind.

Es lassen sich im Ergebnis somit aktive körperliche und psychische Misshandlungen und Unterlassungen in Form von körperlicher und psychischer Vernachlässigung unterscheiden.

### cc) „Tätlicher Angriff" durch Unterlassen

Obwohl der tätliche Angriff i.S.d. § 1 Abs. 1 OEG nach dem Wortlaut eine aktive Handlung fordert, kann der Tatbestandes auch durch ein Unterlassen ausgefüllt werden.[373] Voraussetzung ist, dass dem Täter gegenüber dem Opfer eine Garantenstellung obliegt, die sich u.a. aus dem Gesetz ergeben kann. Im Eltern-Kind-Verhältnis ist eine solche aus der elterlichen Sorge heraus begründet (§ 1626 BGB). Des Weiteren wird durch die Verwirklichung eines „unechten Unterlassungsdeliktes" der Tatbestand des tätlichen Angriffs nach dem OEG erfüllt. Denn die Opferlage ist im Ergebnis keine andere als bei einer Tat durch aktives Tun.[374] Der staatlichen Verpflichtung, den Bürger vor körperlichen Schädigungen infolge von Kriminalität zu schützen, wird auch hier nicht genügt.

### dd) Psychische Misshandlung/Vernachlässigung – Strafbarkeit gemäß § 225 StGB

Strafrechtlich relevante Verhaltensweisen können sich neben Einzelhandlungen auch aus einer Kette von aufeinander folgenden Handlungen ergeben, die sich insgesamt als tätlicher Angriff darstellen und entschädigungsrechtliche Folgen nach sich ziehen.[375] Hinsichtlich der psychischen Misshandlung/Vernachlässigung, die durch andauerndes, ausgeprägtes

---

[372] *Rensen*, Fürs Leben geschädigt, S. 41 ff.

[373] *Zech*, BehindR 1976, S. 49; *Schulz-Lück/Wolf*, OEG, § 1, Rn. 89; a.A. *Schoreit/Düsseldorf*, OEG, § 1, Rn. 65.

[374] *Kolb*, Der Versorgungsbeamte 1977, 134, 136.

[375] *Kunz/Zellner /Gelhausen/Weiner*, OEG, § 1, Rn. 22.

Fehlverhalten der Erziehungsberechtigten gekennzeichnet ist, lässt sich eine oder lassen sich mehrere Einzelhandlungen nicht mehr ausmachen.[376] Dabei handelt es sich um Ausdrucksweisen fehlerhafter innerer Einstellungen gegenüber dem Kind, die sich zu einer Atmosphäre feindlichen und schädlichen Verhaltens verdichten.[377]

Das Quälen, das rohe Misshandeln und die böswillige Vernachlässigung von Fürsorgepflichten i.S.d. § 225 StGB sind jeweils selbständige Begehungsformen des Missbrauchs von Schutzbefohlenen, soweit sich das Quälen als die Verursachung seelischen Leiden darstellt.[378] Verwirklichen die Verhaltensweisen des Erziehungsberechtigten gegenüber dem minderjährigen Kind als Schutzbefohlenen im Sinne des Gesetzes eine der genannten Handlungsmodalitäten, so kann entsprechend der Rechtsprechung des BSG zugleich ein tätlicher Angriffs nach dem OEG bejaht werden. Die strafrechtliche Würdigung spielt daher eine entscheidende Rolle im entschädigungsrechtlichen Prüfungsverfahren. Ob ein Verhalten, welches aus psychologischer Sicht als psychische Misshandlung/Vernachlässigung eingestuft wird, per se auch unter den Tatbestand des § 225 StGB subsumiert werden kann, ist fraglich, gerade auch in Fällen erzieherischer Überforderung.

**Quälen** bedeutet das Verursachen länger dauernder oder sich wiederholender erheblicher Schmerzen oder Leiden körperlicher oder seelischer Art durch die eigentliche Handlung des Täters.[379] Die Tathandlung wird entweder durch Vornahme mehrerer wiederholender oder sukzessiver Einzelakte oder durch einmaliges, länger dauernde Schmerzen oder Leiden verursachendes Handeln begangen.[380] Gerade die Wiederholung zeichnet den besonderen Unrechtsgehalt dieser Tat aus.[381] Es ist hierfür nicht erforderlich, dass der Täter aus gefühlsloser unbarmherziger Gesinnung, mithin grausam, handelt.[382] Quälen kann darin bestehen, dass jemand ein Kind in den Keller einsperrt oder etwa durch ausströmendes Gas oder ein Aus-dem-Fenster-Halten in Todesangst versetzt.[383]

---

376 *Heinz*, ZfS 2000, 357, 359.

377 *Heinz*, ZfS 2000, 129, 134.

378 BGH, NStZ 1991, 234, 235; *Stree* in Schönke/Schröder, StGB, § 225, Rn. 1/2 m. w. N.

379 BGHSt 41, 113, 115; BGH, NStZ 2004, 94, 94; BGH, NStZ-RR 2007, 304, 306.

380 *Stree/Sternberg-Lieben* in Schönke/Schröder, StGB, § 225, Rn. 12.

381 BGH, NStZ 2004, 94, 94; BGH NStZ-RR 2007, 304, 306.

382 BGHSt 41, 113, 115; *Stree/Sternberg-Lieben* in Schönke/Schröder, StGB, § 225, Rn. 12.

383 BGH NJW 1954, 1942; *Tröndle/Fischer*, StGB, § 225, Rn. 8a.

Quälen durch Unterlassen kann in Fällen unterlassener Inanspruchnahme ärztlicher Hilfe durch die Eltern des Kindes verwirklicht werden.[384] Entsprechend der Definition kann im Einzelfall auch eine psychische Misshandlung/Vernachlässigung unter das Tatbestandsmerkmal „quälen" subsumiert werden, da gerade in diesen Fällen die Dauerhaftigkeit des Fehlverhaltens ausschlaggebend für dessen Unrechtsgehalt ist. Eine etwaige Überforderung der Erziehungsberechtigten wäre dabei unbeachtlich.

Emotionale Vernachlässigung bzw. Missbrauch fällt hingegen nicht unter den Tatbestand der **rohen Misshandlung,** da der Begriff der Misshandlung demjenigen in § 223 Abs. 1 StGB entspricht, so dass eine üble, unangemessene Behandlung, die zu einer nicht unerheblichen Beeinträchtigung des körperlichen Wohlempfindens oder der körperlichen Unversehrtheit führt, erforderlich ist.[385] Roh ist eine Misshandlung, wenn sie aus einer gefühllosen, gegen das Leiden des Opfers gleichgültigen Gesinnung heraus erfolgt.[386]

Eine Misshandlung Schutzbefohlener begeht ferner, wer durch **böswillige Vernachlässigung** seiner Pflicht, für die schutzbedürftige Person zu sorgen, diese an der Gesundheit schädigt. Die Sorgepflicht kann hierbei auf Gesetz, Vertrag, Verwaltungsakt, Hausgemeinschaft oder anderen Lebensumständen beruhen.[387] In Anbetracht des identischen Wortlautes („an der Gesundheit geschädigt…") ist Gesundheitsschaden in § 225 StGB genauso wie in § 223 StGB zu verstehen.[388] Dies bedeutet, dass auch seelische Erkrankungen erfasst sind, wobei bloße seelische Beeinträchtigungen noch keine Krankheit darstellen. Ungenügend sind auch bloße Beeinträchtigungen oder Hemmungen der gesunden Entwicklung, etwa bei einem wegen schlechter Ernährung blassen und mageren Kind.[389] Ein Entwicklungsrückstand kann allerdings ein krankhaftes Ausmaß annehmen.[390] Böswilligkeit ist anzunehmen, wenn der Vernachlässigung eine verwerfliche Motivation zugrunde liegt, wie z.B. Hass, Bosheit, Sadismus

384 BGH, NStZ-RR 1996, 197, 197; OLG Düsseldorf, NStZ 1989, 269, 270.

385 BGHSt 25, 277, 278; BayObLGSt 1951, 309; *Eschelbach* in BeckOK StgB, § 225, Rn. 19; *Stree/ Sternberg-Lieben* in Schönke/Schröder, StGB, § 225, Rn. 13; a.A. *Hardtung*, JuS 08, 1060, 1061; *Kühl* in Lackner/Kühl, StGB, § 225, Rn. 5.

386 BGH, NStZ 2004, 94, 94.

387 (Eschelbach in BeckOK StGB, 3 225, Rn.21); *Tröndle/Fischer*, StGB, § 225, Rn.11, 12.

388 *Kühl* in Lackner/Kühl, StGB, § 225, Rn. 6; *Hirsch*, LK StGB, § 225, Rn. 16; *Stree/Sternberg-Lieben* in Schönke/Schröder, StGB, § 225, Rn. 14.

389 *Paeffgen*, Nomos Kommentar zum StGB, § 225, Rn. 17

390 *Hirsch*, LK StGB, § 225, Rn. 16.

oder Geiz.[391] In Abgrenzung dazu reichen Gleichgültigkeit[392] oder auf körperlicher oder geistiger Schwäche (Minderbegabung, Alkoholabhängigkeit) beruhendes Nichthandeln nicht aus.[393] Auch Vergnügungssucht und Desinteresse sind nicht böswillig, da sie sich nicht unmittelbar gegen das Kind richten.[394] Während das Tatbestandsmerkmal „Vernachlässigung" Einfallstor für die psychischen Missbrauchsformen ist, scheidet wohl in den meisten Fällen eine Strafbarkeit nach dieser Handlungsmodalität mangels Böswilligkeit aus. Gerade die Erziehungsmaßnahmen überforderter Eltern oder ein von Gleichgültigkeit geprägtes Verhalten gegenüber dem Kind erfüllen nicht den Straftatbestand der böswilligen Vernachlässigung i.S.d. § 225 StGB.

### ee) Psychische Misshandlung/Vernachlässigung – Strafbarkeit gemäß § 171 StGB

Kann der Tatbestand des § 225 StGB nicht bejaht werden, kommt bei psychischer Misshandlung/Vernachlässigung eine Verwirklichung des § 171 StGB in Betracht. Danach macht sich strafbar, wer seine Fürsorge- oder Erziehungspflichten gegenüber einer Person unter sechzehn Jahren gröblich verletzt und dadurch den Schutzbefohlenen in die Gefahr bringt, in seiner körperlichen oder psychischen Entwicklung erheblich geschädigt zu werden, einen kriminellen Lebenswandel zu führen oder der Prostitution nachzugehen. Geschütztes Rechtsgut der Norm ist die gesunde und psychische Entwicklung von Jugendlichen unter 16 Jahren.[395] Während die Fürsorgepflicht in erster Linie eine Schutzpflicht ist, hat die Erziehungspflicht die richtige Anleitung des Jugendlichen in seiner körperlich-seelischen Entwicklung zum Inhalt. Dabei versteht es sich im Hinblick auf das in Art. 6 Abs. 2 GG garantierte Elternrecht und die Autonomie bei der Wahrnehmung der elterlichen Sorge (§ 1626 BGB) von selbst, dass dies keine Festlegung auf bestimmte Erziehungsinhalte oder -modelle bedeutet, sondern dass „richtig" in diesem Sinne alles ist, was im Rahmen eines von Gesetz auch hier vorausgesetzten Grundkonsenses noch

---

391 *Stree/Sternberg-Lieben* in Schönke/Schröder, StGB, § 225, Rn. 14 m.w.N..

392 BGH NStZ 1991, 234, 234.

393 *Hirsch,* LK StGB, § 225, Rn. 18.

394 *Stree/Sternberg-Lieben* in Schönke/Schröder, StGB, § 225, Rn. 14 m.w.N.; *Hirsch,* LK StGB, § 225, Rn. 18.

395 *Lenckner/Bosch* in Schönke/Schröder, StGB, § 171, Rn. 1 m.w.N.; *Neuheuser,* NStZ 2000, 174, 177.

„vertretbar“ ist.[396] Diese Pflichten können sich unmittelbar aus dem Gesetz ergeben (Eltern, nichteheliche Eltern, Vormund, Pfleger), aber auch auf Vertrag oder tatsächlicher Übernahme beruhen (Pflegeeltern, Heimleiter, Zusammenleben in einer Wohngemeinschaft).[397]

Sachgerecht scheint hierbei § 1666 BGB heranzuziehen. Danach hat das Familiengericht im Falle der Gefährdung des körperlichen, geistigen und seelischen Wohls des Kindes Maßnahmen zu treffen, wenn die Eltern nicht gewillt oder nicht in der Lage sind, die Gefahr abzuwenden. Die Kindeswohlgefährdung im Sinne dieser Norm betrifft zentrale wie auch Randbereiche der kindlichen Existenz, sowohl individuelles als auch soziales Verhalten.[398] Davon erfasst ist die Vernachlässigung als ein passives Verhalten, durch das eine ordentliche Lebensführung verkümmert und zwar bezüglich Wohnverhältnisse, Ernährung oder Pflege, so dass weitgehende Verwahrlosung droht oder das Kind der öffentlichen oder privaten Fürsorge von Verwandten anheimfällt.[399]

Es ist jedoch zu beachten, dass die Beurteilungsmaßstäbe bei der Prüfung der Kindeswohlgefährdung nicht zu eng angelegt werden dürfen.[400] So muss das Milieu der Eltern, in dem ein Kind aufwächst und dessen positiven und negativen Gegebenheiten es ausgesetzt ist, Berücksichtigung finden. Andernfalls würde wohl bestimmten Bevölkerungsschichten, z. B. Absolventen von Sonderschulen, Bewohnern von Obdachlosenheimen, Sozialhilfeempfängern und ähnlichen Personengruppen das Personensorgerecht grundsätzlich abgesprochen. Dies wäre rechtsbedenklich. Letztlich ist die Kindeswohlgefährdung nicht allein aufgrund des Umstandes zu bejahen, dass dem Kind in einer Pflegefamilie günstigere Entwicklungsmöglichkeiten geboten werden könnten.[401]

Die emotionale Vernachlässigung und mangelnde Zuwendung infolge unverschuldeter unzureichender Erziehungskompetenz wird seitens der Gerichte in ihrer Summe als Vernachlässigung i.S.d. § 1666 BGB beurteilt.[402]

---

396 *Leckner/Bosch* in Schönke/Schröder, StGB, § 171, Rn. 3; *Dippel*, LK StGB, § 171, Rn. 7.

397 *Leckner/Bosch* in Schönke/Schröder, StGB, § 171, Rn. 3.

398 *Palandt/Diederichsen*, § 1666, Rn. 11.

399 *Palandt/Diederichsen*, § 1666, Rn. 22.

400 *Olzen*, MüKO BGB, § 1666, Rn. 100 m.w.N.

401 *Olzen*, MüKO BGB, § 1666, Rn. 100.

402 OLG Oldenburg, OLGE Celle, 1998, 262.

### ff) Präzisierung des Begriffs „tätlicher Angriff" auf der Grundlage der Rechtsprechung

Die erwähnten Urteile des SG Ulm und LSG Bayern liegen beide auf der Linie der Rechtsprechung des BSG, insbesondere zum gewaltlosen sexuellen Missbrauch von Kindern. Das Auseinanderfallen der Entscheidungen basiert letztlich nicht auf einer differierenden Auffassung hinsichtlich der Auslegung des Tatbestandsmerkmals „tätlicher Angriff". Mit der Erweiterung des anspruchsbegründeten Merkmals im Wege der Verknüpfung mit der Verwirklichung eines Strafgesetzes kommt es im Ergebnis auf die maßgebliche strafrechtliche Würdigung der tatsächlichen Feststellungen an. Die ablehnende Haltung des LSG Bayern bezüglich der Verwirklichung eines Straftatbestandes kann deshalb im Ergebnis nicht gefolgt werden. Auch wenn eine „böswillige Vernachlässigung" bei einer intellektuellen und psychischen überforderten Mutter nicht angenommen werden kann, so erfüllen die vorgenommenen Handlungen sowohl die Tatmodalität „quälen" i.S.d. § 225 StGB, als auch den Tatbestand des § 171 StGB. Die strikte Isolierung der Kinder voneinander und von der Außenwelt durch Einsperren, das permanente Abdunkeln der Zimmer, das streckenweise Verbot, die Toilette aufzusuchen, das dauernde Anschreien und Drohen mit Schlägen, die Unterbringung eines Kindes im Keller sowie das Vorenthalten von ärztlichen Untersuchungen bei Verdacht einer Stoffwechselerkrankung stellen unbeachtet der festgestellten erzieherischen Überforderung der Mutter ein Quälen und damit die Verletzung der Fürsorge- und Erziehungspflichten dar.

Ein solcher Umgang mit den Kindern ist auch nicht als milieutypisches Verhalten zu qualifizieren, welches gar als sozialadäquat angesehen werden kann. Im Lichte des § 1666 BGB ist solches Verhalten nicht vom Elternrecht nach Art. 6 Abs. 2 GG gedeckt. Die Heranziehung des § 171 StGB ist zudem sachgerecht. Im Verhältnis zu § 225 StGB werden zwar abgeschwächte Anforderungen an die emotionale Misshandlung/Vernachlässigung von Kindern als strafbares Verhalten gestellt, was aber im Einzelfall genügend Gewicht besitzt, um es unter Strafe zu stellen. In Anbetracht des Umstandes, dass es sich bei den Opfern um Kinder handelt, die den Verhaltensweisen der Sorgeberechtigten bisweilen schutzlos ausgesetzt sind, ist eine restriktive Auslegung der Tatbestandsmerkmale verfehlt und nicht im Sinne des Gesetzes. Zielen die Normen doch gerade auf den Schutz derer ab.

### d) Mobbing

Ein nur in Extremfällen strafbares Verhalten stellt das „Mobbing" dar. Mit der zunehmenden Bekanntheit der Gewaltopferentschädigung in der Bevölkerung im Zuge der staatlichen Aufklärungsarbeit wurden die zuständigen Behörden nunmehr auch Anlaufstellen von Opfern dieses in der Gesellschaft weit verbreiteten Phänomens.[403]

#### aa) Rechtsprechung

Das BSG entschied im Jahre 2001, dass „Mobbing" regelmäßig kein tätlicher Angriff i.S.d. OEG sei.[404] Diese Bewertung hat bis heute in der Sozialgerichtsbarkeit Gültigkeit.

Der Ausgangsentscheidung des BSG liegt folgender Sachverhalt zugrunde:

*„Im Jahre 1980 wurde der damals 21 Jahre alte Kläger erstmals zum Abteilungskommandanten der Freiwilligen Feuerwehr in seinem Geburtsort gewählt. Nach seiner Wiederwahl 1985 stieß der Kläger ab Ende dieses Jahres zunehmend auf Widrigkeiten im Kameradenkreis. Seine Fähigkeiten und seine bisherigen Leistungen als Abteilungskommandant wurden von anderen, insbesondere älteren Angehörigen der Freiwilligen Feuerwehr, öffentlich kritisiert. Ihm wurde körperliche Gewalt in Aussicht gestellt, und im Sommer 1987 wurde er bei einer Feuerwehrübung von einem anderen Teilnehmer getreten. Ende 1987 legte der Kläger sein Amt als Abteilungskommandant nieder und verließ die Freiwillige Feuerwehr. Er stellte Strafanträge wegen Beleidigung, Körperverletzung und Nötigung. Das Ermittlungsverfahren wurde eingestellt. Im April 1992 beantragte der Kläger Leistungen aus der gesetzlichen Unfallversicherung. Antrag, Klage und Berufung blieben erfolglos. Das Landessozialgericht (LSG) hat ausgeführt: Bei dem Kläger liege eine paranoide Persönlichkeitsstörung mit psychosenaher Dekompensation vor, die erstmals 1989 behandelt worden sei. Die medizinische Kausalität des Fußtrittes sowie der sonstigen bei der Feuerwehr erlittenen Beleidigungen für das Entstehen der Erkrankungen sei aber nicht wahrscheinlich. Zudem beantragte der Kläger im April 1992 Beschädigtenversorgung nach dem OEG, welche seitens der Behörde und den Gerichten ebenfalls abgelehnt wurde."*[405]

---

403 *Heinz*, ZfS 2000, 65, 65.

404 BSGE 87, 276.

405 BSGE 87, 276, 276 ff.

Das BSG fordert für die Verwirklichung des Versorgungsanspruchs einen tätlichen Angriff als eine in strafbarer – also mit Strafe bedrohter – Weise unmittelbar auf den Körper eines an-deren abzielende Einwirkung.[406] Diese Voraussetzung sei vorliegend nicht erfüllt, da der Kläger – abgesehen von dem einzelnen Fußtritt – nicht tätlich angegriffen worden sei. Der Kläger möge durch die Arbeitskollegen verbal und nonverbal in seinem Ansehen, seiner Ehre, gesellschaftlichen Reputation und Selbstachtung attackiert und verletzt worden sein. Solche Vorgänge des gesellschaftlichen, insbesondere des Arbeitslebens, fielen jedoch auch dann nicht unter den Begriff des tätlichen Angriffs, wenn das dadurch missachtete, herabgesetzte, sozial ausgegrenzte oder gar geächtete Opfer psychisch erkranke. Denn für die Anwendung des OEG sei von dessen Grundgedanken auszugehen, dass nur Opfer von Gewalttaten entschädigt werden sollen. Das OEG decke mithin nicht alle sonstigen aus dem Gesellschaftsleben folgenden Verletzungsrisiken, die einem anderen als dem Geschädigten zuzurechnen seien. Derartiges Verhalten sei zwar gesellschaftlich zu missbilligen, verlasse aber nur in vereinzelten Fällen den Rahmen des nicht strafbaren Handelns und die Schwelle zum kriminellen Unrecht. Ausschließlich jenseits dieser Schwelle und selbst dort nur ausnahmsweise seien einzelne „Mobbing"-Aktivitäten als auf den Körper des Einzelnen zielende Einwirkungen und damit als tätlicher Angriff i.S.d. OEG anzusehen. Von den in Betracht kommenden Ehrverletzungsdelikten Beleidigung, üble Nachrede und Verleumdung (§§ 186, 186, 187 StGB) könne nur die Beleidigung auch durch eine Tätlichkeit begangen werden. Dies gelte ebenso für die Nötigung (§ 240 StGB) und sei bei der Körperverletzung (§ 223 StGB) die Regel.[407]

Im Verlauf des gesamten "Mobbing"-Prozesses sei der Fußtritt eines seiner Feuerwehrkameraden der einzige gegen den Kläger gerichtete tätliche Angriff gewesen. Dieses – körperlich folgenlose – Ereignis käme für sich genommen als wesentliche Ursache beim Kläger vorliegender psychischer Erkrankungen mit Wahrscheinlichkeit nur in Betracht, wenn es der herrschenden Meinung in der medizinischen Wissenschaft entspreche, dass Handlungen dieser Art allgemein geeignet sind, solche Krankheiten hervorzurufen. Diese Frage hat das LSG unangefochten verneint.

Der Senat ließ die Frage offen, wie zu entscheiden wäre, bestünde das "Mobbing" aus einer Kette tätlicher Angriffe, die nicht jeder für sich

406 BSGE 87, 276, 277 mit Verweis auf BSGE 77, 11, 13.

407 BSGE 87, 276, 278.

genommen, wohl aber in ihrer Gesamtwirkung allgemein geeignet sind, eine psychische Krankheit hervorzurufen.[408]

### bb) Begriff des „Mobbings" und dessen Folgen

Mobbing kann definiert werden als ein sich über längere Zeit hinziehender Konflikt zwischen dem Opfer und Personen seines gesellschaftlichen Umfeldes, in dessen Verlauf das Opfer verbal attackiert, in seinen Kommunikationsmöglichkeiten eingeschränkt, in seinen sozialen Beziehungen angegriffen und so in seinem Ansehen herabgesetzt wird.[409]

Ein Mobbingverlauf ist dynamisch und lässt sich in einem vereinfachten Schema in fünf Phasen unterteilen.[410] Anfangs (1. Phase) kommt es zu vereinzelten Konflikten, Unstimmigkeiten und Gemeinheiten. Diese verdichten sich zunehmend zu Psychoterror (2. Phase). Das negative Arbeitsklima führt zu einer verstärkten Personalfluktuation, bei gleichzeitig sinkender Arbeitsmotivation der Verbleibenden, die im Extremfall zur „inneren Kündigung" führen kann. Unter den verbleibenden Arbeitnehmerinnen und Arbeitnehmern bildet sich ein deutliches Machtungleichgewicht aus, das zu gezielten Schikanen gegen einzelne Personen bzw. Minderheiten genutzt wird. Das Ziel aller Handlungen findet sich endlich in der Absicht, jemanden zu bestrafen oder in das ‚Aus' zu drängen.[411] Charakteristisch für die spezifische Eskalationsdynamik von Mobbingfällen ist es, dass sich der beteiligte Personenkreis erweitert (3. Phase). Immer mehr Personen nehmen den Konflikt- und Mobbingfall wahr, ohne diesen als solchen zu benennen. Bereits existierende Vorurteile der Kolleginnen und Kollegen werden übernommen und die bereits eingesetzte Stigmatisierung der Betroffenen wird, bewusst oder unbewusst, verschärft. Personalverantwortliche treffen häufig in dieser Gesamtsituation Entscheidungen, die falsch sind oder zumindest von den Betroffenen als falsch und als „Rechtsbeugung" wahrgenommen werden.[412]

Die Betroffenen begeben sich in Behandlung von (Haus-)Ärzten, Psychiatern oder Psychologen (4. Phase). Das unzureichende Wissen de-

---

408 BSGE 87, 276, 279 ff.

409 *Fischer/Riedesser*, Lehrbuch der Psychotraumatologie, S. 371 ff; speziell zum Arbeitsrecht *Kollmer*, Mobbing im Arbeitsverhältnis, S. 2 ff; BAG, DB 1997, 1475, 1475.

410 *Glasl*, Konfliktmanagement, S. 90; vgl. hierzu *Leymann*, Der neue Mobbing-Bericht, S. 20 ff; *Kolodej*, Mobbingberatung, S. 39 f.

411 *Niedl*, Mobbing/Bullying am Arbeitsplatz, S. 59.

412 *Niedl*, Mobbing/Bullying am Arbeitsplatz, S. 59.

rer über die jeweiligen Umstände kann dazu führen, dass diese sodann häufig Diagnosen stellen, die weiterhin stigmatisierend und schuldzuweisend wirken.[413]

Schließlich nehmen die Betroffenen mehr und mehr eine Außenseiterposition ein (5. Phase). Die Betroffenen führen, oft auch im wörtlichen Sinne, einen Überlebenskampf, der jedoch von ihrer Umwelt nicht als ein solcher wahrgenommen wird. Stattdessen wird das Verhalten als Nachweis dafür angesehen, dass die Betroffenen an Charakterfehlern leiden, und der Grund für das Geschehen wird der Persönlichkeit derjenigen zugeschrieben.[414]

Folge des Mobbingprozesses ist regelmäßig der soziale Abstieg der Betroffenen, der häufig in deren Ausschluss aus dem Arbeitsleben mündet.[415] Der gesellschaftliche Abstieg zeigt sich in unterschiedlichen Formen: Langfristige Krankschreibungen, Versetzungen, Frühpensionierungen, völlige soziale Isolation, bis zu psychiatrischer Behandlungsbedürftigkeit und im Extremfall Suizid.[416]

### cc) Strafrechtliche Würdigung

Das Spektrum der Mobbinghandlungen ist, wie dargestellt, weit gefächert. Nicht selten wird dabei die Schwelle zum kriminellen Unrecht überschritten. Zwar gibt es im deutschen Recht keine Norm, die Mobbing unter Strafe stellt. Damit sind strafrechtliche Sanktionen aber nicht per se ausgeschlossen. Werden Rechtsgüter wie das Leben, die körperliche Unversehrtheit, die Ehre, die Psyche, die Willensbildungs- und Willensäußerungsfreiheit, die Arbeitskraft oder die sexuelle Selbstbestimmung verletzt, kommen die allgemeinen Strafnormen zur Anwendung.[417] Da es bei Mobbing selten zu körperlichen Übergriffen und eher zu psychischen als zu physischen Verletzungen kommt, ist die Annahme eines entsprechenden Straftatbestandes nicht unproblematisch.

---

413 *Schulz,* Strafrechtliche Aspekte des Mobbings – Teil 1, jurisPR-StrafR 9/2009 Anm. 3, S. 4.

414 *Kolodej,* Mobbingberatung, S. 40.

415 *Schulz,* Strafrechtliche Aspekte des Mobbings – Teil 1, jurisPR-StrafR 7/2009 Anm. 3., S. 5; *Mühe,* Mobbing am Arbeitsplatz, S. 66 ff m.w. Nachweisen.

416 *Schulz,* Strafrechtliche Aspekte des Mobbings – Teil 1, jurisPR-StrafR 7/2009 Anm. 3., S. 5; vgl. Leymann, Der neue Mobbing-Bericht, S. 42 f; *Kolodej,* Mobbingberatung, S. 50 ff.

417 *Mühe,* Mobbing am Arbeitsplatz, S. 74.

### (1) Beleidigungsdelikte §§ 185 ff. StGB

Häufig werden bei Mobbing Gerüchte und Unwahrheiten in Umlauf gebracht, um den Betroffenen in Misskredit zu bringen. Aber auch die unerlaubte Verbreitung wahrer Tatsachen kann Unbehagen bei der gemobbten Person herbeiführen. Vor diesem Hintergrund stellt sich die Frage, ob diese Art von Mobbinghandlungen den Beleidigungsdelikten des StGB (§§ 185 ff StGB) unterfallen können.[418]

Wird in Ab- oder auch in Anwesenheit von Betroffenen über diese gesprochen und hierdurch eine Miss- oder Nichtachtung dieser Person zum Ausdruck gebracht, kann eine Strafbarkeit wegen Beleidigung (§ 185 StGB) gegeben sein. Klassische Beispiele hierfür sind das Benutzen von Schimpfwörtern, direkte Beleidigungen oder wortersetzende Gesten wie das Tippen an die Stirn[419] oder der ausgestreckte Mittelfinger[420]. Nach h.M. ist deren Unwahrheit ungeschriebenes Tatbestandsmerkmal, das bei seiner Nichterweislichkeit bereits den Tatbestand entfallen lässt.[421] Das Verbreiten wahrer Tatsachen stellt nur dann eine nach § 185 StGB strafbare Handlung dar, wenn sich aufgrund der Form und der Umstände eine Ehrverletzung ergibt.[422]

Nicht vom Ehrbegriff erfasst ist hingegen das Schamgefühl, welches in der Regel bei sexuellen Belästigungen oder sexuell bestimmtem Verhalten verletzt sein kann. Solche sexualbezogenen Handlungen sind demnach keine Beleidigungen.[423] Versuche der sexuellen Annäherung bringen vielmehr das Begehren und die Schätzung körperlicher Vorzüge zum Ausdruck.[424] Der Tatbestand der Beleidigungsdelikte ist nur dann erfüllt, wenn besondere Umstände einen neben der bloßen Schamverletzung hinaus beleidigenden oder herabsetzenden Charakter erkennen lassen.[425] Dies wäre dann der Fall, wenn sich aus dem Verhalten des Mob-

---

418 *Schulz*, Strafrechtliche Aspekte des Mobbings – Teil 2, jurisPR-StrafR 9/2009 Anm. 3, S. 1.

419 OLG Düsseldorf, NJW 1960, 1072, 1073.

420 BayObLG, NJW 2000, 1584, 1584 ff.

421 OLG Köln, NJW 1964, 2121, 2122; *Lenckner/Eisele* in Schönke/Schröder, StGB, § 185, Rn. 6; *Valerius*, BeckOK StGB, § 185, Rn. 22 m.w.N.; Mavany, Jura 2010, 594, 596 m.w.M.; aA *Tenckhoff*, JuS 1989, 35, 37.

422 *Valerius*, BeckOK StGB, § 185, Rn. 22.

423 BGHSt 36, 145, 150; BGH, NStZ 1993, S. 182, 182; *Tröndle/Fischer*, StGB, § 185, Rn. 11 a-d.

424 *Mühe*, Mobbing am Arbeitsplatz, S. 72.

425 BGHSt 36, 145, 150; BGH, NStZ 1993, 182, 182; BayOLG, NJW 1999, 72, 73; *Tröndle/Fischer*, StGB, § 185, Rn. 11.

benden der objektive Sinngehalt ergibt, dass dieser den Betroffenen als eine minderwertige Person, mitunter als „Flittchen" einschätzt, indem beispielsweise demonstrativ Geld für sexuelle Handlungen angeboten wird.[426] Äußerungen, die darauf abzielen, die sexuellen Fähigkeiten der Betroffenen in Frage zu stellen, jemanden eine sexuelle Beziehung anzudichten bzw. in ein schlechtes Licht diesbezüglich zu rücken und das Aufstellen von Behauptungen, jemand führe ein reges und ausschweifendes Sexualleben, sind ebenfalls als Beleidigungen anzuerkennen, weil sie bei tatsächlichem Vorliegen den Geltungsbereich der Betroffenen mindern würden.[427] Der Tatbestand der Beleidigung wird dagegen nicht erfüllt, wenn am Arbeitsplatz eine Konfrontation mit obszönem, distanzlosem und lästigem „Humor" und sexualbezogenen Abbildungen stattfindet.[428]

Wegen übler Nachrede macht sich strafbar, wer in Beziehung auf einen anderen eine Tatsache behauptet oder verbreitet, welche denselben verächtlich zu machen oder in der öffentlichen Meinung herabzuwürdigen geeignet ist, soweit die Tatsachen nicht erweislich wahr sind (§ 186 StGB). Den Tatbestand der Verleumdung (§ 187 StGB) verwirklicht, wer wider besseres Wissen in Beziehung auf einen anderen eine unwahre Tatsache behauptet oder verbreitet, welche denselben verächtlich zu machen oder in der öffentlichen Meinung herabzuwürdigen oder dessen Kredit zu gefährden geeignet ist. Tatsachen sind in der Vergangenheit oder Gegenwart liegende konkrete Vorgänge oder Zustände, die sinnlich wahrnehmbar in die Wirklichkeit getreten und daher dem Beweis zugänglich sind.[429] Ein Werturteil liegt dagegen vor, wenn das Geäußerte durch Elemente der subjektiven Stellungnahme, des Dafürhaltens oder Meinens geprägt ist und aus diesem Grund dem Wahrheitsbeweis nicht zugänglich ist, sondern je nach persönlicher Überzeugung nur falsch oder richtig sein kann[430]. Unwahr ist eine Tatsache i.S.d. § 186 StGB, wenn sich herausstellt, dass sie im wesentlichen Kern nicht richtig ist.[431]

---

426 *Lenckner/Eisele* in Schönke/Schröder, StGB, § 185, Rn. 4; *Töndle/Fischer*, StGB, § 185, Rn. 11 d.

427 BGHSt 36, 145, 148; *Lenckner/Eisele* in Schönke/Schröder, StGB, § 185, Rn. 4.

428 *Tröndle/Fischer*, StGB, § 185, Rn. 11 c.

429 RGSt 55, 129, 131; BGHSt 12, 287, 291; OLG Brandenburg, NJW 1999, 3339, 3341; OLG Köln, NJW 1993, 1486, 1487; *Lenckner/Eisele* in Schönke/Schröder, StGB, § 186, Rn 3.

430 RGSt 22, 159; *Kühl* in Lackner/Kühl, § 186, Rn. 3.

431 *Lenckner/Eisele* in Schönke/Schröder, StGB, § 187, Rn 2.; *Tröndle/Fischer*, StGB, § 186, Rn. 12.

Gerüchte dieser Art mögen sich auf persönliche Eigenschaften der Betroffenen, auf die Qualität der Arbeitsleistung, auf private Gewohnheiten bis hin zu intimen Vorlieben beziehen. Soweit der Beweis der Ehrverletzung gelingt, ergeben sich im strafrechtlichen Umgang mit diesen Fällen keine weiteren Besonderheiten.[432]

### (2) Nötigung § 240 StGB

Die Strafbarkeit des Mobbenden wegen (versuchter) Nötigung stellt sich immer dann, wenn mittels des Mobbings ein bestimmtes Verhalten der Betroffenen erreicht werden soll.[433] Mobbing kann ein geeignetes Mittel sein, jemanden zur Niederlegung eines bestimmten Amtes, zur Selbstkündigung oder zu einem Unterlassen wie die Nichtbewerbung auf eine bestimmte Stelle im Unternehmen zu zwingen.[434]

Mobbing muss im Rahmen des § 240 StGB als Gewalt oder Drohung mit einem empfindlichen Übel qualifiziert werden können. Da typischerweise nicht eine einzelne Mobbinghandlung geeignet ist, den Nötigungserfolg herbeizuführen, sondern gerade die Gesamtheit an systematisch vorgenommenen Handlungen die Betroffenen aus Verzweiflung und Ohnmacht zu dem angestrebten Verhalten zwingen, bedarf es einer Differenzierung auf der Tatbestandsebene. Für die strafrechtliche Beurteilung ist es daher von besonderer Relevanz, ob ein Zwangsmittel vorliegt, wenn der Mobbende nicht mit einer einzelnen Handlung, sondern gerade durch das Gesamtgeschehen „Mobbing" den Betroffenen zu einem bestimmten Verhalten veranlassen will.[435]

Bei einzelnen Handlungen ist die Anwendung von **Gewalt** unproblematisch zu bejahen, wenn es zwischen dem Täter und dem Opfer zu einem körperlichen Übergriff kommt.[436] Gewaltakte gehören aber nicht zu den häufigsten und typischen Mobbinghandlungen.[437] Erhebliche Abgrenzungsschwierigkeiten ergeben sich dagegen bei den klassischen Mobbingkonstellationen, wie dem Ignorieren, Totschweigen und gesellschaftlichem Ausgrenzen, verbalen Äußerungen und falschem Bewerten

---

432 *Schulz,* Strafrechtliche Aspekte des Mobbings – Teil 2, jurisPR-StrafR 9/2009 Anm. 3, S. 2.

433 Vgl. *Meschkutat/Stackelbeck/Langenhoff,* Der Mobbing Report, S. 118.

434 *Esser/Wolmerath,* Mobbing und psychische, S. 212.

435 *Mühe,* Mobbing am Arbeitsplatz, S. 185.

436 Weitere Beispiele in *Mühe,* Mobbing am Arbeitsplatz, S. 186.

437 *Meschkutat/Stackelbeck/Langenhoff,* Der Mobbing Report, S. 39 ff.

von Arbeitsleistungen, wobei es sich lediglich um psychisch wirkende Angriffe handelt.[438]

Folgt man der noch teilweise vertretenen Ansicht[439], das Vorliegen von Gewalt fordere ein Mindestmaß an körperlicher Kraftentfaltung auf Täterseite, wird diese wohl in derartigen Fällen mangels Kraftentfaltung zu verneinen sein.[440] Käme es hingegen allein auf das Vorliegen eines körperlich wirkenden Zwangs auf Seiten des Opfers an, differiert die Auslegungsspanne des Merkmals „körperliche Zwangswirkung". Wie dargelegt, reicht nach Auffassung des Bundesverfassungsgerichtes eine rein psychische Zwangswirkung für das Vorliegen von Gewalt nicht aus.[441] Haben die psychischen Belastungen aufgrund des wiederholten systematischen Vorgehens psychosomatische Beeinträchtigungen wie Magenschmerzen, Kopfschmerzen oder andere schwerwiegenden Folgen für das körperliche Wohlbefinden oder die körperliche Gesundheit zur Folge, dann liegt die von dem Gewaltbegriff geforderte körperliche Zwangslage vor.[442] Allerdings wird wohl der Vorsatz in der Regel zu verneinen bzw. nicht nachweisbar sein, da dieser gerade die körperliche Zwangswirkung umfassen muss. Der Vorsatz des Mobbenden beschränkt sich eher auf die psychische Zwangswirkung des Betroffenen, denn oftmals weiß er nicht oder rechnet nicht damit, dass sein Verhalten zu psychosomatischen Beschwerden bei diesem führt.[443]

Zudem kommt die Verwirklichung des Nötigungstatbestandes in Betracht, falls der Täter dem Opfer mit einem **empfindlichen Übel droht**. Von der herrschenden Meinung wird als Drohung das Inaussichtstellen eines zukünftigen Übels bezeichnet, das verwirklicht werden soll, wenn der Gezwungene sich nicht dem Willen des Täters beugt und sich dementsprechend verhält, vorausgesetzt, der Drohende hat Einfluss auf das Übel oder er gibt einen solchen Einfluss vor.[444] Die Drohung stellt im Gegensatz zur Gewalt eine rein psychische Beeinflussung dar, weil das Übel erst in Aussicht gestellt wird und es bereits die Ankündigung ist, die den Betroffenen zu einem bestimmten Verhalten zwingen soll.[445] Ein Übel ist

---

438 *Mühe,* Mobbing am Arbeitsplatz, S. 187.

439 *Tändle/Fischer,* StGB, § 240, Rn. 19.

440 *Mühe,* Mobbing am Arbeitsplatz, S. 187.

441 BVerfGE 92, 1, 18.

442 BGHSt 19, 263, 265; 23, 126, 127; *Eser/Eisele* in Schönke/Schröder, StGB, Vor §§ 234 ff, Rn. 10 f.

443 *Mühe,* Mobbing am Arbeitsplatz, S. 188.

444 *Eser/Eisele* in Schönke/Schröder, StGB, Vor § 234, Rn. 31; *Träger/Altvater,* LK StGB, § 240, Rn 56; *Tröndle/Fischer,* StGB, § 240, Rn 31 m.w.N.

445 BGHSt 23, 126, 127 ff; Träger/Altvater, LK StGB, § 240, Rn. 7.

jede als nachteilig empfundene Veränderung der Außenwelt körperlicher, wirtschaftlicher oder auch seelischer Art.[446] Die Beurteilung der Empfindlichkeit des angedrohten Übels erfolgt zum einen normativ nach objektiven Gesichtspunkten unter Beachtung des Einzelfalls sowie nach den individuellen Umständen und Verhältnissen des Betroffenen.[447] Das Übel ist empfindlich, wenn der in Aussicht gestellte Nachteil oder Werteverlust von einer Erheblichkeit ist, dass seine Ankündigung geeignet erscheint, den Bedrohten im Sinne des Verlangens des Täters zu motivieren, es sei denn, von dem Bedrohten kann erwartet werden, dass er der Drohung in besonnener Selbstbehauptung standhält.[448]

Einzelhandlungen wie die Androhung von körperlicher Gewalt oder Beschädigung des Eigentums, Morddrohungen, Drohung mit einer Kündigung, Drohung mit der Verletzung des gesellschaftlichen Rufs oder der beruflichen Stellung, Drohungen mit Veröffentlichungen unwahrer Tatsachen oder auch wahrer Tatsachen, die dem Betroffenen unangenehm sind, stellen potentielle Drohungen mit einem empfindlichen Übel i.S.d. § 240 StGB dar.[449]

Im Gegenzug müssen nur geringfügige Behelligungen grundsätzlich von jedermann hingenommen werden, wenn sie sich lediglich als unvermeidbare zwischenmenschliche Konflikte darstellen.[450] Die rechtliche Bewertung könnte jedoch anders ausfallen, wenn die unerheblichen Angriffe gegen die Person des Betroffenen Teil eines Mobbingprozesses sind, denn ein Verhalten muss unter Beachtung der gesamten Umstände gewürdigt werden, unter denen es vorgenommen wird. Im Zuge der systematischen Vorgehensweise und Wiederholungen können die – für sich die Willensfreiheit noch nicht beeinträchtigenden – Handlungen mit der Zeit eine Erheblichkeit und Schwere für das Opfer annehmen, die geeignet sind, die Willensfreiheit zu beeinträchtigen und sich für den Betroffenen als Drohung mit einem empfindlichen Über darstellen.[451] Das empfindliche Über wird dann vornehmlich in der systematischen Etablierung

---

446 *Tröndle/Fischer,* StGB, § 240, Rn 32.

447 BGHSt 31, 195, 201; 32, 165, 174; 44, 251, 252; *Tröndle/Fischer,* StGB, § 240, Rn. 32 a.

448 BGHSt 31, 195, 201; 32, 165, 174; 44, 251, 252; *Wessels/Hettinger,* Strafrecht BT 1, Rn. 404.

449 *Träger/Altvater,* LK StGB, § 240, Rn. 57; *Tröndle/Fischer,* StGB, § 240 Rn. 33; Gropp/Sinn, MüKO StGB, § 240, Rn. 69.

450 *Tröndle/Fischer,* StGB, § 240, Rn. 32 a.

451 *Mühe,* Mobbing am Arbeitsplatz, S. 194.

eines vom Betroffenen nicht mehr auszuhaltenden Arbeitsklimas zu erblicken sein.[452]

Obgleich die Tatbestandsverwirklichung des Nötigungstatbestandes die Rechtswidrigkeit der tatbestandsmäßigen Handlung nicht indiziert, ist im Falle des Mobbings in der Regel von einer verwerflichen Mittel-Zweck-Relation i.S.d. § 240 Abs. 2 StGB auszugehen.[453]

### (3) Körperverletzung §§ 223 ff., 229 StGB

Führt Mobbing – ohne strafbare Einzelhandlung gegen das Rechtsgut Gesundheit – zu einem somatisch objektivierbar pathologischen Zustand wie etwa Kopfschmerzen, Schlafstörungen, Übelkeit, Magenschmerzen, Gliederschmerzen, Herz- und Kreislauferkrankungen infolge psychischer Belastung[454], sind die Körperverletzungsdelikte in Betracht zu ziehen.

Als problematisch dürfte sich regelmäßig der Nachweis des Vorsatzes erweisen, da es beim Mobbing zu keiner linear-kausalen Handlung kommt, die die Körperverletzung unmittelbar herbeiführt.[455] Der Vorsatz umfasst hierbei die Handlung und das Bewusstsein, durch diese das körperliche Wohlbefinden oder die Unversehrtheit des Körpers zu beeinträchtigen oder die Gesundheit zu schädigen.[456] Ausreichend ist der bedingte Vorsatz, nicht erforderlich ist jedoch ein potentielles Bewusstsein der Verletzungsmöglichkeiten.[457]

Bei der Prüfung im Einzelfall bleibt jedoch zu beachten, dass der Mobbende durchaus die Auswirkungen seines Verhaltens beim Opfer wahrnehmen kann, vor allem, wenn es diesem zunehmend schlechter geht. Werden die Mobbinghandlungen dennoch fortgesetzt, so müssen auch die Täter erkennen, dass ihre Handlungen eine körperliche Beein-

452 *Mühe,* Mobbing am Arbeitsplatz, S. 194.

453 *Mühe,* Mobbing am Arbeitsplatz, S. 200.

454 Europäisches Parlament SOCI 108 DE, S.13; *Groeblinghoff,* Psychiatrische und sozialmedizinische Begutachtung von Mobbingbetroffenen, S. 163 ff; *Leymann,* Mobbing – Psychoterror am Arbeitsplatz, S.108 ff; *Leymann,* Der neue Mobbing-Bericht, S. 42 ff; *Kollmer,* Mobbing im Arbeitsverhältnis, S. 30.

455 *Schulz,* Strafrechtliche Aspekte des Mobbings – Teil 2, jurisPR-StrafR 9/2009 Anm. 3, S. 3.

456 *Tröndle/Fischer,* StGB, § 223, Rn. 52.

457 BGH, NStZ 2004, 201, 202.

trächtigung zur Folge haben. Ein billigendes in Kauf nehmen der Erkrankungen kann folglich nicht gänzlich ausgeschlossen werden.[458]

### dd) Entschädigungsrechtliche Würdigung

Verwirklichen Einzelhandlungen oder auch das Gesamtgeschehen „Mobbing" im Einzelfall einen Straftatbestand, liegt eine „tätlicher Angriff" i.S.d. § 1 Abs. 1 OEG vor. Zur Begründung eines Leistungsanspruches bedarf es zusätzlich u.a. der gesundheitlichen Schädigung und einer entsprechenden haftungsbegründeten und haftungsausfüllenden Kausalität gemäß der im Sozialen Entschädigungsrecht geltenden Theorie der wesentlichen Bedingung.[459]

Ergeben sich bei eindeutig strafbaren Einzelhandlungen kaum Probleme bei der Bejahung des Tatbestandsmerkmals eines „tätlichen Angriffs", so fehlt es häufig an der haftungsbegründeten Kausalität, da Handlungen wie ein einzelner Fußtritt oder eine vereinzelte strafrechtlich relevante Beleidigung regelmäßig keine geeignete Ursache für die bei Mobbingopfern auftretenden psychischen Gesundheitsschädigungen darstellen. Erst das von Systematik und Dauerhaftigkeit geprägte Gesamtverhalten ruft beim Gemobbten einen pathologischen, somatisch objektivierbaren Zustand hervor.

Stellt hingegen das Gesamtgeschehen „Mobbing" ein strafbares Verhalten dar, bildet es auch auf Kausalitätsebene den Anknüpfungspunkt. Mobbing in seiner Gesamtheit führt nicht selten beim Betroffenen zu erheblichen psychischen Erkrankungen.

### ee) Mobbing als „tätlicher Angriff" i.S.d. § 1 Abs. 1 OEG

Soweit das BSG im vorangestellten Urteil[460] die haftungsbegründende Kausalität hinsichtlich des Fußtrittes und der vom Kläger dargelegten Gesundheitsschädigung verneint, ist dem zuzustimmen. Ein einzelner Fußtritt ist unstreitig nicht geeignet, eine paranoide Persönlichkeitsstörung mit psychosenaher Dekompensation hervorzurufen.[461] Doch stellt das Gericht allein den verübten Fußtritt als tätlichen Angriff i.S.d. § 1 OEG heraus, ohne das Gesamtgeschehen, welches unstreitig als „Mob-

---

458 *Schulz*, Strafrechtliche Aspekte des Mobbings – Teil 2, jurisPR-StrafR 9/2009 Anm. 3, S. 3.

459 *Kunz/Zeller/Gelhausen/Weiner*, OEG, § 1, Rn. 41.

460 BSGE 87, 276.

461 BSGE 87, 276, 279 ff.

bing" klassifiziert werden kann, auf seine Strafbarkeit hin zu untersuchen. Die zuständigen Versorgungsämter wie auch die Sozialgerichte sind bei derart gelagerten Sachverhalten gehalten, den Mobbingprozess auf tatsächlicher Ebene in seiner Gesamtheit zu erfassen, wobei hierbei der Ermittlungsschwerpunkt nicht nur auf Handlungen von strafrechtlicher Relevanz gelegt werden darf. Denn sowohl eine Kette von strafbaren als auch eine Reihung von nicht strafbaren Einzelhandlungen kann einen Straftatbestand wie den der Körperverletzung oder der Nötigung im Einzelfall verwirklichen. Ist dies der Fall, dürfte die haftungsbegründende Kausalität regelmäßig gegeben sein.

Allein der Verstoß gegen sittlich und moralisch gebotenes Verhalten reicht für die Annahme eines tätlichen Angriffs i.S.d. § 1 Abs. 1 OEG bei Mobbing nicht aus. Dies würde mit Blick auf den normativen Zweck des Gesetzes zu einer nicht zu rechtfertigenden extensiven Auslegung führen.

### e) Stalking

Anders als beim „Mobbing" wird beim sogenannten „Stalking" die Schwelle zum kriminellen Unrecht regelmäßig überschritten. Die fortgesetzte Verfolgung, Bedrohung und Belästigung einer anderen Person gegen deren Willen, hat in der Praxis der Strafverfolgung zunehmende Bedeutung gewonnen. Es sind massive Fälle aufgetreten, in denen das Opfer auf Grund des vom Täter in Gang gesetzten Terrors in seiner Lebensführung schwerwiegend beeinträchtigt wurde. Die Einführung des § 238 StGB durch das 40. StÄG vom 22.3.2007[462] trägt dem Anliegen eines besseren strafrechtlichen Schutzes von „Stalking"-Opfern Rechnung.[463] Da eine Strafbarkeit nicht zwingend einen körperlichen Übergriff fordert, ist die entschädigungsrechtliche Bewertung eines solchen Sachverhaltes, nicht zuletzt wegen der facettenreichen Erscheinung des Phänomens „Stalking", zuweilen fraglich.

---

462 BGBl. I S.354 (Nr. 11).

463 BT-Drs. 16/1030, S. 1.

### aa) Rechtsprechung

Nach höchstrichterlicher Rechtsprechung des BSG aus dem Jahre 2011 ist „Stalking“ nicht generell als tätlicher Angriff i.S.d. § 1 Abs. 1 OEG zu werten.[464]

Der Entscheidung liegt folgender Sachverhalt zugrunde:

*„Die Beziehung der Klägerin mit dem H. entwickelte sich konfliktreich, so dass die Klägerin diese beendete.H. akzeptierte das nicht. Er belegte die Klägerin in der Folgezeit mit zahlreichen Telefonanrufen und elektronischen Kurznachrichten (SMS). Zudem alarmierte er ohne Grund wiederholt die Polizei, die Feuerwehr und den Notarzt zu vorgeblichen Streitigkeiten, Schlägereien bzw. Bränden in der Wohnung der Klägerin. H. bestellte u.a. auch – ohne entsprechenden Bedarf – mehrfach Taxen zur Wohnanschrift der Klägerin. Ferner ließ er am Arbeitsplatz der Klägerin ausrichten, demnächst werde ein Gerichtsvollzieher "vor ihrer Tür stehen".*

*Im Weiteren ereigneten sich die folgenden Vorfälle:*

*So drohte (vermutlich) H. telefonisch beim Arbeitsplatz der Klägerin mit Bombenexplosionen, kündigte der – seinerzeit 81-jährigen – Mutter der Klägerin den bevorstehenden Tod der Klägerin an und teilte ihr einige Minuten später telefonisch mit, dass die Klägerin nunmehr tot sei. Einem daraufhin alarmierten Polizeibeamten, der den Anruf in der Wohnung der Klägerin entgegennahm, teilte (vermutlich) H. wörtlich mit: "Jetzt muss sie fürchterliche Angst haben!" und legte auf. Am Abend desselben Tages meldeten sich mehrere "Pizza-Services" bei der Klägerin, die ihr eine vermeintlich von ihr bestellte Pizza bringen wollten.*

*Derartige Telefonanrufe wiederholten sich auch in der Folgezeit mehrfach sowohl gegenüber der Klägerin als auch gegenüber ihrer Mutter und ihren Arbeitskollegen. Er bedrohte die Klägerin zudem erneut in deren Haus. Er schrie sie an, sie werde ihn nun "von einer anderen Seite" kennen lernen; sie wisse nicht, wozu er fähig sei. Er fange zuerst mit der Tochter (der Klägerin) an; er habe "Beziehungen" in ganz O. (dem damaligen Wohnort der Tochter). Dann komme der Sohn (der Klägerin) "dran"; er solle auf sein Auto aufpassen. Der H. fügte hinzu: "Wenn du überfallen, vergewaltigt oder belästigt wirst, habe ich nichts damit zu tun. Ich wasche meine Hände in Unschuld. Du hast Zeit bis morgen, um mit mir zu reden. Dann geht der Tanz los. Du hast selber Schuld, du hast mich fallen lassen!". Abschließend sagte er: "In vier Wochen sind F. und J. (die Kinder der Klägerin) tot."*

*H. richtete an die Klägerin eine Vielzahl von Briefen und Postkarten, teils beleidigenden, teils versöhnlichen Inhalts, lauerte ihr am Arbeitsplatz und vor ihrer*

464 BSGE 108, 97.

*Haustür auf, verfolgte sie, sprach sie an, belästigte und bedrohte sie und ihre Kinder, bestellte auf den Namen der Klägerin ungefragt Versandhausartikel und beauftragte u.a. ein Bestattungsunternehmen sowie einen Schlüsseldienst zur Wohnanschrift der Klägerin. Er rief auch wiederholt die Notrufnummer der Polizei an unter Vorgabe vermeintlicher Gewalttaten zu Lasten der Klägerin bzw. seines eigenen (angeblich) bevorstehenden Freitodes, um entsprechende Einsätze zu bewirken.*

*Am 18.7.2003 erwartete er die Klägerin vor dem Hauseingang ihrer Wohnung in B. und folgte ihr von dort bis zur Bushaltestelle, während er ununterbrochen auf sie einredete. Er bestieg sodann denselben Bus wie die Klägerin und folgte ihr nach dem Aussteigen unter weiterem Einreden weiter. Vor dem Eingang eines Copy-Geschäfts hielt er die Klägerin am Arm fest und riss sie zu sich herum, ließ sie dann jedoch wieder los, worauf die Klägerin in dem Copy-Geschäft um Verständigung der Polizei bat.*

*Am 26.7.2003 fand die Klägerin in ihrem Briefkasten einen von H. handschriftlich verfassten Brief vor, in dem es u.a. hieß: "Melde Dich doch wegen dem Geld. Du bekommst ab dem 2.8. deine Ruhe, aber anders als Du denkst. Ich habe sehr viel angeleiert. H. "*

*Diesen Anforderungen kam H. erneut nicht nach: Er warf u.a. immer wieder lose Zettel, Postkarten und Briefe in den Briefkasten der Klägerin und klingelte nahezu täglich an ihrer Haustür oder meldete sich telefonisch. Am 20.9.2003 belästigte und bedrohte er sie in einem öffentlichen Bus. Am 2. und 3.10.2003 wartete er vor dem Haus der Klägerin und ging auf sie zu, als sie das Haus auf dem Weg zur Arbeit verließ. Die Klägerin sah sich dadurch veranlasst, zunächst in das Haus zurückzukehren und sich zur Arbeit abholen zu lassen, was auch geschah. Darüber hinaus begegnete H. der Klägerin mehrfach offenbar absichtsvoll in verschiedenen Straßen B. und verfolgte sie, auch nachdem sie zur Vermeidung einer unmittelbaren Begegnung die Straßenseite gewechselt hatte.*

*Die Klägerin wechselte im Verlaufe der Nachstellungen zweimal die Wohnanschrift, kam zeitweilig bei Bekannten unter und veranlasste eine Auskunftssperre bei der Meldebehörde. Zudem ließ sie sich vorübergehend eine Telefonnummer mit Auskunftssperre einrichten. Gleichwohl ermittelte H. jeweils nach kurzer Zeit erneut ihre Anschrift bzw. Telefonnummer und setzte seine Annäherungshandlungen fort.*

*Auch mehrere gegen den Täter verhängte ordnungsbehördliche Verfügungen und zwei strafrechtliche Verurteilungen wegen Bedrohung (§ 241 StGB) sowie Verstoßes gegen eine vollstreckbare Anordnung nach dem Gewaltschutzgesetz zu – teils auch vollstreckten – Freiheitsstrafen bewegten den Täter nicht zum Aufhören.*

*Infolge der Nachstellungen leidet die Klägerin unter psychischen Beschwerden im Sinne einer posttraumatischen Belastungsstörung mit Erschöpfungs- und Angstzuständen, Nervosität, Konzentrations- und Schlafstörungen, die u.a. eine psychopharmakologische Medikation und einen stationären Aufenthalt in der Fachklinik für Psychiatrie, Psychotherapie und Psychosomatik Dr. He., B., vom 2.3. bis 11.5.2004 erforderlich machten. Bei der Klägerin wurde wegen eines ‚psychischen Leidens' ein Grad der Behinderung von 50 ab dem 7.3.2005 festgestellt".*[465]

Das LSG Niedersachsen-Bremen sprach in seiner Berufungsentscheidung vom 18.3.2010[466] der Klägerin einen Entschädigungsanspruch nach Maßgabe des OEG zu. Nach Auffassung des Gerichts seien die Übergriffe des Nachstellers eine im Sinne des § 1 Abs. 1 OEG feindselige, gegen die gesundheitliche Integrität der Klägerin gerichtete und mittels körperlicher Präsenz bewirkte Einwirkung.[467] Zudem seien die einzelnen Nachstellungshandlungen nicht jeweils für sich als isolierte Beschimpfungen, Beleidigungen, Bedrohungen und – bisweilen – nur geringfügige Regelverstöße zu werten, sondern deliktstypisch in ihrer Gesamtheit als andauernde, systematische Belästigungen und Nachstellungen.[468] Das Gericht bezieht entgegen dem absoluten Rückwirkungsverbot nach Art. 103 Abs. 2 GG und § 1 StGB den Tatbestand des § 238 StGB in seine rechtliche Würdigung als verletzte Strafnorm ein, obwohl dieser im Zeitpunkt der Tathandlung noch gar nicht galt. Die zwischenzeitliche Rechtsentwicklung könne für die opferrechtliche Beurteilung nicht unberücksichtigt bleiben.[469] Schließlich würde die Einordnung der Nachstellungen als „tätlicher Angriff" i.S.d. § 1 Abs. 1 OEG auch dem übergeordneten Schutzzweck des OEG entsprechen.[470]

Das BSG hat die Entscheidung des LSG aufgehoben. Es fordert zum einen, das Stalking-Geschehen quasi in seine Einzelhandlungen zu zerlegen und separat unter den Entschädigungstatbestand zu subsumieren. Ein sich – wie vorliegend – über mehrere Jahre erstreckendes Stalking, das aus einer Vielzahl von abgeschlossenen Sachverhalten bestehe, könne nicht als ein einheitlicher schädigender Vorgang gewertet werden. Denn

465 BSGE 108, 97, 97 ff.

466 LSG Niedersachsen-Bremen, ZFSH/SGB 2010, 471.

467 LSG Niedersachsen-Bremen, ZFSH/SGB 2010, 471, 474.

468 LSG Niedersachsen-Bremen, ZFSH/SGB 2010, 471, 477.

469 LSG Niedersachsen-Bremen, ZFSH/SGB 2010, 471, 477.

470 LSG Niedersachsen-Bremen, ZFSH/SGB 2010, 471, 478.

ein solcher umfasse nur den konkreten tätlichen Angriff und das diesem unmittelbar folgende gewaltgeprägte Geschehen.[471]

In Anlehnung an die Rechtsprechung des Senats zum Phänomen des sogenannten Mobbings komme es auch beim Stalking auf das Vorliegen einer mit Gewaltanwendung verbundenen vorsätzlichen Straftat an, soweit sich eine feindselige Willensrichtung des Täters nicht feststellen lasse.[472] Bei der Anwendung des OEG sei von dessen Grundgedanken auszugehen, wonach nur Opfer von Gewalttaten zu entschädigen seien. Alle sonstigen Verletzungsrisiken eines Gesellschaftslebens decke das OEG nicht ab.[473]

Entgegen der Auffassung des LSG spricht sich das BSG gegen eine Anwendung des zum Tatzeitpunkt noch nicht geltenden Straftatbestandes des § 238 StGB aus. Ungeachtet des im Strafrecht herrschenden absoluten Rückwirkungsverbotes nach Art. 103 Abs. 2 GG, gebiete im Entschädigungsrecht die Billigkeit eine erst im Zeitpunkt der Entscheidung strafbare Handlung nicht auch auf Zeiträume zu erstrecken, in denen das entsprechende Täterverhalten nicht strafbar gewesen sei. Die normative Bewertungsgrenze für das Verhalten des Täters verlöre dadurch klare Konturen.[474]

Der Senat sieht eine Strafbarkeit des maßgeblichen Verhaltens nach § 4 Gewaltschutzgesetz (GewSchG) als ausreichend an, um – bei Vorliegen weiterer Voraussetzungen – einen Entschädigungsanspruch nach dem OEG begründen zu können.[475] Da aus dem Verstoß gegen eine Schutzanordnung nach § 1 GewSchG nicht ohne Weiteres auf eine objektive Gefährdung der körperlichen Unversehrtheit oder des Lebens des Opfers durch eine Tätlichkeit geschlossen werden könne, müsse mit einem strafbaren Verhalten nach § 4 GewSchG auch eine körperliche Gewaltanwendung einhergehen, um einen tätlichen Angriff i.S.d. § 1 Abs. 1 OEG bejahen zu können.[476] Die Nachstellungen und Belästigungen seien vorliegend jedoch fast ausschließlich ohne körperliche Einwirkungen seitens des Täters erfolgt. Lediglich einmal habe er die Klägerin am Arm gepackt. Diese Handlung seien jedoch zeitlich vor Erlass der Schutzanordnung erfolgt.

471 BSGE 108, 97, 111.

472 BSGE 108, 97, 111.

473 BSGE 108, 97, 111.

474 BSGE 108, 97, 112.

475 BSGE 108, 97, 113.

476 BSGE 108, 97, 114.

Der Senat zieht daher eine Strafbarkeit wegen Nötigung gemäß § 240 StGB in Betracht.[477] Jedoch erscheine es fraglich, ob unter Berücksichtigung der Umstände des Tatgeschehens aus Sicht eines objektiven vernünftigen Dritten eine hinreichende Gefahr für Leib und Leben der Klägerin anzunehmen ist. Diese Feststellung obliegt der tatrichterlichen Würdigung, die der Senat im Revisionsverfahren nicht vornehmen könne.

Das Warten des Täters vor der Wohnungstür der Klägerin und das Entgegengehen beim Verlassen des Hauses mit der Folge, dass diese in ihr Haus zurückgekehrt ist und sich zur Arbeit hat abholen lassen, verwirkliche zwar den Tatbestand des § 4 GewSchG, könne aber ohne Hinzutreten weiterer Umstände (z.B. Drohen, aggressives Verhalten) nicht als eine unmittelbar auf den Körper zielende Einwirkung gewertet werden.[478]

## bb) „Stalking" und dessen Folgen

Der Begriff des Stalkings umfasst Verhaltensweisen, bei der ein Mensch einer anderen Person fortdauernd durch vielfache Ausgestaltung nachstellt, auflauert oder auf sonstige Weise versucht, Kontakt aufzunehmen. Während eine einzelne dieser Handlungen dem Opfer wohl als normale Begebenheit vorkommen würde, entsteht durch die häufigen Wiederholungen und Kombinationen mehrerer Erscheinungsformen miteinander für das Opfer eine unzumutbare Beeinträchtigung.[479]

Die Erscheinungsformen des Stalkings sind mannigfaltig. Genannt werden das Besprechen des Anrufbeantworters, Zuschicken von E-Mails und elektronischen Kurznachrichten (SMS) auf dem Handy, das Schreiben von (Liebes-)Briefen, Botschaften mit pornografischen und obszönen Inhalten, Zusenden und Hinterlassen von Blumen und Geschenken, Einladungen zu gemeinsamen Unternehmungen, Anrufe zu jeder Tageszeit, das Auflauern vor der Wohnung und am Arbeitsplatz sowie das Verfolgen mit dem Pkw, Fahrrad oder zu Fuß.[480] Diese Formen des Nachstellens sind in die erste Kategorie „mildes Stalking" eizuordnen.[481] Weitaus schwerer wiegende Verhaltensweisen fallen unter die zweite Kategorie, das sogenannte „schwere Stalking". Als solches einzustufen sind Be-

---

477 BSGE 108, 97, 115.

478 BSGE 108, 97, 115.

479 *Heinz*, ZfS 2005, 266, 266.

480 *Schäfer*, Kriminalistik 2000, 587, 587; *Löbmann*, MSchrKrim. 2002, 25, 25 ff.

481 *Heinz*, ZfS 2005, 266, 267.

schimpfungen, Beleidigungen, Bedrohungen des Opfers selbst oder Dritter, tatsächliche körperliche Übergriffe und sexuelle Belästigungen[482].

Nicht eindeutig zuordenbar sind das Schalten von falschen Zeitungsanzeigen (Todes- oder Hochzeitsanzeigen), Verleumdung, Überwachung sozialer Kontakte sowie Erstatten von Strafanzeigen bei der Polizei oder Staatsanwaltschaft.[483]

Das Motiv des Täters hängt regelmäßig von der Beziehung zu dessen Opfer ab. Die am häufigsten auftretende Konstellation ist die, dass der Täter sein Opfer kennt. Hierbei tritt meist der Wunsch auf, eine (Liebes-)Beziehung mit einer anderen Person einzugehen oder eine auseinander gebrochene Partnerschaft wieder neu zu beginnen.[484] Wird der Stalker zurückgewiesen, wandelt sich seine Zuneigung nicht selten in Hass und/oder Wut. Der Beweggrund des Täters kann aber auch von Anfang an in einem Bestrafen des Opfers liegen, indem dieses in Angst und Schrecken versetzt wird. Nicht zuletzt kann die Befriedigung des Verlangens nach Macht und Kontrolle über eine andere Person mittels Stalking oder auch die Ablenkung von eigenen privaten Problemen den Antrieb eines Stalkers darstellen.[485]

Primäre Folgen für das Opfer sind soziale Veränderungen, wie das Meiden bestimmter Orte, Arbeitsplatzwechsel, Wohnungswechsel sowie Einschränkungen der sozialen Kontakte.[486] Darüber hinaus hat das Stalking körperliche und seelische Auswirkungen auf die Betroffenen. Die meisten Opfer leiden infolge des Nachstellens u.a. unter Angstzuständen, Panikattacken, Hypervigilanz, Schlafstörungen, Depressionen, Appetitstörungen, Flashbacks oder Selbstmordgedanken.[487]

### cc) Stalking – ein tätlicher Angriff i.S.d. § 1 Abs. 1 OEG?

Die Folgen von Stalking können die Gesundheit erheblich beeinträchtigen und zu dauerhaften Schädigungen führen. Nicht zuletzt aufgrund des Risikos der Erwerbsunfähigkeit stellt es ein opferentschädigungsrechtlich relevantes Phänomen dar. Betrachtet man die Rechtsprechung der Sozialgerichte, namentlich die aufgezeigten Entscheidungen des LSG Nieder-

---

482 *Heinz,* ZfS 2005, 266, 267.

483 *Kerbein/Pröbsting,* ZRP 2002, 76, 77 ff; *Heinz,* ZfS 2005, 266, 267.

484 *Heinz,* ZfS 2005, 266, 267; *Hoffmann,* Stalking, S. 7.

485 *Heinz,* ZfS 2005, 266, 267; *Hoffmann,* Stalking, S. 7.

486 *Pechstaedt,* Stalking, S. 59.

487 *Schäfer,* Kriminalistik 2000, 587, 588; *Voß/Hoffmann/Wondrak,* Stalking in Deutschland, S. 58 ff.

sachsen-Bremen und des BSG, differieren diese in zwei perspektivisch relevanten Punkten: Ist das Stalking-Geschehen als Gesamtheit zu betrachten oder in seine Einzelhandlungen zu zerlegen und diese separat der Prüfung des § 1 Abs. 1 OEG zu unterziehen? **(1)** Bedarf es neben der Verwirklichung des § 238 StGB einer körperlichen Gewalteinwirkung auf das Opfer? **(2)**

**(1)** In wieweit der Auffassung des BSG gefolgt werden kann, dass alle Stalking Handlungen gesondert daraufhin überprüft werden müssen, ob jeweils ein vorsätzlicher, rechtswidriger tätlicher Angriff i.S.d. § 1 Abs. 1 OEG vorliegt[488], ist fraglich. Soweit es Stalking in seiner Gesamtheit nur als Bündel von Handlungen unterschiedlichen Gewichtes betrachtet, wovon allein der konkrete tätliche Angriff Ursache für das gewaltgeprägte Geschehen sei[489], verkennt es die Dynamik des systematischen und wiederholenden Vorgehens des Täters. Auch strafrechtlich nicht relevante Einzelhandlungen können in ihrer Gesamtheit zu erheblichen Beeinträchtigungen der Gesundheit beim Betroffenen führen.

Nicht zuletzt deswegen stellte der Gesetzgeber im Jahre 2007 mit der Einführung des § 238 StGB „Stalking" unter Strafe. Demnach macht sich strafbar, wer einem Menschen unbefugt nachstellt, indem er beharrlich seine räumliche Nähe aufsucht (Nr. 1), unter Verwendung von Telekommunikationsmitteln oder sonstigen Mitteln der Kommunikation oder über Dritte Kontakt zu ihm herzustellen versucht (Nr. 2), unter missbräuchlicher Verwendung von dessen personenbezogenen Daten Bestellungen von Waren oder Dienstleistungen für ihn aufgibt oder Dritte veranlasst, mit diesem Kontakt aufzunehmen (Nr. 3), ihn mit der Verletzung von Leben, körperlicher Unversehrtheit, Gesundheit oder Freiheit seiner selbst oder einer ihm nahe stehenden Person bedroht (Nr. 4) oder eine andere vergleichbare Handlung vornimmt (Nr. 5) und dadurch seine Lebensgestaltung schwerwiegend beeinträchtigt. Mit der Einführung des Straftatbestandes allgemein und der entsprechenden Ausgestaltung der Tatmodalitäten wird deutlich, dass der Gesetzgeber das vormals geltende Strafrecht für ungenügend hinsichtlich des Opferschutzes bewertet.[490]

Nach alter Rechtslage erfüllten allein Verhaltensweisen der Kategorie „schweres Stalking" einzelne Straftatbestände, wie Nötigung, Körperverletzung, Bedrohung oder auch Beleidigung. Nunmehr wird das Nachstellen spezifisch als schweres, strafwürdiges Unrecht gekennzeichnet.[491]

---

488 BSGE 108, 97, 111.

489 BSGE 108, 97, 111.

490 BT-Drs. 15/5410, S. 6.

491 BT-Drs. 15/5410, S. 6.

Dabei ist entscheidend zu beachten, dass die Strafnorm auch durch „mildes Stalking" gemäß den Tatmodalitäten § 238 Abs. 1 Nr. 1, 2, 3 StGB verwirklicht werden kann, wenn es von ausreichendem Gewicht ist. Erforderlich ist hierfür eine Bewertung des Gesamtumstandes und somit eine Vielzahl von Handlungen.[492] Unter Beachtung der Einheit der Rechtsordnung müsse somit auch im Sozialen Entschädigungsrecht Stalking als ein Gesamtgeschehen betrachtet und der Prüfung des § 1 Abs. 1 OEG unterzogen werden. Des Weiteren würde eine Einzelbetrachtung der Handlungen aus entschädigungsrechtlicher Sicht regelmäßig zu unbefriedigenden Ergebnissen führen, da mangels haftungsbegründender Kausalität der Entschädigungsanspruch in den meisten Fällen verneint werden müsste. Die einzelne Stalking-Handlung wird in der Regel nicht geeignet sein die entsprechende Gesundheitsschädigung herbeizuführen.

**(2)** Mit Berufung auf den Grundgedanken des OEG fordert das BSG auch beim Stalking das Vorliegen einer **mit Gewalt verbundenen** vorsätzlichen Straftat, soweit die feindselige Willensrichtung des Täters sich nicht feststellen lässt.[493] In Anlehnung an die Rechtsprechung des BSG zur Problematik „gewaltloser sexueller Missbrauch von Kindern" bestimmt das Strafgesetz, was feindselig ist.[494] Verwirklicht ein Verhalten einen Straftatbestand, welches die Gesundheit des Opfers erheblich beeinträchtigt hat, handelt es sich um einen entschädigungswürdigen Sachverhalt. Fordert die Strafnorm wie beispielsweise § 238 Abs. 1 Nr. 1 bis 3 StGB, keine körperliche Gewaltanwendung, wertet es der Gesetzgeber dennoch als strafwürdiges Unrecht, sei es aus dem Aspekt der besonderen Schutzwürdigkeit des Opfers und/oder im Hinblick auf die schweren Folgen der Tat.

Ist im Falle des Stalkings der Straftatbestand des § 238 Abs. 1 StGB erfüllt und liegt eine kausale Gesundheitsschädigung vor, ist die rechtliche Bewertung des LSG Niedersachsen-Bremen perspektivisch vorzugswürdig. Es hält die Einordnung des Nachstellens als „tätlicher Angriff" i.S.d. § 1 Abs. 1 OEG als mit dem übergeordneten Zweck des OEG vereinbar.[495] Geschütztes Rechtsgut des § 238 StGB ist u.a. die körperliche Unversehrtheit und das Leben.[496] Stalking-Opfer sind folglich auch Gewaltopfer i.S.d. OEG, wenn es zu entsprechenden Gesundheitsschädigungen gekommen ist.

---

492 *Eisele* in Schönke/Schröder, StGB, § 238, Rn. 6.

493 BSGE 108, 97, 111.

494 BSGE 77, 7, 9.

495 LSG Niedersachsen-Bremen, ZFSH/SGB 2010, 471, 478.

496 BT-Drs. 15/5410, S. 6; *Heinz*, Die Versorgungsverwaltung 2007, 36, 39.

Soweit das BSG die Anwendung § 238 StGB in der dargestellten Entscheidung als verletzte Strafnorm ausscheiden lässt, ist dem mit Berufung auf das absolute Rückwirkungsverbot gemäß Art. 103 Abs. 2 GG zuzustimmen. Erfolgt die Auslegung des unbestimmten Rechtsbegriffs „tätlicher Angriff" in Anlehnung an das Strafrecht, sind auch die dort herrschenden Prinzipien zu wahren. Fordert das BSG jedoch die Zerlegung des Stalking-Geschehens in Einzelhandlungen und eine mit der Verwirklichung der entsprechenden Strafnorm verbundene Gewaltanwendung im „klassischen Sinne", ist dies aus den dargelegten Gründen abzulehnen. Das tatsächliche Berühren des Opfers darf gerade bei Stalking als einen tätlichen Angriff i.S.d. § 1 Abs. 1 OEG nicht gefordert werden.

Das Strafrecht versteht unter Gewalt einen unerheblich Kraftaufwendung beim Täter und eine körperliche Zwangswirkung beim Opfer. Wenn der Täter zum Telefon greift, dem Opfer auf Schritt und Tritt folgt, Briefe Schreibt oder andere Handlungen vornimmt, um das Opfer zu terrorisieren, leistet er einen Kraftaufwand, der eine körperliche Zwangswirkung beim Opfer bewirkt. Stalkingopfer leiden unter den vielfältigsten körperlichen Erscheinungen wie Angstzustände, Depressionen und/oder sehen sich genötigt, dass Haus nicht zu verlassen, obwohl sie zur Arbeit müssen oder Umwege zu gehen.

## 3. Schlussfolgerung und Lösungsansatz

### a) Schlussfolgerung

Die Auslegung des Begriffs „tätlicher Angriff" hat sich ausgehend von der Rechtsprechung des Reichsgerichts bis heute vielfältig entwickelt und dabei eine erhebliche Erweiterung erfahren. Das BSG verfolgt den Grundsatz: Je gewalttätiger die gegen eine Person gerichtete Angriffshandlung nach ihrem äußeren Erscheinungsbild bzw. je größer der Einsatz körperlicher Gewalt oder physischer Mittel ist, desto geringere Anforderungen seien zur Bejahung eines tätlichen Angriffs in objektiver Hinsicht zu stellen. Eine Begehung der Tat mit geringer Kraftaufwendung durch den Täter, verlange eine sehr genaue Prüfung, inwiefern durch die Handlung eine Gefahr für Leib und Leben des Opfers bestand.[497] Die Abgrenzung sozial adäquaten als auch gesellschaftlich tolerierten Verhaltens von einem auf Rechtsbruch gerichteten Handeln des Täters fordere über den natürlichen Vorsatz des Täters hinaus eine

497 BSGE 108, 97, 104.

„feindselige Willensrichtung".[498] Lasse sich eine solche im engeren Sinne nicht feststellen, könne alternativ darauf abgestellt werden, ob der Täter eine mit Gewaltanwendung – im Sinne einer gewaltsamen Einwirkung auf eine Person durch Einsatz körperlicher Mittel – verbundene strafbare Vorsatztat (zumindest einen strafbaren Versuch) begangen hat.[499] Bei der Anwendung des OEG sei von dem Grundgedanken auszugehen, dass nur Opfer von Gewalttaten entschädigt werden sollen. Alle sonstigen aus dem Gesellschaftsleben folgenden Verletzungsrisiken umfasse das OEG hingegen nicht.[500] Ebenso reiche das Verwirklichen eines Straftatbestandes nicht aus, wenn es ohne körperliche Einwirkung auf das Opfer geschieht. Dies gelte vorrangig für Vermögensdelikte, aber auch für personenbezogene Handlungen wie Mobbing und Stalking.[501]

Die Verwaltung und die Instanzgerichte sehen sich aufgrund des Wortlautes und der Gesetzesbegründung gehindert, Opfer von gewaltlosen Straftaten mit erheblichem, nachhaltigem Einfluss auf die Gesundheit nach dem OEG zu entschädigen. Es ist die Tendenz der Rechtsprechung zu einer Erweiterung des Schutzbereiches auf derartige Delikte gegeben. Dies zeigt sich an der Rechtsprechung zum gewaltlosen sexuellen Missbrauch von Kindern sowie deren Anwendung auf die Fälle von psychischer Misshandlung/Vernachlässigung Schutzbefohlener. Hierbei ließ das BSG die Verwirklichung eines Straftatbestandes ohne jegliche körperliche Gewalteinwirkung genügen.

### b) Lösungsansatz

Der Begriff „tätlicher Angriff" lässt sich unter Beachtung des Wortlauts und des normativen Zwecks wie folgt auslegen:

Ein tätlicher Angriff ist die Vornahme einer vorsätzlichen rechtswidrigen strafbaren Handlung durch eine Person, die auf eine Verletzung der geschützten Rechtsgüter Leben, Gesundheit, körperliche Unversehrtheit oder sexuelle Selbstbestimmung einer anderen Person gerichtet ist, wobei eine unmittelbare Einwirkung auf den Körper des Opfers nicht erforderlich ist.

---

498 BSG, NJW 1999, 2207, 2207.

499 BSGE 108, 97, 108.

500 BSGE 87, 276; 108, 97, 111.

501 BSGE 108, 97, 111.

### c) Erläuterungen

In Anlehnung an die Rechtsprechung des BSG zum gewaltlosen sexuellen Missbrauch an Kindern und die Entscheidung zum Thema Stalking ist bei der Würdigung der Sachverhalte im Opferentschädigungsrecht von einer Strafrechtsakzessorietät auszugehen. Der Gewaltbegriff entspricht somit dem des Strafrechts. Eine Entschädigung ist nur vorgesehen, wenn die Tat mit Strafe bedroht ist.

Auf Seiten des Täters bedarf es daher zumindest einer geringen Kraftentfaltung. Diese muss jedoch nicht unmittelbar auf den Körper des Opfers zielen. In Fällen des Stalkings und Mobbings reichen demnach auch Handlungen wie Telefonanrufe, das Schreiben von Nachrichten oder das Nachlaufen. Ziel des Täters ist es, dem Opfer ein Verhalten abzunötigen und es zu terrorisieren. Die Handlungen zielen somit auf die Verletzung der Gesundheit, der körperlichen Unversehrtheit oder der sexuelle Selbstbestimmung beim Betroffenen ab. Auf Seiten des Opfers muss im Gegenzug eine körperliche Zwangswirkung zu verzeichnen sein. Nur im Zusammenhang mit sexuellem Missbrauch an Kindern und in Fällen der psychischen Misshandlung/Vernachlässigung von Schutzbefohlenen bedarf es keiner solchen körperlichen Zwangswirkung. Das Strafrecht sieht Kinder als besonders schützenswerte Personen an, was auch eine Sonderstellung im Recht der Opferentschädigung rechtfertigt.

Die Handlung des Täters muss den Tatbestand einer vorsätzlichen Strafnorm verwirklichen. Dies impliziert den Unrechtsgehalt der Tat und eine feindselige Willensrichtung des Täters. Die Beschränkung auf die intendierte Verletzung der Rechtsgüter Leben, Gesundheit, körperliche Unversehrtheit und sexuelle Selbstbestimmung dient dem Ausschluss von reinen Vermögens- und Eigentumsdelikten aus der Entschädigung. Der Wortlaut des § 1 Abs. 1 OEG und der generelle Ausschluss von Vermögensdelikten durch den Gesetzgeber lässt nur Raum für eine Leistungsgewährung nach personenbezogenen, nicht aber sachgezogenen Delikten. Dabei bleibt aber unberücksichtigt, dass auch sachbezogene Straftaten, insbesondere der Wohnungseinbruchdiebstahl, geeignet sind erhebliche, zuweilen auch andauernde pathologisch, somatisch objektivierbare Zustände bei den Opfern hervorzurufen.[502] Eine Ausweitung der Opferentschädigung auf sachbezogene Straftaten wäre somit rechtspolitisch geboten. Die Umsetzung dieser rechtspolitischen Forderung ist nur im Wege einer Änderung des Wortlautes des § 1 Abs. 1 S. 1 OEG möglich. Adressat dieser Reformbestrebung ist somit der Gesetzgeber.

---

502 vgl. *Deegener,* Psychische Folgeschäden nach Wohnungseinbruch; *ders,* Wohnungseinbruch: Erfahrungen und psychosoziale Folgen für die Opfer, S. 57.

## IV. VERSAGUNG DER OPFERENTSCHÄDIGUNGSLEISTUNG GEMÄẞ § 2 OEG

Das OEG basiert auf der Grundvorstellung von einem „idealen" Opfer, das von der Gewalttat wie ein Blitz aus heiterem Himmel getroffen wird.[503] Aus der Kriminologie ist jedoch bekannt, dass die Situation vom „unschuldigen" Opfer nur sehr selten dem Opfer-Täter-Verhältnis zugrunde liegt. Häufig hat das Opfer die Tat mit verursacht und nicht selten ist die Rollenverteilung eher zufällig. [504] Als Mittel zur Korrektur soll § 2 OEG dienen[505]. Der Gesetzgeber sieht ein Aufkommen der Allgemeinheit für den Schaden eines Opfers als unbillig an, wenn der von der Straftat Betroffene die Schädigung überwiegend selbst verursacht oder sich in einem überwiegenden Maße leichtfertig oder gar rechtsfeindlich verhalten hat.[506] Seit Bestehen des OEG wird diese vage und generalklauselartige Formulierung des § 2 Abs. 1 OEG als „Einfallstor für subjektive Moralvorstellungen"[507] und als Norm „für die Kontrolle der Lebensführung des Opfers"[508] kritisiert. Das Gerechtigkeitsempfinden, das die gesamte Problematik der Opferentschädigung trägt, ist in besonderer Weise angesprochen, wenn es im Einzelfall darum geht, einem Opfer die Entschädigungsleistung zu versagen. Die Versorgungsämter und Sozialgerichte befinden sich bei ihrer Entscheidungsfindung im Spannungsver-

503 *Kunz/Zeller/Gelhausen/Weiner*, OEG, § 2, Rn. 1; *Braum*, SGb 1997, 436, 438.

504 *Kunz/Zeller/Gelhausen/Weiner*, OEG, § 2, Rn. 1; *Doering-Striening*, Die Versagung von Opferentschädigungsleistungen, S. 73f f; *Braum*, SGb 1997, S. 436, 438.

505 BT-Drs. 7/2506, S. 11.

506 BT-Drs. 7/2506, S. 11.

507 *Stolleis*, FS Wannagat, 579, 592.

508 *Jung* in Kirchhoff/Sessar, Das Verbrechensopfer, 379, 390.

hältnis fiskalischer Sparsamkeit einerseits und möglichst weitgehender sozialer Hilfe für Opfer unbeherrschbarer Kriminalität andererseits.[509]

### 1. Die Theorie der wesentlichen Bedingung

Nach § 2 Abs. 1 OEG sind Leistungen zu versagen, wenn der Geschädigte die Schädigung verursacht hat oder wenn es aus sonstigen, insbesondere in dem eigenen Verhalten des Anspruchstellers liegenden Gründen unbillig wäre, Entschädigung zu gewähren. Die in Absatz 1 der Norm geregelten Versagungsgründe sind – im Gegensatz zu § 2 Abs. 2 OEG – zwingend und bestimmen sich nach der versorgungsrechtlichen Kausalitätslehre.[510] Die Theorie der wesentlichen Bedingung beruht, wie auch die im Zivilrecht geltende Adäquanztheorie, auf der naturwissenschaftlich-philosophischen Bedingungstheorie als Ausgangsbasis.[511] Ursache eines Erfolges ist daher jedes Ereignis, das nicht hinweggedacht werden kann, ohne dass der Erfolg entfiele (conditio sine qua non). Als kausal und rechtserheblich werden einschränkend nur solche Bedingungen angesehen, die wegen ihrer besonderen Beziehung zum Erfolg zu dessen Eintritt einen *wesentlichen* Beitrag geleistet haben. Rechtlich wesentlich kann auch eine nicht *annähernd gleichwertige*, sondern rechnerisch niedriger zu bewertende Ursache sein, solange die anderen Ursachen keine *überragende* Bedeutung haben. Welche Ursachen endlich als wesentlich angesehen werden können, muss aus der Auffassung des praktischen Lebens abgeleitet werden.[512] Ausgangspunkt für die Beurteilung der besonderen Beziehung zum Erfolg sind neben der Art und des Ausmaßes der Einwirkung der relevanten Ursachen der Schutzzweck der Norm[513], die Eigenart der Person des Betroffenen[514], die räumliche Beziehung und die zeitliche Abfolge.[515]

Während im Recht der Kriegs- und Wehrdienstopfer in rechtlicher Hinsicht vergleichsweise wertneutral zu entscheiden ist, wird im Sozialen Entschädigungsrecht nach dem OEG bezüglich der Mitwirkung des Geschädigten eine Spiegelbildlichkeit zum rechtswidrigen Angriff i.S.d. § 1

---

509 *Baumann*, SGb 1980, S. 221.

510 BSGE 49, 104, 105; 52, 281, 283; 89, 75, 77; *Schoreit/Düsseldorf*, OEG, § 2, Rn. 1. *Kunz/Zeller/Gelhausen/Weiner*, OEG, § 2, Rn. 1.

511 *Holtstraeter* in Kreikebohm, SGB VII, § 8 Rn. 76.

512 BSGE 11, 50, 54; 52, 282, 283.

513 BSGE 38, 127, 129.

514 BSGE 11, 50, 54.

515 *Holtstraeter*, in Kreikebohm, SGB VII, § 8 Rn. 77.

Abs. 1 OEG als Ursache der Schädigung gefordert.[516] Die mitwirkenden Bedingungen sind folglich auf ihre „Wesentlichkeit" hin zu bewerten. Führt in der gesetzlichen Unfallversicherung und auch in der Soldatenversorgung ein *deutlich überwiegendes selbst geschaffenes Risiko* zur Versagung des Versicherungsschutzes bzw. Versorgung, genügt hingegen bei der Opferentschädigung nach dem OEG eine etwa *gleichwertige Mitverursachung*.[517]

Wesentlich, annähernd gleichwertig und überragend – als die Kernmerkmale der Theorie der wesentlichen Bedingung – sind allesamt unbestimmte Rechtsbegriffe, die je nach Blickwinkel unter dem die Bewertung erfolgt, eine Vielzahl an verschiedenen Deutungen erlauben. [518] Zwar ermöglicht dies eine flexible Handhabung der Begriffe, wobei ständige Veränderungen der sozialen Wirklichkeit und die Besonderheiten des Einzelfalls über das übliche Maß hinaus berücksichtigt werden können.[519] Dies birgt aber auch die Gefahr, dass sachfremde Kriterien und persönliche Wertungen – bewusst oder unbewusst – in den Wertungsvorgang einfließen und höchstpersönliche Lösungsintentionen diesen steuern.[520]

Das Risiko bei Auslegung der unbestimmten Rechtsbegriffe und generalklauselartigen Formulierungen besteht in der Gefahr einer nach Inhalt und Häufigkeit unterschiedlichen und damit ungleichen Rechtsanwendung sowie einer daraus resultierenden allgemeinen Rechtsunsicherheit.[521] Solange in Bezug auf § 2 Abs. 1 OEG unklar ist, welche die rechtlich erheblichen Kriterien für die Versagung der Entschädigung sind, besteht zudem das Risiko einer extensiven Anwendung der Norm.[522] Da eine lediglich leistungsmindernde Berücksichtigung des Mitverschuldens entsprechend § 254 BGB nicht möglich ist und dem OEG folglich das „Alles oder nichts"-Prinzip zugrunde liegt, ist die Versagung für den Betroffen besonders einschneidend.[523] Die differierenden Entscheidungen der Versorgungsämter und Sozialgerichte hinsichtlich der

516 BSG, NJW 1982, 596, 597; *Kunz*, Probleme der Opferentschädigung im deutschen Recht, S. 160 ff.

517 *Kunz/Zeller/Gelhausen/Weiner*, OEG, § 2, Rn. 4.

518 *Pachtenfels*, ZRP 1983, 146, 146 f; *Doering-Striening*, Die Versagung von Opferentschädigungsleistungen, S. 67

519 *Doering-Striening*, Die Versagung von Opferentschädigungsleistungen, S. 67 ff.

520 *Doering-Striening*, Die Versagung von Opferentschädigungsleistungen, S. 68 ff.

521 *Doering-Striening*, Die Versagung von Opferentschädigungsleistungen, S. 69.

522 *Doering-Striening*, Die Versagung von Opferentschädigungsleistungen, S. 72.

523 BT-Drs. 7/2506, S. 11; *Stolleis*, Entschädigung für Opfer von Gewalttaten, 579, 590.

Auslegung des § 2 Abs. 1 OEG lassen trotz bereits bestehender Präjudiz deutlich die Notwendigkeit klarer Konturen erkennen[524].

## 2. Die Funktion des § 2 OEG

Der Kausalitätsmaßstab des Sozialen Entschädigungsrechts dient auf den verschiedenen Gebieten des Sozialrechts unterschiedlichen Zwecken mit unterschiedlichen Folgen.[525] Er trägt jedoch stets zur Eingrenzung des geschützten Risikos bei.[526] Das OEG verfolgt im Wesentlichen mit der Einführung eines Versagungstatbestandes den Schutz der Leistung vor Missbrauch und Zweckentfremdung.[527] Der Gesetzgeber befürchtete, dass die Existenz einer solchen Entschädigungsleistung benutzt werden könnte, um durch bewusst herbeigeführte Raufereien den Lebensunterhalt auf eine neue sozialrechtliche Grundlage zu stellen.[528]

Indem das Verhalten des Leistungsempfängers für die Gewährung des Anspruchs bedeutsam wird, soll der Versagungstatbestand zudem eine Übereinstimmung mit den grundlegenden Wertvorstellungen des Sozialrechts gewährleisten. Dem Leistungsausschluss kommt folglich eine sogenannte Konkordanzfunktion zu.[529] Die Solidargemeinschaft, welche als entscheidende Grundlage des Sozialrechts fungiert, ist zugleich ein reziprokes System.[530] Die in Form der Entschädigungsleistung gewährte Solidarität der Gemeinschaft, fordert vom Leistungsempfänger ein ebenso soziales und rechtskonformes Verhalten. Andernfalls soll ihm der Anspruch versagt bleiben, da eine Leistungsgewährung in derartigen Fällen unbillig erscheine.[531]

Schließlich wird über die Versagung der Leistung die Verweigerung von Mitwirkungspflichten sanktioniert. Im Allgemeinen handelt es sich dabei um Auskunfts- und Meldepflichten, welche der Verwaltung zur Verschaffung notwendiger Informationen dienen sollen.[532] Im Opferent-

---

524 BSGE 49, 104; 79, 87; 83, 62; BSG, SGb 1997, 436; BSG, NJW 1982, 596.

525 *Kunz/Zeller/Gelhausen/Weiner*, OEG, § 2, Rn. 4.

526 *Kunz/Zeller/Gelhausen/Weiner*, OEG, § 2, Rn. 4.

527 BT-Drs. 7/2506, S. 11; *Kunz,* Probleme der Opferentschädigung im deutschen Recht, S. 173.

528 Bundestag, 7. Wahlperiode, 123 Sitzung, 11.10.1974, Sten.Prot., S. 8244 Am.B.

529 *Faude,* Selbstverantwortung und Solidarverantwortung im Sozialrecht, S. 483.

530 *Faude,* Selbstverantwortung und Solidarverantwortung im Sozialrecht, S. 41, 125, 128 f.

531 BT-Drs. 7/2506, S. 11; BR-Drs. 352/74, S. 11 m.D.

532 *Kunz,* Probleme der Opferentschädigung im deutschen Recht, S. 174.

schädigungsrecht wird die Mitwirkungsgewährleistungsfunktion von § 2 Abs. 2 OEG wahrgenommen, indem die Leistung dann ausgeschlossen werden kann, wenn das Opfer bei der Tataufklärung nicht mithilft.

## 3. Die Versagungsgründe

### a) § 2 Abs. 1 S. 1 1. Alt OEG, „Mitverursachung"

Während dem Rechtsanwender im Falle des § 2 Abs. 2 OEG ein Entschließungsermessen zusteht, handelt es sich bei § 2 Abs. 1 OEG um zwingende Versagungsgründe.[533] Die Leistungen sind demnach zu versagen, wenn der Geschädigte die Schädigung verursacht hat (1. Alt) oder es aus sonstigen Gründen unbillig wäre, Entschädigung zu gewähren (2. Alt). Nach der ständigen Rechtsprechung handelt es sich bei der Mitverursachung um einen Sonderfall der Unbilligkeit, der abschließend regelt, wann die unmittelbare Tatbeteiligung des Geschädigten Leistungen ausschließt. Diese Alternative ist daher stets zuerst zu prüfen. Sie kann nur angenommen werden, wenn das Verhalten des Opfers entsprechend der versorgungsrechtlichen Kausalitätstheorie nicht nur einen nicht hinweg zu denkenden Teil der Ursachenkette, sondern eine wesentliche, d.h. annähernd gleichwertige Bedingung neben dem Beitrag des rechtswidrig handelnden Angreifers darstellt. Bei der Beurteilung sind die Einzelursachen zu werten und in ihrer Bedeutung objektiv zu gewichten.[534]

Unter den Aspekt der Mitursächlichkeit fallen alle unmittelbaren, nach natürlicher Betrachtungsweise mit dem eigentlichen schädigenden Tatgeschehen, insbesondere auch zeitlich, eng verbundenen Umstände.[535] Die Versagung der Leistung ist insbesondere dann gerechtfertigt, wenn das Opfer in der konkreten Situation in ähnlich schwerer Weise wie der vorsätzlich handelnde Täter gegen die Rechtsordnung verstoßen hat.[536] Bei gewaltsamen Auseinandersetzungen unter Straftätern kann dies der Fall sein, wenn sich das Opfer bewusst außerhalb der staatlichen Gemeinschaft gestellt hat und dabei einer damit verbundenen Gefahr erle-

533 *Kunz/Zeller/Gelhausen/Weiner*, OEG, § 2, Rn. 4.

534 BSGE 49, 104, 106; 84, 54, 60; BSG, Urteil vom 1.9.1999, B 9 VG 3/97 R, juris, Rn. 12.

535 BSG, 1.9.1999, a.a.O., Rn. 12.

536 BSGE 88, 96, 99; BSG, NJW 1997, 965, 966,

gen ist, sei es in mittelbarem oder unmittelbarem Zusammenhang mit dem schädigenden Ereignis.[537]

Ein bewusstes Verlassen der Rechtsgemeinschaft kann jedoch nicht schon bei jeder vorsätzlichen Straftat angenommen werden. Es muss sich vielmehr um gewohnheitsmäßige, zumindest aber wiederholte schwere Verstöße handeln, wie sie für eine Bande oder kriminelle Vereinigung typisch sind.[538] Ein allein nach dem Moralempfinden der Mehrheit der Bevölkerung unsittlicher Lebenswandel reicht allein zur Versagung einer Entschädigung nicht aus. Das BSG[539] verneinte eine Mitverursachung des Geschädigten, welcher sich im Zusammenhang mit der Straftat ebenfalls der Beleidigung (§ 185 StGB) und des Hausfriedensbruchs (§ 123 StGB) strafbar gemacht hatte, sich aber nicht in einem „kriminellen Milieu" bewegte. Das Opfer wurde „in flagranti" vom Ehemann seiner Geliebten erwischt und daraufhin erstochen. Selbst bei der Annahme, ein eimaliger Rechtsverstoß sei ausreichend, müsste dieser Rechtsverstoß in seiner Schwere jedenfalls so geartet sein, dass er dem Unrecht von Seiten des Täters annähernd gleichwertig ist.[540] Die rechtliche Gewichtung der beiderseitigen Tatbeiträge ist im Strafrecht vorgezeichnet, woran sich für das Recht der Opferentschädigung anschließen lässt. Der Gesetzgeber hat in Ausgestaltung der Straftatbestände berücksichtigt, dass beispielsweise Opfer einer Beleidigung ebenfalls mit einer Beleidigung antworten können. In § 199 StGB ermächtigt er somit den Richter in einem solchen Fall eine oder beide Täter für straffrei zu erklären. Nach § 233 StGB kann das Gericht von der Strafe für einen Angeschuldigten oder für beide u.a. dann absehen, wenn eine Beleidigung mit einer Körperverletzung erwidert wird. Danach sind wechselseitige Beleidigungen oder Köperverletzungen der Kompensation zugänglich. Reagiert das Opfer einer Beleidigung jedoch mit Totschlag, so kann lediglich die Strafe gemindert werden, wobei der Totschlag auch in seiner geminderten Form nach § 213 StGB ein Verbrechen bleibt. Die Tatbeiträge haben danach zu Lasten des Täterverhaltens fundamental unterschiedliches Gewicht.[541]

Sich bewusst außerhalb der staatlichen Rechtsordnung zu stellen wurde auch im Falle eines vom eigenen Vater angeschossenen Opfers verneint, welches jahrelang Mitglieder seiner Familie, insbesondere seine Eltern, in übler Weise beschimpft, beleidigt, bedroht und verschiedentlich

[537] BSGE 72, 136, 137; BSG, NJW 1997, 965, 966.

[538] BSG, NJW 1997, 965, 966, BSGE 49, 104, 110; 52, 281, 287.

[539] BSG, NJW 1997, 965.

[540] BSG, NJW 1997, 965, 966.

[541] BGS, NJW 1997, 965, 967.

auch körperlich angegriffen hatte.[542] Das Gericht bewertete das Verhalten des Geschädigten weniger als Ausdruck allgemeiner Rechtsfeindlichkeit, sondern vielmehr als Vater-Sohn-Konflikt. Diese Auseinandersetzung berühre öffentliche Belange allenfalls am Rande. Das Unwerturteil über das Verhalten des Geschädigten komme deshalb auch weniger in einer strafrechtlichen Bewertung zum Ausdruck, als vielmehr in der Empörung über die nachhaltige Verletzung grundlegender Anstandspflichten als Sohn und Familienangehöriger.[543]

Bei der Beurteilung der Wesentlichkeit eines ursachensetzenden Geschehens dürfen subjektive Gesichtspunkte nicht außer Acht bleiben. Der entschädigungsrechtliche Kausalitätsmaßstab sei ein wertender, elastischer Maßstab, wonach der Geschädigte die Tat nur bei subjektiv rechtsfeindlichem Verhalten wesentlich mitverursacht hat.[544] Dem Verhalten des Opfers, das in Putativnotwehr gehandelt und in der irrtümlichen Annahme einer Notwehrsituation die an ihm später begangene rechtswidrige Tat mitverursacht hat, fehle somit die Wesentlichkeit. Unterliegt das Opfer einem Erlaubnistatbestandsirrtum, so verhält es sich subjektiv nicht rechtsfeindlich. Folglich ist der Tatbeitrag des Opfers gegenüber dem Tatbeitrag des Täters als deutlich nachgeordnet zu bewerten. Denn sein Verhalten ist nur objektiv widerrechtlich, möglicherweise auch subjektiv fahrlässig, aber jedenfalls nicht rechtsfeindlich.[545]

Die Mitverursachung i.S.d. § 2 Abs. 1 S. 1 1.Alt. OEG kann auch in einer vorsätzlichen oder grob fahrlässigen Selbstgefährdung des Opfers liegen, wenn es etwa den Täter durch ein schwerwiegendes, vorwerfbares Verhalten provoziert.[546] Unter Anwendung eines subjektiven Maßstabes ist die Selbstgefährdung jedenfalls dann unbeachtlich, wenn das Opfer sie in der Absicht auf sich genommen hat, einen rechtlich gebilligten Zweck zu verfolgen, z. B. gütliche Vermittlung zwischen Streitenden[547] oder Notwehrverhalten[548]. Im Einzelfall wird stets zu prüfen sein, ob das Opfer subjektiv dazu in der Lage war, die durch sein Verhalten geschaffene Gefahr und die weiteren Umstände der Selbstgefährdung zu erkennen und – falls ja – entsprechend der Erkenntnis zu handeln. Ein Selbstverschulden i.S.d. vorhersehbaren Handelns ist für die Mitverursachung

---

542 BSGE 83, 62.

543 BSGE 83, 62, 67.

544 BSG, SGb 1997, 436, 437.

545 BSG, SGb 1997, 436, 437.

546 BSGE 50, 95, 98; 77, 18, 20.

547 BSGE 66, 115.

548 BSGE 52, 281.

nicht bedeutsam, da es im Allgemeinen sozialrechtliche Leistungen nicht ausschließt.[549] Sind hierzu Feststellungen mit der notwendigen Sicherheit nicht möglich, geht dies nach dem Grundsatz der objektiven Beweislast zu Lasten des Versorgungsamtes. Eine Berufung auf die Versagungsgründe des § 2 Abs. 1 OEG ist dann ausgeschlossen.[550] Zudem hängt der Entschädigungsanspruch davon ab, ob der Angriff des Täters nach Art und Schwere der Provokation durch das Opfer objektiv verhältnismäßig war und ob das Opfer subjektiv mit einer derartigen Gewalttat hätte rechnen müssen. Wenn dies nicht der Fall sein sollte, hätte das Opfer die Tat nicht mitverursacht.[551]

### b) § 2 Abs. 1 S. 1 2. Alt OEG, „sonstige Unbilligkeit"

Was als Verursachung i.S.d. 1. Alternativen des § 2 Abs. 1 OEG nicht zur Versagung führt, kann nicht allein, aber in Zusammenhang mit sonstigen zusätzlichen Gründen zu Bejahung der Unbilligkeit führen.[552] Hierzu gehören auch lediglich erfolgsfördernde und mittelbare Umstände, d.h. Geschehen die typischerweise die Vorgeschichte der eigentlichen Gewalttat betreffen.[553]

Der Versagungsgrund der „sonstigen Unbilligkeit" i.S.d. § 2 Abs. 1 S. 1 2.Alt OEG ist als unbestimmter Rechtsbegriff so zu konturieren, dass die darauf beruhende Gegennorm den Leistungsausschluss gegenüber dem Rechtsbruch aus § 1 OEG rechtfertigt.[554] Nach der Rechtsprechung des BSG führen nur solche Gründe zur Unbilligkeit, die dem in der 1. Alternative des § 2 Abs. 1 OEG genannten Fall der Mitverursachung an Bedeutung annähernd gleichkommen.[555] Als Maßstab fungieren hierfür der normative Zweck des OEG, verfassungsrechtliche Wertentscheidungen, Prinzipien der Gesamtrechtsordnung und viktimologische Erkenntnisse.[556]

Das BSG hat in ständiger Rechtsprechung vier Fallgruppen gebildet. Dem normativen Zweck des OEG zuwiderlaufen würde demnach eine Entschädigungsleistung an Personen, die sich bewusst außerhalb der

549 BSGE 49, 104, 106.

550 BSG, 1.9.1999, a.a.O., Rn. 13.

551 BSGE 79, 87, 90; BSG, 1.9.1999, a.a.O., Rn. 14.

552 BSGE 66, 115, 117; BSG, 1.9.1999, a.a.O., Rn. 12.

553 BSGE 83, 62, 65; 98, 178, 180; BSG, 1.9.1999, a.a.O., Rn. 12.

554 BSGE 49, 104, 107; *Wulfhorst*, VSSR 1997, 185, 200.

555 BSGE 58, 214, 216; 72, 136, 137.

556 BSGE 83, 62, 66.

staatlichen Gemeinschaft stellen und durch die Realisierung einer damit verbundenen Gefahr Opfer einer Gewalttat werden (Fallgruppe 1). Es widerspräche dem Verbot unzulässiger Rechtsausübung, zum Ausgleich der Schadensfolgen staatliche Leistungen zu beanspruchen. Wegen rechtsfeindlichen Verhaltens sind deshalb Leistungsansprüche nach dem OEG beispielsweise bei Zugehörigkeit zum illegalen Drogenhandel ausgeschlossen. Dies gilt selbst dann, wenn ein Beteiligter sich später von dieser kriminellen Betätigung abgewandt und mit der Polizei zusammengearbeitet hat und deshalb überfallen wurde.[557]

Ebenso widersprüchlich soll sich verhalten, wer zwar keinem kriminellen Umfeld angehört, sich aber z.B. als chronisch Alkohol- oder Drogenabhängiger sozialwidrig verhält, einer spezifischen Gefahr dieses Milieus erliegt und dafür von der staatlichen Gemeinschaft eine Entschädigung verlangt (2. Fallgruppe).[558]

Eine Entschädigungsleistung wird auch versagt, wenn sich das Opfer bewusst oder leichtfertig der Gefahr einer Gewalttat ausgesetzt hat, der sich das Opfer ohne weiteres hätte entziehen können, es sei denn, für dieses Verhalten läge ein rechtfertigender Grund vor (3. Fallgruppe).[559] Schließlich kann ein Leistungsausschluss nach § 2 Abs. 1 S. 1 2. Alt. OEG in Betracht kommen, wenn die Entschädigungsleistung dem Täter zugutekäme (4. Fallgruppe).[560]

Das LSG Baden-Württemberg fügte in seiner Entscheidung am 22.3.2001[561] eine weitere 5. Fallgruppe hinzu. Die Klägerin macht einen erlittenen Schockschaden als Folge der Tötung ihres Mannes geltend. Das LSG Baden-Württemberg versagte ihr gemäß § 2 Abs. 1 S. 1 2. Alt. OEG die Leistung mit der Begründung, dass schockgeschädigte Sekundäropfer als nahe Angehörige keine Leistungen nach dem OEG beanspruchen könnten, wenn dem Primäropfer die Leistung nach § 2 Abs. 1 OEG versagt werden müsse. Unausgesprochen nimmt das LSG damit an, die Nahbeziehung zwischen den Geschädigten komme dem in der 1. Alternative des § 2 Abs. 1 OEG genannten Versagungsfall („Mitverursachung") an Bedeutung annähernd gleich, so dass es unbillig scheine, Sekundäropfern den Versagungsgrund in der Person des geschädigten nahen Angehörigen nicht zuzurechnen.[562] Das LSG schließt sich der zivil-

557 BSGE 72, 136, 137 ff.

558 BSGE 49, 104, 110; 72, 136, 137 ff.

559 BSGE 52, 281, 288; 66, 115, 118; 77, 18, 20; 79, 87, 89.

560 BSGE 59, 40, 44; *Kunze,* VersVerw 1995, 37, 39; *Wulfhorst,* VSSR 1997, 185, 201.

561 LSG Baden-Württemberg , Urteil vom 22.3.2001, L 6 VG 257/00.

562 BSGE 89, 75, 78.

rechtlichen Rechtsprechung an, wonach sich der Schockgeschädigte in den Fällen, in denen der Schock durch die Verletzung eines Angehörigen hervorgerufen wurde, ein Mitverschulden des Primäropfers entgegenhalten lassen muss.[563] Dies ergebe sich aus der entsprechenden Anwendung des § 254 BGB als Ausprägung des § 242 BGB. Das BSG verwirft die Entscheidung des LSG und stellt klar, dass die rechtliche Argumentation sich nicht auf das Opferentschädigungsrecht übertragen lasse, da sie auf der im Sozialrecht nicht anwendbaren Adäquanztheorie beruhe. Das Zivilecht grenze den Kreis der möglichen Schockschadensopfer dadurch ein, dass es eine personale Nahbeziehung zwischen Primär- und Sekundäropfer fordere. Während im Zivilrecht die Ursachenbeziehung ex-ante, generell und abstrakt (Adäquanztheorie) betrachtet werde, folge die Lehre von der wesentlichen Bedingung einer ex-post, speziellen und konkreten Betrachtungsweise. Die staatliche Ausgleichleistung soll nicht gewährt werden, weil allgemein damit zu rechnen sei, dass solch ein Schaden bei nahen Angehörigen eintritt. Die Leistung erfolge, weil sich im Einzelfall der tätliche Angriff auf das Opfer als wesentliche Bedingung auch für die Verletzung der (psychischen) Gesundheit erweise.[564] Die Beurteilung nach der versorgungsrechtlichen Kausalitätstheorie verlange für die Bejahung der Kausalität keine Nahbeziehung, so dass eine Zurechnung des Verhaltens des Primäropfers ausscheide.[565] Die Fälle der Schockschäden erforderten eine andere Behandlung als die der Hinterbliebenenversorgung. Macht ein Erbe die Entschädigungsansprüche des getöteten Opfers geltend, dürften weder in der Person des Geschädigten noch des Erben als Anspruchsteller Versagungsgründe vorliegen.[566]

**- Gewalt unter Häftlingen -**

Das BSG hat in Abwendung seiner bisherigen Rechtsprechung[567]mit Urteil vom 29.3.2007[568] entschieden, dass ein Anspruch auf Opferentschädigung nicht bereits dann wegen Unbilligkeit i.S.d. § 2 Abs. 1 S. 1 2. Alt OEG ausgeschlossen sei, wenn sich in dem tätlichen Angriff eines Häftlings gegen einen anderen eine „gefängniseigentümliche Gefahr des Strafvollzuges" verwirklicht habe.[569] Unter Annahme der Kritik in der

---

563 BGHZ 56, 163, 170.

564 BSGE 89, 75, 78 ff.

565 BSGE 89, 75, 79.

566 BSGE 49, 104, 105; 57, 168, 168; 79, 87, 87 ff.

567 BSGE 88, 103.

568 BSGE 98, 178.

569 BSGE 98, 178, 181.

Literatur[570] stellt das BSG nunmehr das Gebot der Resozialisierung in den Vordergrund.[571] Dieses verpflichtet den Staat, schädlichen Auswirkungen des Freiheitsentzuges auf die Inhaftierten im Rahmen des Möglichen zu begegnen.[572] Die damit verbundene Verantwortung verbietet es im Strafvollzug, also im staatlichen Einwirkungsbereich, eingetretene Gewalttaten von der Opferentschädigung per se auszuschließen.[573] Die haftbewehrte Straftat ist zwar als mittelbare Ursache denknotwendiger Teil der Schädigung, denn die Verurteilung des Geschädigten zu einer Freiheitsstrafe kann nicht hinweggedacht werden, ohne dass der Erfolg (eigene Schädigung) entfiele. Sie erreicht für sich allein aber nicht das Gewicht einer Mitverursachung i.S.d. § 2 Abs. 1 S. 1 1. Alt OEG. Das Hinzutreten weiterer Umstände ist für die Annahme der Unbilligkeit zwingend erforderlich.[574]

**- Schädigungen im „Alkohol- und Drogenmilieu" -**

Vom BSG bisher unbeantwortet geblieben ist die Frage, ob allein die Zugehörigkeit zu einem speziellen Milieu und die Verwirklichung einer diesem Milieu zuzuordnenden Gewalttat Unbilligkeit begründen können oder ob weitere Umstände hinzutreten müssen, um den ansonsten zu weit gefassten Unbilligkeitsgrund der Milieuzugehörigkeit näher einzugrenzen und dadurch Entsprechung mit dem Versagungsgrund der Mitverursachung zu erreichen.[575] In dem der Entscheidung des BSG vom 6.7.2006[576] zugrunde liegenden Sachverhalt waren Opfer wie Täter seit Jahren chronisch suchtmittelabhängig. Das unter Alkohol- und Drogeneinfluss stehende Opfer wandte unmittelbar vor der Gewalttat gegen seine Person Gewalt gegenüber der Ehefrau des Täters an, beleidigte sie, verhöhnte den Täter, der seine Frau nicht schützen könne, weigerte sich, die Wohnung zu verlassen, und hinderte den Täter daran, die Polizei zu rufen. Der Täter klärte die Situation mit einem Schuss in den Rücken des Opfers.[577] Das Verhalten des Opfers – Provokation und Anwendung körperlicher Gewalt – stellte sich im Verhältnis zu dem Tatbeitrag des Täters

570 *Dannecker/Biermann*, SGb 2002, 469, 472.

571 *Kunz Zeller/Gelhausen/Weiner*, OEG, § 2, Rn. 29.

572 BVerfGE 109, 133, 150.

573 BSGE 98, 178, 182.

574 BSGE 98, 178, 182 ff.

575 *Hoffmann*, SGb 2007, 111, 113.

576 BSG, SGb 2007, 111.

577 BSG, SGb 2007, 111, 111.

– Schusswaffengebrauch – nicht als gleichwertiger Beitrag zur Entstehung der konkreten gesundheitlichen Schädigung dar, so dass eine Leistungsversagung wegen Mitverursachung nach § 2 Abs. 1 S. 1 1. Alt. OEG ausscheidet. Mit einem Schusswaffengebrauch muss das Opfer auch bei eigenem provokanten Verhalten nur ganz ausnahmsweise rechnen.[578] Nach Auffassung des BSG könnten neben der Zugehörigkeit zum sozialwidrigen Milieu der Drogen- und Alkoholabhängigen und das Erwachsen der Straftat aus dem Milieu heraus weitere in dem Verhalten des Opfers liegende Umstände berücksichtigt werden. Neben dem provokanten und gewalttätigen Verhalten machte sich das Opfer wegen Verstoßes gegen das Betäubungsmittelgesetz strafbar, was letztlich die Annahme des Versagungsgrundes der Unbilligkeit nach § 2 Abs. 1 S. 1 2. Alt. OEG rechtfertigt.[579]

Mangels einer entsprechenden Leitlinie besteht zuweilen die Gefahr pauschaler Anwendung der vom BSG aufgestellten Fallgruppen. Der Rechtsanwender könnte dazu verleitet werden, zu schnell einen Sachverhalt unter eine Fallgruppe zu subsumieren, ohne die Umstände des Einzelfalls zu berücksichtigen. Dies zeigt eine Entscheidung des LSG Niedersachsen-Bremen vom 13.2.2008[580]: Die Klägerin begehrte die Gewährung von Bestattungsgeld. Ihre Tochter S. verstarb am 21.6.2000 an den Folgen einer kombinierten Schlafmittel-/Heroinintoxikation, wobei die Heroineinwirkung im Vordergrund stand.

Der Entscheidung liegt folgender Sachverhalt zugrunde:

*„Die 1982 geborene und am 21. Juni 2000 verstorbene S. kam im März 2000 über ihren damaligen Freund I. erstmals mit Drogen in Kontakt. Nach Auseinandersetzungen mit der Klägerin wegen des Drogenkonsums suchte S. Hilfe bei der Drogenberatungsstelle „J.". Eine dort am 14. Juni 2000 veranlasste Urinkontrolle erbrachte keinen Nachweis eines kürzlich erfolgten Drogenmissbrauchs.*

*Am 20. Juni 2000 hielt sich S., nachdem sie am Morgen bereits eine größere Anzahl von Diazepam-Tabletten eingenommen hatte und auch für Dritte erkennbar unter dem Einfluss dieses Medikaments stand, im Schlosspark in K. – einem Treffpunkt der Drogenszene – auf. Da S. wegen Spannungen mit ihrer Mutter nicht nach Hause wollte, sprach sie Personen aus der Drogenszene an, ob sie bei ihnen übernachten könne, u.a. den der S. bis dahin unbekannten L. M.. Nachdem dieser ihr angeboten hatte, bei ihm zu übernachten, konsumierte S. u.a. mit L. M. und N. O. gemeinsam Heroin. Das von N. O. zur Verfügung gestellte Heroin*

578 Hoffmann, SGb 2007, 113, 113.

579 Hoffmann, SGb 2007, 113, 114.

580 LSG Niedersachsen-Bremen, Urteil vom 13.02.2008, L 5 VG 1/06, juris.

*wurde S. von L. M. injiziert, da sie selber hierzu nicht in der Lage war. Im Laufe des Abends wurde der gemeinsame Heroinkonsum in der Wohnung des L. M. fortgesetzt; dieser verabreichte der S. zwei weitere Injektionen Heroin. Infolge des Drogenkonsums fiel S. in einen apathischen Zustand; zeitweise kam es zu Zuckungen. S. wurde daraufhin vom Wohn- in das Schlafzimmer getragen, wo sie – in einem zu diesem Zeitpunkt nicht mehr ansprechbaren und nicht mehr wahrnehmungsfähigen Zustand – von N. O. sexuell missbraucht wurde. In der Folgezeit verschlechterte sich der Zustand der S. weiter, so dass der Rettungsdienst verständigt wurde. Die eingeleiteten Rettungsmaßnahmen blieben jedoch erfolglos.“*[581]

Nach Auffassung des LSG habe sich zu Lasten der S. die spezifische Gefahr des Milieus der Drogenabhängigen realisiert. Im Anschluss an die Einnahme von Diazepam-Tabletten kam es zu einer unkontrollierten Einnahme weiterer Betäubungsmittel wie Heroin, die zumindest anfangs mit ihrem Willen erfolgte. Im Zuge dieses gemeinschaftlichen Drogenmissbrauchs realisierte sich die – allgemein und somit auch der S. bekannte – Gefahr schwerster Gesundheitsschädigungen bzw. des Todes; mithin eine spezifische Gefahr des Drogenmilieus.[582] Unbeachtlich sei, dass S. möglicherweise „unschuldig“ in die Drogenszene geraten ist. Die Zugehörigkeit zu einer solchen sei oftmals auf schicksalhafte und vom Willen der Betroffenen gerade nicht vollständig umfasste Geschehensabläufe zurückzuführen. Das Opferentschädigungsrecht sei kein Ort für die Bewertung von Lebensbiographien bzw. von Verantwortlichkeiten für bestimmte gesellschaftliche Phänomene. Ausschlaggebend sei, dass sich S. am 20.6.2000 bewusst und freiwillig in den Schlosspark begeben habe, um dort Angehörige der Drogenszene um eine Übernachtungsgelegenheit für die kommende Nacht zu bitten. Der Geschehensablauf bis zur Verabreichung des Heroins sei somit vom Willen der S. getragen gewesen, so dass das weitere Geschehen im Drogenmilieu etwaigen Entschädigungsansprüchen entgegenstehe.[583]

Die Entscheidung des LSG ist zu pauschalisierend und berücksichtigt nicht genügend die Umstände des Einzelfalls. Zum einen fehlt es an einer zweifelsfreien Feststellung hinsichtlich der Zugehörigkeit der S. zur Drogenszene. S. kam erstmals im März 2000 – drei Monate vor ihrem Tod – in den Kontakt mit Drogen. Eine Urinkontrolle sieben Tage vor ihrem Tod erbrachte keinerlei Nachweis eines kürzlich erfolgten Drogenmissbrauchs. Von einer Drogenabhängigkeit und somit der Zugehörig-

581 LSG Niedersachsen-Bremen, 13.2.2008, a.a.O., Rn. 1 ff.

582 LSG Niedersachsen-Bremen, 13.2.2008, a.a.O., Rn. 32.

583 LSG Niedersachsen-Bremen, 13.2.2008, a.a.O., Rn. 33.

keit zum Drogenmilieu kann vorliegend anhand der ermittelten Tatsachen nicht ausgegangen werden. Es fehlt an der Feststellung des fast täglichen Konsums von Drogen sowie des vermehrten Umgangs mit Personen der Drogenszene. Zudem geht das LSG davon aus, dass die erste Verabreichung des Heroins mit dem Willen der S. erfolgte und der Rest sich als spezifische Gefahr des Drogenmilieus darstellt, was eine etwaige mangelnde Einwilligung der S. unbeachtlich werden lässt. Dem Sachverhalt zufolge hatte die S. bereits bei Verabreichung der ersten Heroinspritze eine erhebliche Menge Diazepam-Tabletten zu sich genommen und war bereits zu diesem Zeitpunkt den tatsächlichen Feststellungen zufolge nicht mehr in der Lage sich die Spritze selbst zu setzen. Inwieweit die S. noch Herr ihrer Sinne war und wusste was ihr gespritzt wurde, ist somit fraglich. Die Beweislast für das Vorliegen einer Unbilligkeit liegt beim zuständigen Versorgungsamt, wonach sich Defizite bei der Ermittlung des Sachverhaltes diesbezüglich zu deren Lasten auswirken.[584] Das Heranziehen der vom BSG gebildeten Fallgruppe hilft vorliegend darüber nicht hinweg. Zudem hat sich S. im Vorfeld der Tat nicht rechtsfeindlich und auch nicht übermäßig sozialwidrig verhalten. Die zur Tatzeit 18-Jährige hatte mit ihrer Mutter Streit und wollte an dem Abend nicht zu Hause schlafen. Sie suchte lediglich einen Schlafplatz bei der Gruppe im Park. Zwar widerspricht der Konsum von Drogen der gesellschaftlichen Vorstellung einer sittlichen Lebensführung. Aber eine generelle Unterstellung rechtsfeindlicher Gesinnung aller Suchtabhängigen erscheint ungerechtfertigt. Die Täter haben die psychische Labilität und durch den Konsum von Tabletten auch physische Eingeschränktheit der S. im erheblichen Maße ausgenutzt. Es benötigt außerordentliche kriminelle Energie, einem benommenen Mädchen drei Spritzen Heroin zu verabreichen und dieses nach Erlangung der Bewusstlosigkeit sexuell zu missbrauchen. Von einer jedermann bekannten spezifischen Gefahr des Drogenmilieus kann vorliegend wohl nur noch schwerlich die Rede sein. Das LSG lässt in seiner Entscheidung die bloße Zugehörigkeit zum Drogenmilieu genügen. Dem kann im Einzelfall gefolgt werden, wenn eindeutig festgestellt wurde, dass sich die geschädigte Person bewusst und willentlich in eine milieuspezifische Gefahr begeben hat, wobei auch in der Beurteilung, was eine milieuspezifische Gefahr ist, die subjektiven Empfindungen des Rechtsanwenders deutlich an Gewicht gewinnen. Die zuständigen Behörden sollten jedoch vorschnelle pauschalisierte Zuordnungen tunlichst vermeiden und der Sachaufklärung als Basis der Beurteilung der Eigenverantwortlichkeit des Geschädigten einen hohen Stellenwert einräumen.

---

584 BSGE 88, 103.

**- Häusliche Gewalt -**

Wie elementar wichtig die Ermittlung vor allem subjektiver Voraussetzungen ist, zeigen die Fälle häuslicher Gewalt. Das BSG entschied mit Urteil vom 3.10.1984[585] für eine nicht eheliche Lebensgemeinschaft, dass eine Unbilligkeit aus sonstigen Gründen vorliegen kann, wenn die Geschädigte sich leichtfertig einer ständigen Gefahr aussetzt, aus der sie sich mit einem Mindestmaß von Selbstverantwortung selbst hätte befreien können (3. Fallgruppe). Die Geschädigte wurde von ihrem Freund, mit dem sie zusammenlebte, bei einem Streit so schwer körperlich verletzt, dass sie an den Folgen der Misshandlung starb. Die Beziehung war geprägt von beinahe täglichen körperlichen Übergriffen seitens des Täters. Am Tattag selbst trank die Geschädigte übermäßig viel Alkohol (ca. 4 Promille), reizte den Täter stark, beleidigte ihn und warf ihm mangelhafte sexuelle Leistungsfähigkeit vor. Nach Auffassung des Gerichts begründet das Verhalten der Geschädigten zusammen mit der Selbstgefährdung die „Unbilligkeit" einer Entschädigung.[586] Die Selbstgefährdung habe sich aus den näheren Umständen der Lebensgemeinschaft ergeben. Durch das Zusammenleben von Opfer und Täter trotz der häufigen körperlichen Misshandlungen habe der Täter eine besondere anhaltende Gefahrenlage für die Geschädigte geschaffen. Ein solcher tatunabhängiger Umstand könne schon für sich allein eine Entschädigung unbillig scheinen lassen.[587] Indem das Opfer in der gemeinsamen Wohnung ausharrte, habe sie sich leichtfertig einer ständigen Gefährdung ausgesetzt. Sie hätte dies jederzeit durch verantwortungsbewusstes Handeln vermeiden können, indem sie die Wohnung und ihren leicht reizbaren Freund verlassen hätte. Hinzu komme, dass sich die Geschädigte um ein Kind – den Kläger – habe sorgen müssen. Das BSG stellt klar, dass eine ständige Liebesbeziehung zwischen Täter und Opfer für sich allein indes nicht in jedem Fall den Ausschluss von Leistungen nach dem OEG wegen "Unbilligkeit" gemäß § 2 Abs. 1 rechtfertige. Eine staatliche Entschädigung könne aber nicht gewährt werden, wenn eine Frau in einer Lebensgemeinschaft verbleibe, die mit einer dauernden Gefahrenlage verbunden sei, in der sie stets mit einer schweren Misshandlung rechnen müsse. Aufgrund der Beziehungsumstände habe sich die Geschädigte nicht darauf verlassen können, dass die Gesundheitsschädigungen niemals zum Tode führe. Die allgemeine Gefahr habe sich gerade erfahrungsgemäß im Alkoholrausch der Frau, weil sie dann ihr Verhalten nicht mehr genügend vorsichtig steuern

585 BSGE 57, 167.

586 BSGE 57, 167, 169.

587 BSGE 57, 167, 169.

konnte und zu Provokationen neigte, erhöht. Sie habe damit rechnen müssen.[588]

Die Entscheidung des BSG vermag nicht zu überzeugen. Das Gericht lässt unberücksichtigt, ob die Geschädigte überhaupt in der Lage war, sich entsprechend verantwortungsbewusst zu verhalten. Die Fallgruppe 3 fordert eine leichtfertige Selbstgefährdung, der sich das Opfer ohne weiteres hätte entziehen können. Subjektive Gesichtspunkte spielen bei der Zurechnung selbstgefährdenden Verhaltens im Opferentschädigungsrecht eine entscheidende Rolle.[589] Das OEG entschädigt aus diesem Grund auch das Kind und den geistig Behinderten, der wegen seiner Behinderung eine offensichtlich drohende Gefahr nicht erkennt und deshalb Opfer einer Gewalttat wird. [590] Wenn die Feststellung der subjektiven Voraussetzungen nicht möglich ist, geht dies entsprechend der Beweislast zu Lasten der Versorgungsverwaltung und nicht zu Lasten des Opfers bzw. dessen Hinterbliebenen. Eine Generalisierung der Entscheidung des BSG zur Problematik der häuslichen Gewalt ist demnach nicht angebracht.[591]

Straftaten zwischen Familienangehörigen in häuslicher Gemeinschaft stellen auch für die vom BSG aufgestellte 4. Fallgruppe im Einzelfall einschlägige Fallgestaltungen dar. Demnach ist eine Entschädigung zu versagen, wenn diese dem Täter zugutekäme.[592] Eine derartige Situation wird bei der Misshandlung von Kindern oder Ehe-/Lebenspartnern angenommen, die nach wie vor mit dem Elternteil/Partner, der die Tat verübt hat in einer gemeinsamen Wohnung verbleiben. Eine gezahlte Rente würde letztlich auch dem Täter als Teil der häuslichen Gemeinschaft wirtschaftlich von Nutzen sein.[593] Ein familiärer Nahraum, in dem es zur Gewalttat kommt, führt jedoch nicht allgemein und schlechthin zur Versagung einer Opferentschädigung. Eine solche Handhabung wäre mit dem Zweck des OEG nicht vereinbar. Würden doch eine Vielzahl von Opfern, gerade von Mord und Totschlag, ohne eine Entschädigung bleiben, obwohl gerade dieser geholfen werden soll. Gewalttaten dieser Art ereignen sich ganz überwiegend im familiären oder freundschaftlichen

---

588 BSGE 57, 167, 169 ff.

589 BSGE 83, 62, 67; LSG Schleswig-Holstein, Urteil vom 12.9.2011, L 2 VG 71/10 B; SG Dortmund, Urteil vom 24.9.2002, S 43 VG 329/99.

590 BSGE 83, 62.

591 *Kunz/Zeller/Gelhausen/Weiner*, OEG, § 2, Rn. 34.

592 BSGE 49, 104, 109; *Kunz/Zeller/Gelhausen/Weiner*, OEG, § 2, Rn. 34.

593 *Kunz/Zeller/Gelhausen/Weiner*, OEG, § 2, Rn. 34; *Wachholz*, BehindR 1993, 149, 154 ff.

Nahraum.[594] Dies bestätigt die Entstehungsgeschichte des OEG. Der CDU/CSU-Entwurf des § 2 OEG fand gerade keinen Niederschlag im das Gesetz fand. Der Entwurf sah als weiteren Versagungsgrund eine familienhafte Beziehung (Verlöbnis, Ehe, Verwandtschaft oder Schwägerschaft) zum Täter oder Teilnehmer der Straftat und eine häusliche Gemeinschaft mit diesem vor.[595] Schließlich könne das Ausbleiben einer „familiären Selbstkontrolle", die im Allgemeinen die Kriminalität eindämmt, nicht als Umstand gewertet werden, der generell eine Entschädigung ausschließt.[596]

Das Bundesministerium für Arbeit und Soziales hat in seinem Erlass vom 28.2.1977[597] eine Einschränkung dahingehend vorgenommen, dass Unbilligkeit nur vorliegt, sofern der Ersatzanspruch gegenüber dem Täter (§ 5 Abs. 1 OEG i.V.m. § 81 a BVG) nicht zu realisieren ist. Zudem lässt sich durch die Anordnung einer Vermögenspflegschaft (§ 1793 BGB) für das geschädigte Kind sicherstellen, dass die Entschädigungsleistungen nur ihm zugutekommen. Kommt es beispielsweise durch den Auszug des Kindes zur Auflösung der häuslichen Gemeinschaft mit der Folge, dass die Leistungen nun dem Kind direkt zufließen, ist dies in Bezug auf die Unbilligkeit als wesentliche Änderung anzusehen, die nach § 48 SGB X – Aufhebung eines Verwaltungsaktes – berücksichtigt werden muss.[598]

Die Anwendung des § 48 SGB X zu Lasten des Opfers wäre anzunehmen, wenn der geschädigte Lebenspartner, der eine laufende Leistung nach dem OEG i.V.m. dem BVG erhält, nach einer gewissen Zeit wieder eine häusliche Gemeinschaft mit dem Täter begründet. Der § 2 OEG setzt voraus, das während der gesamten Bezugsdauer der Leistungen kein Versagungsrund vorliegt.[599]

Wird ein Elternteil durch das andere getötet, steht dem Kind zwar dem Grunde nach ein Anspruch auf Halbwaisenversorgung nach dem OEG i.V.m. dem BVG zu. Übt das lebende Elternteil (Schädiger) jedoch die Personensorge aus und zahlt den Unterhalt im vollen Umfang, ist nach der Rechtsprechung des BSG die Leistung wegen Unbilligkeit zu versagen.[600] Das weitere Zusammenleben in einer häuslichen Gemein-

---

594 BSGE 49, 104, 108.

595 BSGE 49, 104, 108; *Kunz/Zeller/Gelhausen/Weiner*, OEG, § 2, Rn. 37.

596 BSGE 49, 104, 108 f. m.V.a. *Schneider*, Viktimologie, S. 1 ff, 7, 31.

597 BVBl. 1977, 39.

598 *Kunz/Zeller/Gelhausen/Weiner*, OEG, § 2, Rn. 35.

599 *Kunz/Zeller/Gelhausen/Weiner*, OEG, § 2, Rn. 39.

600 BSGE 59, 40, 44.

schaft ist hierbei irrelevant. Die Waisengrundrente nach dem OEG dient im Unterschied zur Waisengrundrente nach dem BVG ausschließlich dem Ersatz eines Unterhaltsanspruchs. Würde dennoch Waisengrundrente gewährt, wäre dies mit dem sozialen Verständnis des Opferentschädigungsrechts unvereinbar.[601] In dem der Entscheidung zugrunde liegenden Fall hatte der Täter seine Ehefrau getötet. Bis zur Entdeckung der Tat hatte er weiter mit dem gemeinsamen Kind in einem Haushalt gewohnt und den vollen Unterhalt sichergestellt.[602]

Während der Strafhaft sind Leistungen nach dem OEG nur zu gewähren, wenn der Schädiger (Tötung der Ehefrau) nicht oder nicht im vollen Umfang Unterhalt an das Kind zahlen kann. Die Versorgung nach dem OEG erfasst allein den durch die Tat ausgefallenen Unterhaltsanspruch des getöteten Elternteils.[603]

### c) § 2 Abs. 1 S. 2 OEG, weitere Versagungsgründe

Der Begriff der „Unbilligkeit" erhält durch § 2 Abs. 1 S. 2 OEG eine Konkretisierung. Danach sind Leistungen dann zu versagen, wenn der Geschädigte oder Antragsteller an politischen Auseinandersetzungen in seinem Heimatstaat aktiv beteiligt ist oder war und die Schädigung darauf beruht (§ 2 Abs. 1 S. 2 Nr. 1 OEG) oder an kriegerischen Auseinandersetzungen in seinem Heimatstaat aktiv beteiligt ist oder war und Anhaltspunkte dafür vorhanden sind, dass die Schädigung hiermit in Zusammenhang steht, es sei denn, er weist nach, dass dies nicht der Fall ist (§ 2 Abs. 1 S. 2 Nr. 2 OEG). Leistungen sind ferner zu versagen bei Verwicklungen in die organisierte Kriminalität oder bei Zugehörigkeit einer Organisation, die Gewalttaten begeht, es sei denn, der Antragssteller weist nach, dass die Schädigung hiermit nicht in Zusammenhang steht (§ 2 Abs. 1 S. 2 Nr. 3 OEG). Im Zuge der Ausdehnung des persönlichen Geltungsbereiches des OEG auf bestimmte Ausländergruppen sah der Gesetzgeber die Notwendigkeit für diese Erweiterung der Versagungsgründe.[604]

---

601 BSGE 59, 40, 45.

602 BSGE 59, 40, 40 f.

603 *Kunz/Zeller/Gelhausen/Weiner*, OEG, § 2, Rn. 38.

604 BT-Drs. 12/4889, S. 7; 12/5182, S. 7.

### d) § 2 Abs. 2 OEG, Leistungsversagung wegen mangelnder Mitwirkung

Hat der Geschädigte es unterlassen, das ihm Mögliche zur Aufklärung des Sachverhalts und zur Verfolgung des Täters beizutragen, insbesondere unverzüglich Anzeige bei einer für die Strafverfolgung zuständigen Behörde zu erstatten, können die Leistungen ebenfalls versagt werden (§ 2 Abs. 2 OEG). Hierbei hat die Behörde ihr Ermessen nach Recht und Billigkeit unter Abwägung des öffentlichen Interesses und des Interesses des Antragstellers auszuüben. Bei der Vornahme der Zweckmäßigkeitserwägungen nach § 2 Abs. 2 OEG dürfen wie auch bei Absatz 1, nur zurechenbare Verhaltensweisen des Opfers berücksichtigt werden. Andere vom Geschädigten nicht zu vertretene und nicht beeinflussbare Umstände, insbesondere wirtschaftliche und fiskalische Erwägungen müssen außer Acht bleiben.[605] Die Aspekte der Gerechtigkeit und der flexiblen Handhabung des § 2 Abs. 2 OEG erlauben entgegen dem grundsätzlichen „Alles oder nichts"-Prinzip nur einzelne Leistungen zu versagen. Nur bei einer schweren Verletzung der Mitwirkungspflicht, die auf eine tatsächliche Vereitelung der Aufklärung des Sachverhaltes hinausläuft, ist der gesamte Leistungsanspruch abzuerkennen.[606] Die Möglichkeiten des mitwirkungspflichtigen Geschädigten richten sich nach dessen persönlichen Verhältnissen, Kenntnissen und Fähigkeiten.[607] Die Pflicht nach § 2 Abs. 2 OEG erreicht indes die Grenze des Zumutbaren, wenn der Geschädigte sich selbst oder eine ihm nahe stehende Person der Gefahr strafrechtlicher Verfolgung oder eines Verfahrens nach dem Gesetz über Ordnungswidrigkeiten aussetzen würde.[608] In Fällen des sexuellen Missbrauchs von Kindern können ebenfalls Umstände eintreten, die einer Mitwirkung an der Strafverfolgung entgegenstehen, namentlich die Gefahr der Sekundärviktimisierung.[609]

Hauptgrund der Regelung des § 2 Abs. 2 OEG dürfte zum einen das Bedürfnis der Versorgungsämter an einem Rückgriff auf die strafrechtlichen Ermittlungen sein, um diese ihrer eigenen Antragsbearbeitung zugrunde zu legen und um die Durchsetzung der Regressansprüche gegen den Schädiger zu sichern.[610] Mit der Inanspruchnahme der staatlichen

---

605 *Kunz/Zeller/Gelhausen/Weiner*, OEG, § 2, Rn. 51.

606 BT-Drs. 7/2506, S. 15 f; *Kunz/Zeller/Gelhausen/Weiner*, OEG, § 2, Rn. 56.

607 *Sailer* in Wilke, Soziales Entschädigungsrecht – OEG, § 2, Rn. 9; *Kunz/Zeller/Gelhausen/Weiner*, OEG, § 2, Rn. 54.

608 *Schulz-Lüke/Wolf*, OEG, § 2, Rn. 18.

609 *Kunz/Zeller/Gelhausen/Weiner*, OEG, § 2, Rn. 55.

610 *Kunz/Zeller/Gelhausen/Weiner*, OEG, § 2, Rn. 53.

Entschädigung gehen die zivilrechtlichen Schadensersatzansprüche des Opfers gegen den Täter auf den Leistungsträger in Höhe der kongruenten Schadenspositionen über (§ 5 OEG i.V.m. § 81 a BVG). Zum anderen kann eine wirksame Kriminalitätsbekämpfung nur gewährleistet werden, wenn die Bevölkerung – allen voran das Opfer – an der Aufklärung der Straftat mitwirkt.[611]

Beruft sich das Opfer im Rahmen der Strafverfolgung auf ein ihm zustehendes Zeugnisverweigerungsrecht nach der Strafprozessordnung und wird mangels Beweise das Strafverfahren gegen den Täter eingestellt, stellt sich die Frage, ob dies ein Versagungsgrund nach § 2 Abs. 2 OEG darstellt.[612] Bestimmt sich die Mitwirkungspflicht des Opfers nach dem „ihm Möglichen", dürfte die Grenze des Zumutbaren überschritten werden, wenn dem Geschädigtem trotz zustehenden strafprozessualen Zeugnisverweigerungsrecht eine Aussage abverlangt wird.

## 4. Schlussfolgerung und Lösungsansatz

### a) Schlussfolgerung

Die Versagung von OEG-Ansprüchen ist geboten, da die Verübung einer Straftat an einem „idealen Opfer", ausweislich der Erkenntnisse aus der Kriminologie, die Ausnahme darstellt. Hat das Opfer die Schädigung selbst herbei geführt, ist die Opferentschädigung nach § 2 OEG auszuschließen. Die Beurteilung, wann ein Geschädigter eine Tat mit verursacht hat oder eine Entschädigung aus sonstigen Gründen unbillig wäre, erweist sich wegen der abstrakten Ausgestaltung des Versagungstatbestandes des § 2 Abs. 1 OEG in der Praxis jedoch zuweilen als schwierig. Grund hierfür sind die unbestimmten Rechtsbegriffe „Mitverursachung" und „Unbilligkeit" sowie die „Theorie der wesentlichen Bedingung" als Beurteilungsmaßstab. Die Rechtsprechung spiegelt die Unsicherheit im Umgang mit den Versagungsalternativen wider. Die Versorgungsbehörden neigen zu einer extensiven Auslegung dieser Tatbestandsvoraussetzungen, so dass der Gang zum Gericht oftmals von Erfolg gekrönt war. Der Grund für die Praxis der Ämter ist zunächst fiskalischer Natur.

Die aus der allgemeinen Fassung des § 2 OEG resultierende Rechtsunsicherheit sowohl beim Rechtsanwender als auch beim Antragsteller ist ein Zustand, den es zu beseitigen gilt. Die Ausformung von Normen mit

---

611 *Kunz/Zeller/Gelhausen/Weiner*, OEG, § 2, Rn. 53.

612 vgl. BSG, NJW 1992, 781.

generalklausigem Wortlaut ist aufgrund der von ihr ermöglichten flexiblen Handhabung durchaus von Vorteil, erfordert aber zugleich eine klare Konturierung durch die Sozialgerichte.

Die Konkretisierung der Begriffe „Mitverursachung" und „Unbilligkeit" ist seit dem Inkrafttreten des OEG durch die Rechtsprechung des BSG vorangeschritten. Trotz oder vielleicht gerade wegen der Rechtsprechung fällt es schwer, zur Entscheidung stehende Sachverhalte den Versagungsgründen zu zuordnen. Der Übergang von der 1. zur 2. Alternative des § 2 Abs. 1 OEG ist fließend. Die Anforderungen sind zuweilen identisch. Denn in beiden Varianten wird auf eine Selbstgefährdung und ein bewusstes rechtsfeindliches Verhalten abgestellt. Sie unterscheiden sich lediglich im Grad der selbst geschaffenen Gefahr – vorsätzlich, fahrlässig oder leichtfertig. Zudem sollen nur solche Gründe die Annahme einer „Unbilligkeit" begründen, die einer „Mitverursachung" an Bedeutung annähernd gleich kommen. Die vier hinsichtlich der Unbilligkeit geschaffenen Fallgruppen sind zum einen sind in ihrer Handhabung von Unsicherheit geprägt und fordern zum anderen den Rechtsanwender dazu auf, vorschnell einen Sachverhalt als unbillig zu klassifizieren. Mit Ausnahme des Aspektes der Sparsamkeit erschließt sich die Notwendigkeit der 2. Alternative im § 2 Abs. 1 OEG nicht. Nicht zuletzt könnten auch die vier Fallgruppen zur Ausgestaltung des Begriffs der „Mitverursachung" dienen. Der Versagungsgrund der „Unbilligkeit" verleitet den Rechtsanwender insbesondere dazu eigene persönliche Wertvorstellung als Maßstab anzusetzen. So wurde einem homosexuellen Geschädigten, welcher sich im Zuge eines ungeschützten sexuellen Kontaktes mit AIDS infizierte die Entschädigung versagt.[613] Das BSG sah den ungeschützten Geschlechtsverkehr als eine bewusste Selbstgefährdung an. Wie hoch die Gefahr der Schädigung war, zeige der Umstand, dass schon damals vor ungeschütztem Verkehr zwischen zufällig Bekannten öffentlich gewarnt worden sei.[614] Diese Entscheidung spiegelt die damals im Jahre 1995 noch auf eine gesellschaftliche Ächtung von Homosexualität geprägte Auffassung wider. Allerdings lassen die tatsächlichen Feststellungen nicht erkennen, dass der Geschädigte oder der Täter in diesen Kreisen verkehrten noch sich prostituierten. Unmittelbar vor dem Verkehr habe sich der Geschädigte sogar als „sauber" bzw. „o.k." bezeichnet. Das Schweigen des Täters hätte wohl ein jeder als eine Aussage dahin gehend verstanden, dass dieser es ebenso sei.

---

613 BSGE 77, 18.

614 BSGE 77, 18, 21.

### b) Lösungsansatz

Ziel ist die Entwicklung eines „Auslegungsschemas", das die Handhabung der Begriffe Mitverursachung und Unbilligkeit vereinfacht und das auf alle denkbaren Fallkonstellationen anwendbar ist. Unter Berücksichtigung der Vielfalt der möglichen Sachverhalte muss dem Rechtsanwender ein gewisser Beurteilungsspielraum zugestanden werden. Gleichzeitig soll jedoch die Ausfüllung der Begriffe des § 2 Abs. 1 S. 1 OEG mit weiteren unbestimmten Rechtsbegriffen wie beispielsweise „milieuspezifische Gefahr" vermieden werden.

Die „Mitverursachung" ist vor der „Unbilligkeit" zu prüfen. Unter den Begriff der „Mitverursachung" fallen ausschließlich rechtswidrige, vorsätzliche Handlungen, die den Tatbestand einer Strafnorm erfüllen. Dabei ist es irrelevant, ob das Opfer einem kriminellen Milieu angehört oder zum ersten Mal die Grenzen des Strafbaren überschritten hat. In einem zweiten Schritt ist zu prüfen, ob der Rechtsverstoß des Opfers ähnlich schwer wiegt wie der Rechtsverstoß des Täters. Wird die Gleichwertigkeit der Handlungen von Täter und Opfer bejaht, ist ein Ausschluss des Entschädigungsanspruchs wegen Mitverursachung gerechtfertigt. Überwiegt die Tat des Täters jedoch im Verhältnis zu der Tat des Opfers, ist eine Mitverursachung zu verneinen.

Die Verhaltensweise des Opfers ist anschließend unter dem Aspekt der „Unbilligkeit" zu würdigen. Dabei können strafbare wie nicht strafbewehrte Handlungen die Leistung einer Opferentschädigung bei vorausgegangenem Opferverhalten ausschließen. Im Rahmen der Feststellung der Unbilligkeit spielen subjektive Gesichtspunkte die entscheidende Rolle. Ein Fall der Unbilligkeit ist somit nur gegeben, wenn der Verletzungserfolg des Täters für das Opfer unter Berücksichtigung der Umstände des Einzelfalls, insbesondere der eigenen Handlung(en), subjektiv voraussehbar war. War der vom Täter verübte tätliche Angriff für das Opfer nicht überraschend, sondern vielmehr absehbar, wäre die Inanspruchnahme einer staatlichen Entschädigung als unbillig anzusehen.

Auch im Rahmen der Würdigung des Sachverhaltes unter dem Begriff der Unbilligkeit ist zu differenzieren. Bei strafbaren Handlungen des Opfers im Vorfeld der Straftat, beschränkt sich die Prüfung auf die Frage nach der subjektiven Voraussehbarkeit. Ging dem tätlichen Angriff eine nicht strafbare Verhaltensweise des Opfers voraus, kann diesem trotz subjektiver Voraussehbarkeit der Tat eine Entschädigung gewährt werden, wenn das Opfer subjektiv nicht in der Lage war, sich der Gefahr zu entziehen.

Ein Fall der Unbilligkeit ist auch dann zu bejahen, wenn die Entschädigungsleistung dem Täter zugutekommen würde, weil er mit dem Opfer eine Lebensgemeinschaft bildet.

### c) Erläuterungen

Die Versagung der Leistungen nach dem OEG stellt für das Opfer eine schwerwiegende Entscheidung dar. Unter Anwendung der Theorie der wesentlichen Bedingung sind im Rahmen der **„Mitverursachung"** gemäß § 2 Abs. 1 S. 1 1. Alt. OEG daher nur Handlungen des Opfers von Bedeutung, die den Tatbestand einer vorsätzlichen Strafnorm verwirklichen. Im Opferentschädigungsrecht wird bezüglich der Mitwirkung des Opfers eine Spiegelbildlichkeit zum vorsätzlichen rechtswidrigen Angriff des Täters gefordert.[615] Von einer gleichwertigen Mitverursachung kann somit nur bei einer gleichwohl **vorsätzlichen rechtswidrigen Tat des Opfers** gesprochen werden. Provokative Handlungen, die sich im Rahmen der Rechtsordnung bewegen, mögen zwar geeignet sein beim Täter die erfolgte Reaktion auszulösen, aber nach der versorgungsrechtlichen Kausalitätstheorie reichen diese nicht aus, das Merkmal der Mitverursachung zu erfüllen.

Liegt eine vorsätzliche strafbare Handlung seitens des Opfers vor, muss diese darüber hinaus auf ihre **Gleichwertigkeit** in Bezug auf den tätlichen Angriff des Täters geprüft werden. Hierbei sind die Straftatbestände einander wertend gegenüberzustellen. Die im Strafrecht vorgezeichnete rechtliche Gewichtung der beiderseitigen Tatbeiträge lässt sich auf das Recht der Opferentschädigung übertragen. Vom Gesetzgeber wurde bei der Ausgestaltung der Straftatbestände berücksichtigt, dass beispielsweise Opfer einer Beleidigung ebenfalls mit einer Beleidigung antworten können. Der § 199 StGB ermächtigt den Richter in einem solchen Fall eine oder beide Täter für straffrei zu erklären. Nach § 233 StGB kann das Gericht von der Strafe für einen Angeschuldigten oder für beide absehen, wenn eine Beleidigung mit einer Körperverletzung erwidert wird. Danach sind wechselseitige Beleidigungen oder Köperverletzungen der Kompensation zugänglich. Reagiert das Opfer einer Beleidigung jedoch mit Totschlag, so kann lediglich die Strafe gemindert werden, wobei der Totschlag auch in seiner geminderten Form nach § 213 StGB ein Verbrechen bleibt. Denn Tatbeiträge haben danach im Hinblick auf das Täterverhalten ein fundamental unterschiedliches Gewicht.[616] Zu beachten

615 BSG, NJW 1982, 596, 597; *Kunz,* Probleme der Opferentschädigung im deutschen Recht, S. 160 ff.

616 BGS, NJW 1997, 965, 967.

ist, dass bereits im Zuge der Prüfung des § 1 Abs. 1 OEG eine rechtswidrige Handlung seitens des Täters festgestellt wurde, wobei auch die Notwehr nach § 32 StGB als Rechtfertigungsgrund geprüft wurde. Überschreitet eine Verletzungshandlung des Täters allerdings die Grenzen des Notwehrrechts, sollte die Würdigung im Rahmen des § 2 Abs. 1 S. 1 OEG diese strafrechtliche Gewichtung nicht außer Acht lassen.

Die Straftat des Opfers muss zudem auf eine Verletzung der geschützten Rechtsgüter Leben, Gesundheit, sexuelle Selbstbestimmung, körperliche Unversehrtheit oder Ehre des Täters gerichtet gewesen sein. Dies gebietet die erforderliche Spiegelbildlichkeit.[617] Demnach scheiden alle auf das Vermögen oder das Eigentum des Täters gerichteten Straftaten des Opfers als Mitverursachungshandlungen i.S.d. § 2 Abs. 1 S. 1 1. Alt. OEG mangels Gleichwertigkeit aus. Stiehlt das Opfer die Brieftasche des Täters und schießt dieser das Opfer daraufhin nieder, stellt dies eine rechtswidrige Tötung dar, da die Tathandlung regelmäßig nicht den Voraussetzungen der Notwehr (§ 32 StGB) und des rechtfertigenden Notstands (§ 34 StGB) entspricht. Der Tatbestand des § 1 Abs. 1 OEG wäre somit erfüllt und eine Mitverursachung nach § 2 Abs. 1 S. 1 1. Alt OEG mangels Gleichwertigkeit zu verneinen.

Die gleiche Problematik stellt sich bei Fällen des Drogenmissbrauchs durch das Opfer. Besitzt das Opfer in strafbarer Weise Betäubungsmittel und konsumiert es diese im Vorfeld des tätlichen Angriffs gegen seine Person, scheidet dieses Verhalten als relevante Mitverursachungstat aus. Mit dem Besitz von Drogen schadet das Opfer nur sich selbst und schädigt nicht die Gesundheit oder das Leben des Täters. Dasselbe gilt bei Vermögens- und Eigentumsstraftaten im Zusammenhang mit Betäubungsmitteln.

Ob das Opfer einer kriminellen Vereinigung angehört oder erstmals straffällig geworden ist, ist für die Beurteilung der Mitverursachung irrelevant. Für den Täter macht es im Zeitpunkt des Angriffs keinen Unterschied, ob dies für das Opfer das erste strafrechtlich relevante Vergehen ist oder nicht.

Die Alternative der **„Unbilligkeit"** stellt nicht lediglich einen Auffangtatbestand des § 2 Abs. 1 S. 1 2. Alt. OEG dar. Hierbei werden die Handlungen des Opfers im Vorfeld des tätlichen Angriffs nicht unter dem Blickwinkel der Mitverursachung betrachtet. Dagegen spielen subjektive Gesichtspunkte, namentlich die Voraussehbarkeit des tätlichen

---

617 BSG, NJW 1982, 596, 597; *Kunz*, Probleme der Opferentschädigung im deutschen Recht, S. 160 ff.

Angriffs und die Möglichkeit des Opfers sich der Gefahr zu entziehen, die zentrale Rolle.

In Anlehnung an die Anforderungen der **subjektiven Voraussehbarkeit** im Strafrecht, muss sich auch im sozialen Entschädigungsrecht diese auf den Erfolgseintritt und den Kausalverlauf in seinen wesentlichen Grundzügen beziehen.[618] Die Unbilligkeit der Leistungsgewährung kann daher nur angenommen werden, wenn das Opfer unter Berücksichtigung der konkreten Umstände, insbesondere der Art und Intensität der eigenen (provozierenden) Handlungen, den Kausalverlauf bis hin zum Erfolgseintritt voraussehen konnte. Dieses Kriterium ist auch sachgerecht. Nur einem Opfer, welches die Reaktion beim Täter einzuschätzen wusste, soll die Leistung versagt werden.

Konnte das Opfer den Taterfolg subjektiv voraussehen, ist in den Fällen der straflosen „Provokation" in einem weiteren Schritt danach zu fragen, ob das Opfer subjektiv in der Lage war **sich der Gefahr zu entziehen**. Gerade in den Fällen häuslicher Gewalt, in denen das Ausharren des Opfers in der gemeinsamen Wohnung kein strafbares Verhalten darstellt, muss nach der Bejahung der subjektiven Voraussehbarkeit eingeschätzt werden, ob das Opfer tatsächlich in der Lage war, den Partner und die Wohnung zu verlassen. Hierbei spielen die finanzielle und emotionale Abhängigkeit eines labilen Opfers gegenüber einem dominanten Täter eine entscheidende Rolle. Der geistige und körperliche Zustand des Opfers im Vorfeld und zum Zeitpunkt des tätlichen Angriffs ist daher entscheidend. Das betrifft zum einen das vorzeitige Entfernen vom späteren Tatort, sowie die konkrete Abwehrmöglichkeit im Zeitpunkt des gewaltsamen Übergriffs. Hierbei ist aber zu beachten, dass – entsprechend der Regelung im Strafrecht – das Recht dem Unrecht nicht zu weichen braucht.

Ein Anspruch nach dem OEG ist auch dann zu versagen, wenn die Leistung dem Täter zugutekäme. Hauptanwendungsfälle sind die der häuslichen Gewalt. Hierbei ist zu unterscheiden, ob es sich bei dem Opfer um den Lebenspartner oder um das Kind handelt. Bewohnt der geschädigte Ehe- oder nichteheliche Partner nach der Tat weiterhin mit dem Täter eine gemeinsame Wohnung, ist der Leistungsanspruch zu versagen. Von Kindern kann das Verlassen des Elternhauses mangels finanzieller Selbständigkeit und entwicklungsbedingter Abhängigkeit nicht verlangt werden. Gleichwohl wäre die Versagung der Entschädigung nicht vertretbar. Ist das Opfer minderjährig, entsteht somit der Anspruch auf Leistung, wird aber nicht an das Kind oder dessen Eltern ausgezahlt, solange

618 *Sternberg-Lieben* in Schönke/Schröder, StGB, § 18, Rn. 5.

der Täter noch Teil der Lebensgemeinschaft ist. Neben der Anordnung einer Vermögenspflegschaft (§ 1793 BGB), bestünde so die Möglichkeit, dass sich das Kind mit Erreichung der Volljährigkeit und der Lösung von der Lebensgemeinschaft mit dem Täter die ihm zustehenden Leistungen nach dem OEG der vergangenen Jahre von der zuständigen Behörde auszahlen lässt.

Ist nicht das Kind, sondern ein Elternteil, welches vom anderen Elternteil getötet wird das Opfer, ist der Anspruch auf Hinterbliebenenversorgung nach dem OEG auszuschließen, wenn der Täter weiterhin vollen Unterhalt zahlt. Zahlt er nur anteilig, ist der verbleibende Rest durch staatliche Opferleistungen auszugleichen. [619]

## d) Fallbeispiele

Die Würdigung verschiedener Fallbeispiele anhand des voran gestellten Auslegungsvorschlags wird zeigen, dass damit die Beurteilung der „Mitverursachung" und „Unbilligkeit"

verschiedenster Fallkonstellationen möglich ist und zu sachgerechten Ergebnissen führt.

**- Tötung auf Verlangen des Opfers -**

Tötet der Täter auf Wunsch des Opfers, sei es aus einer schweren Lebenslage oder einer speziellen Neigung heraus, so erscheint die Gewährung einer staatlichen Opferentschädigung im Allgemeinen als unbillig.

Im Falle der aktiven Sterbehilfe auf Verlangen des Opfers begeht der Arzt eine strafbare Handlung gemäß § 216 StGB. Die Einwilligung des Opfers in die eigene Tötung stellt keinen Rechtfertigungsgrund dar. Der Tatbestand des § 1 Abs. 1 OEG wäre folglich erfüllt. Eine Strafbarkeit des Opfers wegen Anstiftung ist nicht gegeben.[620] Ein Leistungsausschluss wegen Mitverursachung scheidet folglich ebenfalls aus. War die Handlung des Arztes für das Opfer unter Berücksichtigung der Umstände des Einzelfalls, insbesondere der eigenen Handlung, jedoch subjektiv vorhersehbar, liegt ein Fall der Unbilligkeit vor. Das sterbenskranke Opfer bittet den Arzt seines Vertrauens um die „erlösende" Spritze. In Fällen wie diesen wird der Arzt dem Patienten entweder die Bitte abschlagen oder ihr nachkommen. In jedem Falle werden aber Arzt und Patient darüber spre-

---

619 BSGE 59, 40, 44 f.

620 *Schneider*, MüKo StGB, § 216, Rn. 60; *Eser* in Schönke/Schröder, StGB, § 216, Rn. 18.

chen und der Patient wird wissen, ob der Arzt letztlich dazu bereit ist oder nicht. Regelmäßig wird der Arzt das Opfer noch einmal vor dem Ansetzen der lebensbeendenden Spritze fragen, ob es wirklich sicher sei. Für das Opfer ist die Handlung des Arztes/Täters somit subjektiv voraussehbar. Die Alternative der Unbilligkeit liegt somit vor und eine Entschädigung wäre gemäß § 2 Abs. 1 S. 1 2. Alt. OEG zu versagen.

In Fällen des Kannibalismus nach Einwilligung des Opfers verhält es sich ähnlich. Während sich der Täter gemäß § 216 StGB strafbar macht, scheidet eine Strafbarkeit des Opfers wegen Anstiftung zu dieser Tat aus. Die Alternative der Mitverursachung ist daher auszuschließen. Die Tötungshandlung des Täters war jedoch für das Opfer unter Berücksichtigung der Umstände des Einzelfalls subjektiv voraussehbar. Der Täter hatte sein Anliegen in Form der Tötung eines Menschen mit dessen anschließenden Verzehr deutlich gemacht und das Opfer willigte ein. So geschah es im Fall des „Kannibalen von Rotenburg" im Jahre 2001. Die Alternative der Unbilligkeit ist erfüllt und schließt eine Entschädigungsleistung aus.

**- Provokation durch das Opfer -**

Hat das Opfer den Täter im Vorfeld der Tat provoziert, ist hinsichtlich der Schwere der Provokationshandlung zu differenzieren. Erfüllt die Handlung des Opfers einen Straftatbestand befand sich der Täter in einer Notwehrlage. Überschreitet er die Grenzen des Notwehrrechts (§ 32 StGB) oder befand sich in einem Notwehrexzess (§ 33 StGB) liegt ein rechtswidriger, vorsätzlicher tätlicher Angriff gemäß § 1 Abs. 1 OEG vor, wobei ein schuldhaftes Verhalten nicht erforderlich ist.[621]

Im Rahmen der Mitverursachung ist zunächst die Gleichwertigkeit der Handlungen von Opfer und Täter zu bewerten. Hier kommt es regelmäßig auf die verwirklichten Straftatbestände an. Kann die Gleichwertigkeit bejaht werden, ist die Alternative der Mitverursachung gegeben. Die Gleichwertigkeit liegt beispielsweise nicht vor, wenn das Opfer den Täter beleidigt und dieser als Reaktion Schüsse in Richtung des Opfers abgibt. Ob das Abfeuern der Schüsse für das Opfer subjektiv voraussehbar war, erfordert eine Sachverhaltsaufklärung seitens der zuständigen Behörden. Hat der Täter das Opfer bereits ernsthaft unter Vorhalt der Waffe aufgefordert die Handlungen zu unterlassen und/oder schon in der Vergangenheit von der Schusswaffe Gebrauch gemacht, liegt es nahe, eine subjektive Voraussehbarkeit zu bejahen. Wäre dies der Fall und hätte sich das Opfer im Vorfeld nicht strafbar gemacht, ist in einem weiteren

621 *Kunz/Zellner/Gelhausen/Weiner*, OEG, § 1, Rn. 28.

Schritt zu prüfen, ob es dem Opfer in der konkreten Situation subjektiv möglich war, sich der Gefahr zu entziehen. War es ihm möglich die Gefahrenzone zu verlassen? War das Opfer steif vor Angst im Anblick der Pistole und des aufgebrachten Täters? Glaubte es, durch ein Wegrennen die Situation noch zu verschlimmern? Das sind letztlich Fragen, die im Wege der Sachverhaltsermittlung geklärt werden müssen.

**- Milieustraftaten -**

Bei Gewaltstraftaten an einem drogen- oder alkoholabhängigen Opfer oder unter Angehörigen einer kriminellen Vereinigung ist die Vorgehensweise dieselbe wie oben dargestellt. Hat sich eine „milieuspezifische Gefahr" verwirklicht, wird regelmäßig die subjektive Voraussehbarkeit bejaht werden können. Wird der Suchtkranke oder „Kriminelle" außerhalb des Milieus Opfer einer Straftat, ist ihm nicht schon allein aufgrund seiner Suchterkrankung oder vergangenen rechtwidrigen Verhaltens die Entschädigung zu versagen. Diesem Anliegen trägt das Auslegungsschema Rechnung. Die jeweiligen Rechtsanwender werden auch nicht durch übermäßige viele unbestimmte Rechtsbegriffe in die Situation gebracht, eigene Empfindungen und Moralvorstellungen der Entscheidung des Entschädigungsantrages zugrunde zu legen.

Nach dem Auslegungsvorschlag liegt bei der Anwendung der Versagungsalterativen des § 2 Abs. 1 S. 1 OEG der Schwerpunkt auf der gründlichen und umfassenden Ermittlung des tatsächlichen Sachverhaltes, wobei die subjektiven Aspekte beim Opfer von wesentlicher Bedeutung sind. Zudem bedarf es einer strafrechtlichen Beurteilung der Handlungen von Täter und Opfer. Ein Beurteilungsspielraum besteht zwar nach wie vor, aber in einem geringeren Maße. Zudem ist bei der Gewichtung der Straftaten im Rahmen der „Mitverursachung" zum Teil eine Orientierung an den Regelungen im Strafrecht möglich. Die Beurteilung der subjektiven Voraussehbarkeit und der subjektiven Möglichkeit des Opfers sich der Gefahr zu entziehen, wird umso leichter je besser der Sachverhalt aufgeklärt wurde.

# SCHLUSS

Weil Opfer von Gewalttaten mit den Folgen der Tat nicht allein gelassen werden dürfen, sind deren Belange in den vergangenen Jahren immer mehr in den Vordergrund der Gesetzgebung gerückt. Zum besseren „Opferschutz" wurden zahlreiche Gesetze geändert. Dabei erfuhr die Stellung des Opfers als Zeuge im Strafverfahren eine nahezu revolutionäre Verbesserung. Im Sozialrecht gilt das Opferentschädigungsgesetz aus dem Jahre 1976 als unbestrittener Höhepunkt in Sachen Opferschutz. Stieß die Opferentschädigung als neuer Sozialleistungszweig anfangs noch auf erhebliche Vorbehalte, ist deren Notwendigkeit heute allgemein anerkannt.

Die Frage nach der Rechtfertigung einer aus staatlichen Mitteln finanzierten eigenständigen Entschädigung für Opfer einer Gewalttat ist nach wie vor nicht nur von theoretischem Wert. Galt es zur Zeit der Einführung des Gesetzes vorrangig dessen Existenz zu rechtfertigen, liefert die Beantwortung der Frage nach der „causa" nun Interpretationshilfen für die Erklärung, Handhabung und Weiterentwicklung des vorhandenen Entschädigungssystems.[622]

Die Rechtfertigung der Opferentschädigung fußt in der Verfassung als rechtliche und politische Grundordnung. Das in Art. 2 Abs. 2 S. 1 GG verankerte Recht auf Leben und körperliche Unversehrtheit versteht sich zunächst als Abwehrrecht gegen den Staat selbst, beinhaltet jedoch gleichzeitig auch die Pflicht und Befugnis des Staates, das Leben seiner Bürger vor Eingriffen Dritter aktiv zu schützen.[623] Unter Berücksichtigung des staatlichen Gewaltmonopols und mit Blick auf das teilweise staatliche Versagen bei der Verbrechensbekämpfung obliegt dem Staat eine gesteigerte Verantwortung gegenüber dem Opfer. Er steht in der Pflicht zur gehobenen Schadenskompensation bei den Betroffenen. Diese umfasst

---

622 *Jung* in Kirchhoff/Sessar, Das Verbrechensopfer, 379, 380.

623 *Di Fabio* in Maunz/Dürig, GG, Art.2 Abs. 2 S. 1, Rn. 7.

die Wiederherstellung des sozialen Status unter Berücksichtigung der besonderen Umstände der Opferlage.

Trotz der Verpflichtung des Staates, gemäß Art. 2 Abs. 2 S. 1 GG den Schutz aller sich auf dem Territorium der Bundesrepublik Deutschland befindlichen Personen vor übergreifender Kriminalität zu gewähren, sieht der internationale Geltungsbereich des OEG Einschränkungen vor. Keinen Anspruch gemäß § 1 OEG haben auch nach zweimaliger Ausdehnung des berechtigten Personenkreises ausländische Touristen ohne familiären Bezug in Deutschland und sich nur vorübergehend in Deutschland aufhaltende ausländische Verwandte ab dem vierten Grad in gerader und in der Seitenlinie. Die Opferentschädigung knüpft bei Inlandstaten alternativ und bei Auslandstaten kumulativ an die deutsche Staatsangehörigkeit beim Opfer und dessen gewöhnlichen Aufenthalt in Deutschland an. Der Ort des Verbrechens ist nach Einführung des § 3 a OEG im Jahre 2009 – als Tatbestand für die Entschädigung für Auslandstaten – lediglich ein entscheidender Faktor bei der Bemessung des Entschädigungsumfangs. Die verfassungsrechtliche Schutzpflicht des Staates fordert jedoch den Tatort in Bezug auf Inlandstaten als alleinigen Anknüpfungspunkt gelten zu lassen (Tatortprinzip). Dem stünde auch nicht der normative Zweck des Gesetzes entgegen. Dieser fordert keine gefestigte Zugehörigkeit und Integration in die Solidargemeinschaft. Auch ein kurzfristiger Besuch im Bundesgebiet begründet durch die Opferlage eine Inlandsbeziehung und bedarf keiner weiteren Anknüpfung an die Staatsangehörigkeit und an den gewöhnlichen Aufenthalt. Die Abgrenzung rechtlicher Zuständigkeiten verschiedener Staaten muss sich im Recht der Opferentschädigung folglich allein nach der Zurechnung des eingetretenen Schadens zur Verantwortung eines Staates richten. Die Einzelanknüpfung an den Tatort bei Auslandstaten würde jedoch zu einer Einschränkung des internationalen Geltungsbereiches des OEG führen, da der § 3 a OEG als Anspruchsgrundlage ausscheiden würde. Solange nicht jedes Land der Welt über ein Opferentschädigungsmodell verfügt, ist eine Anknüpfung an den Tatort bei Auslandstaten nicht erstrebenswert

Stetigen Diskussionsbedarf bietet zudem das zentrale Tatbestandsmerkmal des § 1 Abs. 1 OEG – vorsätzlicher, rechtswidriger tätlicher Angriff. Obwohl durch eine Vielzahl von Entscheidungen der Sozialgerichte konturiert, bereitet der unbestimmte Rechtsbegriff in der Praxis Schwierigkeiten bei der Zuordnung von Sachverhalten. Die Versorgungsbehörden und Gerichte befinden sich in einem Spannungsfeld fiskalischer Sparsamkeit einerseits und möglichst umfassender sozialer Hilfe für Kriminalitätsopfer andererseits. Mit dem Hinweis auf die Auslegung des § 133 StGB „ihn .. tätlich angreift“, versteht der Gesetzgeber unter einem „rechtswidrigen tätlichen Angriff“ eine unmittelbar auf den Körper eines

Menschen zielende feindselige Einwirkung, für die ein Rechtfertigungsgrund nicht gegeben ist.[624] Obwohl im OEG als eigenständiger Begriff geführt, bezieht sich das BSG bei der Auslegung auf die strafrechtliche Definition von Gewalt bei gleichzeitiger gezielter Einschränkung. Unter Berufung auf den Sinn und Zweck des OEG fordern die Präjudizien stets eine über den natürlichen Vorsatz des Täters hinausgehende „feindselige Willensrichtung". Dies soll der Abgrenzung sozial adäquaten bzw. gesellschaftlich tolerierten Verhaltens von einem auf Rechtsbruch gerichteten Handeln des Täters dienen. Im Zuge der Rechtsprechung zum „gewaltlosen sexuellen Missbrauch von Kindern" und „Stalking" könne alternativ darauf abgestellt werden, ob der Täter eine mit Gewaltanwendung – im Sinne einer gewaltsamen Einwirkung auf eine Person durch den Einsatz körperlicher Mittel – verbundene strafbare Vorsatztat begangen hat.[625] Dabei verkennt jedoch das BSG, dass für die Bejahung von Gewalt im Einklang mit dem Strafrecht eine bereits geringe Kraftentfaltung auf Seiten des Täters genügt. Diese kann im Rahmen des Mobbings und Stalkings bereits im Tätigen eines Telefonanrufes, im Schreiben einer Nachricht, im Nachlaufen oder ähnlichen Handlungen gesehen werden, ohne dass diese unmittelbar auf den Körper des Opfers einwirken. Ziel des Täters ist es, dem Opfer ein Verhalten abzunötigen und es zu terrorisieren. Die Handlungen zielen somit auf die Verletzung der Gesundheit, der körperlichen Unversehrtheit oder der sexuellen Selbstbestimmung beim Betroffenen. Auf Seiten des Opfers muss im Gegenzug eine körperliche Zwangswirkung zu verzeichnen sein. Nur im Zusammenhang mit gewaltlosem sexuellem Missbrauch an Kindern und in Fällen der psychischen Misshandlung/Vernachlässigung von Schutzbefohlenen bedarf es keiner solchen körperlichen Zwangswirkung. Das Strafrecht sieht Kinder als besonders schützenswerte Personen an, was auch eine Sonderstellung im Recht der Opferentschädigung rechtfertigt. Der Begriff des „tätlichen Angriffs" ließe sich folglich unter Berücksichtigung des Wortlautes und des normativen Zwecks des OEG wie folgt auslegen: Ein tätlicher Angriff ist die Vornahme einer vorsätzlichen rechtswidrigen strafbaren Handlung durch eine Person, die auf eine Verletzung der geschützten Rechtsgüter Leben, Gesundheit, körperliche Unversehrtheit oder sexuelle Selbstbestimmung einer anderen Person gerichtet ist, wobei eine unmittelbare Einwirkung auf den Körper des Opfers nicht erforderlich ist. Die Handlung des Täters muss den Tatbestand einer vorsätzlichen Strafnorm verwirklichen. Dies impliziert den Unrechtsgehalt der Tat und eine feindselige Willensrichtung des Täters. Die Beschränkung auf die intendierte

624 BT-Drs. 7/2506, S. 10.

625 BSGE 108, 97, 108.

Verletzung der Rechtsgüter Leben, Gesundheit, körperliche Unversehrtheit und sexuelle Selbstbestimmung soll dem Ausschluss von reinen Vermögens- und Eigentumsdelikten dienen. Der Wortlaut des § 1 Abs. 1 OEG und der generelle Ausschluss von Vermögensdelikten durch den Gesetzgeber lässt nur Raum für eine Leistungsgewährung nach personenbezogenen und nicht auch sachgezogenen Delikten. Dabei verkennt dieser jedoch, dass auch Vermögensdelikte, wie etwa ein Wohnungseinbruchdiebstahl, geeignet sind erhebliche, zuweilen auch andauernde pathologisch, somatisch objektivierbare Zustände bei den Opfern hervorzurufen. Eine Ausweitung der Opferentschädigung auf sachbezogene Straftaten wäre folglich geboten und im Wege einer Gesetzesänderung zu vollziehen.

Nach § 2 OEG sind u.a. dann Leistungen zu versagen, wenn der Geschädigte die Schädigung verursacht hat oder wenn es aus sonstigen, insbesondere in dem eigenen Verhalten des Anspruchstellers liegenden Gründen unbillig wäre, eine Entschädigung zu gewähren. Das OEG folgt hierbei dem „Alles oder nichts"- Prinzip, da eine den Umfang lediglich mindernde Anwendung des § 254 BGB analog im Sozialen Entschädigungsrecht ausscheidet. Die Notwendigkeit von Versagungsgründen ist gegeben, da die Verübung einer Straftat an einem „idealen Opfer", ausweislich viktimologischer Erkenntnisse die Ausnahme darstellt. Durch die Ausformung der Norm mit den unbestimmten Rechtsbegriffen „Mitverursachung" und „Unbilligkeit" sowie die Anwendung der versorgungsrechtlichen Kausalitätstheorie (Theorie der wesentlichen Bedingung) liegt die Ausgestaltung der Begriffe in den Händen der Versorgungsämter und der Sozialgerichte. Trotz stetiger Rechtsprechung des BSG herrscht eine große Verunsicherung im Umgang mit der Norm. Um dieser zu begegnen, bedarf es einer vereinfachten Auslegungsmethode. Dem Rechtsanwender muss aufgrund der verschiedensten Fallkonstellationen ein Beurteilungsspielraum zugestanden werden, der jedoch auf ein Mindestmaß beschränkt ist. Dies gebietet die Rechtssicherheit.

Unter den Begriff der „Mitverursachung" sind folglich ausschließlich rechtswidrige, vorsätzliche Handlungen, die den Tatbestand einer Strafnorm erfüllen zu subsumieren. Dabei ist es irrelevant, ob das Opfer einem kriminellen Milieu angehört oder zum ersten Mal die Grenzen des Strafbaren überschritten hat. In einem zweiten Schritt ist zu prüfen, ob der Rechtsverstoß des Opfers ähnlich schwer wiegt, wie der Rechtsverstoß des Täters. Wird die Gleichwertigkeit der Handlungen bejaht, ist ein Ausschluss des Entschädigungsanspruchs wegen Mitverursachung gerechtfertigt. Steht die Tat des Täters jedoch außer Verhältnis zu der Tat des Opfers ist eine Mitverursachung zu verneinen.

Die Verhaltensweise des Opfers ist dann unter dem Aspekt der „Unbilligkeit" zu würdigen. Folglich können sowohl strafbare als auch nicht strafbewehrte Handlungen die Leistung einer Opferentschädigung bei vorausgegangenem Opferverhalten ausschließen. Im Rahmen der Unbilligkeit spielen subjektive Gesichtspunkte die entscheidende Rolle. Ein Fall der Unbilligkeit ist somit nur gegeben, wenn der Verletzungserfolg des Täters für das Opfer unter Berücksichtigung der Umstände des Einzelfalls, insbesondere der eigenen Handlung(en), subjektiv voraussehbar war. War der verübte tätliche Angriff durch den Täter für das Opfer nicht überraschend, sondern vielmehr absehbar, wäre die Inanspruchnahme einer staatlichen Entschädigung als unbillig anzusehen. Auch im Rahmen der Würdigung des Sachverhaltes unter dem Begriff der Unbilligkeit ist zu differenzieren. Bei strafbaren Handlungen des Opfers im Vorfeld, beschränkt sich die Prüfung auf die Frage nach der subjektiven Voraussehbarkeit. Ging dem tätlichen Angriff des Täters eine nicht strafbare Verhaltensweise des Opfers voraus, kann diesem trotz subjektiver Voraussehbarkeit der Tat eine Entschädigung gewährt werden, wenn das Opfer subjektiv nicht in der Lage war, sich der Gefahr zu entziehen. In Anlehnung an das strafrechtliche Notwehrrecht ist hierbei zu beachten, dass das Recht dem Unrecht nicht zu weichen braucht. Ein Fall der Unbilligkeit ist auch dann zu bejahen, wenn die Entschädigungsleistung dem Täter zugutekommen würde, weil Täter und Opfer eine Lebensgemeinschaft bilden. Hierbei ist zu unterscheiden, ob es sich bei dem Opfer um den Lebenspartner oder um das Kind handelt. Bewohnt der geschädigte Ehe- oder nichteheliche Partner nach der Tat weiterhin mit dem Täter eine gemeinsame Wohnung, ist der Leistungsanspruch zu versagen. Von Kindern kann das Verlassen des Elternhauses mangels finanzieller Selbständigkeit und entwicklungsbedingter Abhängigkeit nicht verlangt werden.

Das OEG war ein entscheidender Schritt und hilfreicher Beitrag zur Gewährung eines umfassenden Opferschutzes. Nun ist es an der Zeit, aus den eigenen Erfahrungen zu lernen und mit Blick auf andere Länder unerlässliche Veränderungen am OEG vorzunehmen, um den Betroffenen bei der Bewältigung der schweren Folgen als staatliche Stütze zur Seite zu stehen. Bei der Ausgestaltung eines Entschädigungsmodells für Kriminalitätsopfer sollte daher stets das Streben nach Gerechtigkeit und Menschlichkeit im Vordergrund stehen. Fiskalische Aspekte sollten nachrangig sein.

# ABKÜRZUNGSVERZEICHNIS

| | |
|---|---|
| AEUV | Vertrag über die Arbeitsweise der Europäischen Union |
| AsylVfG | Asylverfahrensgesetz |
| AVG | Angestelltenversicherungsgesetz |
| BeckOK | Beck`scher Online-Kommentar |
| BGB | Bürgerliches Gesetzbuch |
| BGH | Bundesgerichtshof |
| BSG | Bundessozialgericht |
| bspw. | beispielsweise |
| BT-Drs. | Bundestagsdrucksachen |
| BVG | Bundesversorgungsgesetz |
| bzw. | beziehungsweise |
| DDR | Deutsche Demokratische Republik |
| d.h. | das heißt |
| EG | Europäische Gemeinschaft |
| EinlALR | Einleitung zum Allgemeinen Landrecht |
| EuGH | Europäischer Gerichtshof |
| EWG | Europäische Wirtschaftsgemeinschaft |
| EWR | Europäischer Wirtschaftsraum |
| ff | fortfolgende |
| GewSchG | Gewaltschutzgesetz |

| | |
|---|---|
| GG | Grundgesetz |
| GVG | Gerichtsverfassungsgesetz |
| h.M. | herrschende Meinung |
| i.d.F.v. | in der Fassung vom |
| i.S.d. | im Sinne des |
| ISR | Internationales Sozialrecht |
| LK | Leipziger Kommentar |
| LSG | Landessozialgericht |
| m.V.a. | mit Verweis auf |
| m.w.N. | mit weiteren Nachweisen |
| n.F. | neue Fassung |
| Nr. | Nummer |
| OEG | Opferentschädigungsgesetz |
| OLG | Oberlandesgericht |
| SG | Sozialgericht |
| SGB I | Sozialgesetzbuch 1 |
| SGB VII | Sozialgesetzbuch 7 |
| SGB X | Sozialgesetzbuch 10 |
| StGB | Strafgesetzbuch |
| StPO | Strafprozessordnung |
| u.a. | unter anderem |
| UHaftEnschG | Untersuchungshaftentschädigungsgesetz |
| z.B. | zum Beispiel |

# LITERATURVERZEICHNIS

*Amelung, Knut*: Sitzblockaden, Gewalt und Kraftentfaltung – Zur dritten Sitzblockaden-Entscheidung des BVerfG, NJW 1995, S. 2584-2590.

*Arnold, Jörg*: Die „neue" Auslegung des Gewaltbegriffs in § 240 StGB – eine Nötigung der Strafrechtsdogmatik?, JuS 1997, S. 289-294.

*Atiyah, Patrick Selim*: Accidents, Compensation and the Law, London 1970.

*Bachmann, Leonhard/Müller-Dietz, Heinz:* Die Flugzeugentführung, JuS 1975, S. 39-45.

*Baumann, Jürgen:* Zurechnungskriterien beim Opferentschädigungsgesetz – Oder: Wer sich in Gefahr begibt – befindet, kommt nicht immer darin um!, SGb 1980, S. 221-227.

*Becker, Hans-Jürgen:* Das Gewaltmonopol des Staates und die Sicherheit des Bürgers: Der Ewige Landfriede – vor 500 Jahren, NJW 1995, S. 2077-2081.

*Behn, Michael*: Anspruch des Ausländers auf Gewaltopferentschädigung, ZfS 1993, S. 289-306.

*Bogs, Walter*: Grundfragen des Rechts der sozialen Sicherheit und seiner Reform, Berlin 1955.

*Böhm, Alexander*: Entschädigung für Ausländer als Opfer von Gewalttaten, ZRP 1988, S. 420-423.

*Böttcher, Reinhard:* Zum Ausschluss der Öffentlichkeit nach § 172 Nr.2 GVG, DRiZ 1984, S. 17-18.

*Brockelmann, Kurt*: Soziale Entschädigung für Opfer von Gewalttaten, DRiZ 1974, S. 347-348.

*Burns, Peter/Ross, Allan M.*: Rapports nationaux: Canada, Revue Internationale de Droit Pénal 1973, S. 70-98

*ders./ders.*: A Comparativ Study of Victims of Crime Indemnification in Canada: British Columbia as Microcosm, University of British Columbia Law Review, Vol.8 (1973), S. 105-135 (zit.: 8 U.Brit.Col.L.R. (1973)).

*Calliess, Rolf-Peter*: Der Begriff der Gewalt im Systemzusammenhang der Straftatbestände, Tübingen 1974.

*Council of Europe*: Compensation for victims of crime, Strasbourg 1975.

*ders.*: Compensation for victims of crime, Strasbourg 1978.

*Dahs, Hans*: Zum Persönlichkeitsschutz des "Verletzten" als Zeuge im Strafprozess, NJW 1984, S. 1921-1927.

*Dallmeyer, Jens*: Das Adhäsionsverfahren nach der Opferrechtsreform, JuS 2005, S. 327-330.

*Dannecker, Gerhard/Biermann, Jörg:* Die Opferentschädigung im Spannungsfeld der Rechtsgebiete am Beispiel von ausländischen Strafgefangenen als Opfer von Gewalttaten durch Mitgefangene, SGb 2002, S. 469-475.

*Darimont, Barbara*: Opferentschädigung als subsidiäre staatliche Leistung in den Niederlanden, ZIAS 2010/2011, S. 86-98.

*Deegener, Günther*: Wohnungseinbruch: Erfahrungen und psychosoziale Folgen für die Opfer, S. 57-83 in: Mainzer Schriften zur Situation von Gewaltopfern, Opferentschädigungsgesetz – Intension und Praxis, Band 14, Mainz 1996.

*ders.*: Psychische Folgeschäden nach Wohnungseinbruch: Erfahrungen von Opfern nach Einbruchsdiebstahl und Raubüberfall, Mainzer Schriften Band 15, Mainz 1996.

*Doering-Striening, Gudrun*: Die Versagung von Opferentschädigungsleistungen gemäß § 2 Abs. 1 OEG, Frankfurt am Main 1988 (zit.: Die Versagung von Opferentschädigungsleistungen).

*Ebert, Frank*: Hilfe für Verbrechensopfer – Die Bewältigung einer staatlichen Aufgabe mit dem Gesetz über die Entschädigung für Opfer von Gewalttaten (OEG); München 1981 (zit.: Hilfe für Verbrechensopfer).

*Eichenhofer, Eberhard*: Sozialrecht, 7. Auflage, Tübingen 2010.

*ders.*: Internationales Sozialrecht, München 1994.

*ders.*: Die Stellung der Ausländer im deutschen Sozialrecht, ZAR 1987, S. 108-115.

*ders./Wenner, Ulrich*: Kommentar zum Sozialgesetzbuch I, IV, X – Reihe: Wannagat Sozialversicherungsrecht, Köln 2012.

*Engfer, Anette*: Formen der Vernachlässigung von Kindern – Definitionen, Häufigkeiten, Erklärungsansätze in: Egle, Ulrich Tiber/ Abhary, Sotoodeh G. (Hrsg.), Sexueller Missbrauch, Misshandlung und Vernachlässigung: Erkennung, Therapie und Prävention der Folgen früher Stresserfahrungen, 3. Auflage, Stuttgart 2005, S. 3-19 (zit.: Formen der Vernachlässigung von Kindern).

*Eppenstein, Dieter*: Begrenzung des Opferentschädigungsgesetzes auf Angriffsdelikte – ein Redaktionsfehler? in: Mainzer Schriften zur Situation von Gewaltopfern, Band 14, Mainz 1996, S. 92 – 108.

*Epping, Volker/Hillgruber, Christian (Hrsg):* Beck'scher Online Kommentar, GG, Stand 1.7.2011, Edition 11 (zit.: BeckOK GG).

*Esser, Axel/Wolmerath, Martin:* Mobbing und psychische Gewalt – Der Ratgeber für Betroffenen und ihre Interessensvertreter, 8. Auflage, Frankfurt am Main 2011 (zit.: Mobbing und psychische Gewalt).

*Faude, Michael*: Selbstverantwortung und Solidarverantwortung im Sozialrecht, Bonn 1983.

*Fischer, Gottfried/Riedesser, Peter:* Lehrbuch der Psychotraumatologie, 4. Auflage, München 2009.

*Fischer, Thomas:* Strafgesetzbuch – Kommentar, 60. Auflage, München 2013.

*Freehse, Detlev*: Schadenswiedergutmachung als Instrument strafrechtlicher Sozialkontrolle, Berlin 1987

*Fry, Margery*: Justice for victims in: Hudson, Joe/Galaway, Burt (Hrsg.), Considering the victim, Springfield (Illinois,USA) 1975, S. 54-56.

*Geilen, Gerd:* Lebensgefährdende Drohung als Gewalt in § 251 StGB?, JZ 1970, S. 520-529.

*Geis, Gilbert*: State Compensation to Victims of Violent Crime, in: Task Force Report: Crime and its impact – an Assessment, Washington 1967, S. 157-177 (zit.: Task Force Report: Crime and its impact).

*Gelhausen, Reinhard*: Soziales Entschädigungsrecht, 2. Auflage, Neuwied 1998.

*Geschwinder, Jürgen*: Der tätliche Angriff nach dem Opferentschädigungsgesetz, SGb 1985, S. 95-97.

*Gilbert, Neil*: Welfare Justice: Restoring social Equity, Yale University 1995.

*Glasl, Friedrich*: Konfliktmanagement: Ein Handbuch für Führungskräfte, Beraterinnen und Berater, 10. Auflage, Bern Stuttgart Wien 2011 (zit.: Konfliktmanagement).

*Goodin, Robert E.*: Reasons for Welfare: The Political Theory of the Welfare State, Princeton (New Jersey) 1988.

*Gräf, Angela/Grösbrink, Joachim:* Frau komA kommt – Amok an Schulen: über Täter und Opfer, Hilden/Rhld. 2011 (zit.: Frau komA kommt).

*Graf, Jürgen Peter (Hrsg.):* Beck'scher Online Kommentar StPO, Stand 15.4.2011, Edition 10 (zit.: BeckOK StPO).

*Granderath, Reinhard*: Opferschutz – Totes Recht?, NStZ 1984, S. 399-401

*Groeblinghoff, Dieter*: Psychiatrische und sozialmedizinische Begutachtung von Mobbingbetroffenen in: Arentewicz Gerd/Fleissner Alfred (Hrsg.), Arbeitsplatzkonflikte – Mobbing als Psychoterror am Arbeitsplatz. Ursachen, Folgen und Formen der Hilfe, Frankfurt am Main 2003, S. 159-179.

*Hardtung, Bernhard*: Die Körperverletzungsdelikte, JuS 2008, S. 1060-1065.

*Heintschel-Heinegg, Bernd v. (Hrsg.):* Beck'scher Online Kommentar StGB, Stand 1.5.2011, Edition 15 (zit.: BeckOK StGB).

*Heinz, Dirk*: „Mobbing" – ein opferentschädigungsrechtlich relevantes Phänomen?, ZfS 2000, S. 65-70.

*ders.*: Misshandelte und vernachlässigte Kinder – Opfer von Gewalttaten nach dem OEG?, ZfS 2000, S. 129-134.

*ders.*: Zur rechtlichen Bewertung emotional wirkender Vernachlässigung von Schutzbefohlenen im Rahmen des Opferentschädigungsgesetzes, ZfS 2001, S. 97-103.

*ders.*: Mobbing, Inzest, Stalking ... Gewalttaten im Sinne des OEG?, ZfS 2005, S. 266-269.

*ders.*: Stalking – ein opferentschädigungsrechtlich relevantes Phänomen Teil 2, Die Versorgungsverwaltung 2007, S. 36-39.

*ders.*: Das Opferentschädigungsgesetz, Stuttgart 2007

*Held, Heinrich-J./Wältermann, Frank*: Ausländer weitgehend gleichgestellt, Bundesarbeitsblatt 9/1993, S. 9-12 (zit.: BArbBl. 9/1993).

*Hentschel, Peter*: Die Entwicklung des Straßenverkehrsrechts im Jahre 1995, NJW 1996, S. 628-641.

*Herrmann, Joachim*: Die Entwicklung des Opferschutzes im deutschen Strafrecht und Strafprozessrecht – Eine unendliche Geschichte, ZIS 2010, S. 236-245.

*Herzberg, Rolf D.*: Strafbare Nötigung durch Versperren des Fahrweges? Kritische Überlegungen zum Sitzblockade-Beschluss des BVerfG und zum Autobahnblockade-Urteil des BGH, GA 1996, S. 557-568.

*Hippel, Eike v.*: Staatliche Entschädigung für Verbrechensopfer?, ZRP 1971, S. 5-7.

*Hirsch, Hans Joachim:* Wiedergutmachung des Schadens im Rahmen des materiellen Strafrechts, ZStW 102 (1990), S. 534-562.

*Hoffmann, Jens*: Stalking, Heidelberg 2006.

*Hoyer, Andreas*: Straßenblockade als Gewalt in mittelbarer Täterschaft, JuS 1996, S. 200-204.

*Hruschka, Joachim*: Die Blockade einer Autobahn durch Demonstranten – eine Nötigung?, NJW 1996, S. 160-164.

*Huber, Barbara*: Die Entschädigung des Verletzten – Lösung im Common Law-Bereich, Revue Internationale de Droit Pénal1973, S. 321-337.

*Inbau, Fred E.*: Victims of Criminal Violence, Journal of Public Law, Vol.8 (1959), S. 201-203.

*Jähnke, Burkhard/Laufhütte, Heinrich W./Odersky, Walter*: Strafgesetzbuch – Leipziger Kommentar, Band 6 (§§ 223 – 263 a), 11. Auflage, Berlin 2005 (zit.: LK StGB).

*Janda, Constanze*: Migranten im Sozialstaat, Tübingen 2012.

*Jeand`Heur, Bernd*: Bestimmtheitsgrundsatz und Gesetzesauslegung: Das Bundesverfassungsgericht korrigiert seine Interpretation des Gewaltbegriffs in § 240 Abs. 1 StGB, NJ 1995, S. 465-467.

*Jescheck, Hans-Heinrich*: Die Entschädigung des Verletzten nach deutschem Strafrecht, JZ 1958, S. 591-595.

*Joecks, Wolfgang/Miebach, Klaus (Hrsg.)*: Münchener Kommentar zum StGB, Band 3, München 2003 (zit.: MüKO StGB).

*Jung, Heike*: Gesetz über die Entschädigung für Opfer von Gewalttaten, JuS 1976, S .478-479.

*ders.*: Entschädigung des Opfers, in: Das Verbrechensopfer, Kirchhoff, Gerd Ferdinand/Sessar, Klaus (Hrsg.), Bochum 1979, S. 379-395.

*Kauder, Siegfried*: Entschädigung für deutsche Opfer von im Ausland begangenen Gewalttaten-, ZRP 2003, S. 402-404.

*Kerbein, Björn/Pröbsting, Philipp:* Stalking, ZRP 2002, S. 76-78.

*Kersting, Wolfgang*: Theorien der sozialen Gerechtigkeit, Stuttgart, Weimar 2000.

*Kilchling, Michael*: Opferschutz und der Strafanspruch des Staates – Ein Widersuch?, NStZ 2002, S. 57-63.

*Kindhäuser, Urs/Neumann, Ulfrid/Paeffgen, Hans-Ulrich (Hrsg.):* Strafgesetzbuch – Nomos Kommentar, Band 2, 3. Auflage, Baden-Baden 2010 (zit.: Nomos Kommentar zum StGB).

*Kirchhoff, Gerd*: Probleme der Opfermindestversorgung nach dem OEG, in: Janssen, Helmut/Kerner, Hans-Jürgen, Verbrechensopfer, Sozialarbeit und Justiz, Bonn 185, S. 149-173.

*Kolb, Günter:* Die Entschädigung für Opfer von Gewalttaten in der Bewährung, Der Versorgungsbeamte 1977, S. 134-138.

*ders.:* Opferentschädigungsgesetz und Strafrecht, BehindR 1977, S. 10-12.

*Kollmer, Norbert*: Mobbing im Arbeitsverhältnis: Was Arbeitgeber dagegen tun können undsollten, 4. Auflage, Heidelberg/München/Landsberg/ Berlin 2007 (zit: Mobbing im Arbeitsverhältnis).

*Kolodej, Christa*: Mobbingberatung: Fallbeispiele und Beratung für BeraterInnen und Betroffene, Wien 2008 (zit.: Mobbingberatung)

*Körtek, Yasemin*: Staatliche Entschädigung für Gewaltopfer nach deutschem Recht im Überblick, ZIAS 2010/2011, S. 2-23.

*Kötz, Hein*: Verbrechensopfer als Staatsrentner?, ZRP 1972, S. 139-145.

*Krahmer, Utz (Hrsg.)*: Sozialgesetzbuch I Allgemeiner Teil: Lehr-und Praxiskommentar 2. Auflage, Baden Baden 2008 (zit.: LPK-SGB I).

*Kreikebohm, Ralf/Spellbrink, Wolfgang/ Waltermann, Raimund (Hrsg)*: Kommentar zum Sozialrecht, 2. Auflage, München 2011 (zit.: Kreikebohm, SGB VII).

*Krey, Volker*: Das Bundesverfassungsgericht in Karlsruhe – ein Gericht läuft aus dem Ruder: Kritische Anmerkungen anlässlich des Sitzblockaden-Beschlusses des Ersten Senats vom 10. Januar 1995, JR 1995, S. 265-273.

*ders./Neidhardt, Friedhelm*: Was ist Gewalt?, Sonderband der BKA-Forschungsreihe, Wiesbaden 1986

*Kühl, Christian*: Sitzblockaden vor dem Bundesverfassungsgericht, Strafverteidiger 1987, S. 122-136.

*Kühne, Hans Heiner*: Die tatsächliche Bedeutung von Opferrechten in der Deutschen Strafprozessordnung. MschKrim 1986, S. 98-102.

*Kunz, Eduard/Zellner, Gerhard/Gelhausen, Reinhard/Weiner, Bernhard*: Opferentschädigungsgesetz – Kommentar, 5. Auflage, München 2010 (zit.: OEG).

*Kunz, Stefanie*: Probleme der Opferentschädigung im deutschen Recht – Einzelfragen im Lichte einer Konzeptanalyse, Baden-Baden 1995.

*Kunze, Thomas*: Sonstige „verhaltensunabhängige" Unbilligkeit im Sinne von § 2 Abs. 1 Satz 1 OEG, VersVerw 1995, S. 37-43.

*Lachmann, Josef*: Psychische Schäden nach „gewaltlosen" Sexualdelikten an Kindern und Abhängigen, MSchKrim 1988, S. 47-60.

*Lackner, Karl/Kühl, Christian (Hrsg.):* Strafgesetzbuch, 27. Auflage, München 2011.

*Lamborn, Leroy L.*: Crime Victim Compensation: Theory and Practice in the Second Decade, Victimology: An International Journal 1976, S. 503-516.

*Laufhütte, Heinrich W./Rissing-van Saan, Ruth/Tiedemann, Klaus (Hrsg.)*:Strafgesetzbuch – Leipziger Kommentar, Band 6 (§§ 146 – 210), 12. Auflage, Berlin 2010 (zit.:LK StGB).

*Leitherer, Stephan (Hrsg.):* Kasseler Kommentar Sozialversicherungsrecht, Band 1, 63. Ergänzungslieferung, Stand 1. Oktober 2009 (zit.: KassKomm).

*Lesch, Heiko*: Bemerkungen zum Nötigungsbeschluss des Bundesverfassungsgerichts vom 10.1.1995, JA 1995, S. 889-896.

*Leymann, Heinz*: Der neue Mobing-Bericht, Hamburg 1995.

*ders.*: Mobbing: Psychoterror am Arbeitsplatz und wie man sich dagegen wehren kann, 14. Auflage, Hamburg 2009 (zit.: Mobbing – Psychoterror am Arbeitsplatz).

*Löbmann, Rebecca*: Stalking – Ein Überblick über den aktuellen Forschungsstand, MSchKrim 2002, S. 25-32.

*Löwe, Ewald/Rosenberg, Werner (Hrsg.):* Die Strafprozessordung und das Gerichtsverfassungsgesetz, Band 1, 26. Auflage, Berlin 2006.

*Lüderssen, Klaus*: Opfer im Zwielicht in: Weigend, Thomas/ Küpper, Georg (Hrsg.), Festschrift für Hans Joachim Hirsch zum 70. Geburtstag, Berlin/New York 1999, S. 879 – 895 (zit.: FS Hirsch).

*Maunz, Theodor/Dürig, Günter (Hrsg.):* Grundgesetz, Band VI, 61. Ergänzungslieferung 2011 (zit.: GG).

*Mavany, Markus*: Die Beleidigungsdelikte (§§ 185 ff StGB) in der Fallbearbeitung, JURA 2010, S. 594-599.

*Maydell, Bernd Baron von/Ruland, Franz/Becker, Ulrich (Hrsg.):* Sozialrechtshandbuch, 4. Auflage, Baden-Baden 2008.

*Meier, Bernd-Dieter/Dürre, Nina:* Das Adhäsionsverfahren, JZ 2006, S. 18-25.

*Meschkutat, Bärbel/Stackelbeck, Martina/Langenhoff, Georg:* Der Mobbing-Report – Repräsentativstudie für die Bundesrepublik Deutschland, Dortmund/Berlin/Dresden2005.

*Miers, David*: State Compensation for Criminal Injuries, London 1997.

*Mueller, Gerhard O. W.*: Victims of Criminal Violence, Journal of Public Law, Vol.8 (1959), S. 218-236.

*ders.*: Compensation for Victims of Crime: Thought Before Action, Minnesota Law Review, Vol.50 (1965-1066), S. 213-221 (zit.: 50 Minn. Law Review(1965-1966)).

*Mühe, Christiane*: Mobbing am Arbeitsplatz – Strafbarkeitsrisiko oder Strafrechtslücke?, Berlin 2006 (zit.: Mobbing am Arbeitsplatz).

*Neuheuser, Stephan*: Die Strafbarkeit von Eltern minderjähriger Mehrfachstraftäter wegen Verletzung der Fürsorge- und Erziehungspflicht (§ 171 StGB), NStZ 2000, S. 174-179.

*Niedl, Klaus*: Mobbing/Bullying am Arbeitsplatz, München/Mering 1995.

*Ossio, Lorena*: Opferentschädigung in Österreich, ZIAS 2010/2011, S. 99-115.

*Otte, Torsten*: Staatliche Entschädigung für Opfer von Gewalttaten in Österreich, Deutschland und der Schweiz, Mainzer Schriften zur Situation von Kriminalitätsopfern, Band 19, 1. Auflage, Mainz 1998 (zit.: Staatliche Entschädigung von Gewaltopfern)

*Pachtenfels, Jürgen*: Einige Überlegungen zur Verbesserung der Effizienz des Opferentschädigungsgesetzes, ZRP 1983, S. 146-149.

*Palandt*: Bürgerliches Gesetzbuch – Kommentar, 71. Auflage, München 2012.

*Pechstaedt, Volkmar von*: Stalking: Strafbarkeit nach englischem und deutschem Recht, Göttingen London Hainholz 1999 (zit.: Stalking).

*Plate, Monika/Schneider, Hans:* Schwereinschätzung von Gewalthandlungen, Wiesbaden 1989.

*Priester, Jens-Michael*: Der Verfassungsgerichts-Beschluss zur Nötigung durch Sitzblockaden – ein Schlag ins Wasser? in Schulz, Joachim (Hrsg.), Festschrift für Günter Bemmann, Baden-Baden 1997, S. 362-386 (zit.: FS Bemmann).

*Rensen, Ben*: Fürs Leben geschädigt: sexueller Missbrauch und seelische Verwahrlosung von Kindern, Stuttgart 1992 (zit.: Rensen, Fürs Leben geschädigt).

*Rheinländer, Markus*: Sitzblockaden und/oder Gewaltbegriffsentscheidung? – zum Geltungsbereich von BVerfGE 92, 1 ff – in Schulz, Joachim (Hrsg.)Festschrift für Günter Bemmann, Baden-Baden 1997, S. 387-411 (zit.: FS Bemmann).

*Roxin, Claus*: Zur Wiedergutmachung als einer „dritten Spur“ im Sanktionensystem, in Arzt Gunther (Hrsg.), Festschrift für Jürgen Baumann zum 70. Geburtstag, , Bielefeld 1992, S. 243-254 (zit.: FS Baumann).

*Rüfner, Wolfgang*: Die Entschädigung für Opfer von Gewalttaten, NJW 1976, S. 1249 – 1250.

*ders.*: Gutachten für den 49. Deutschen Juristentag, Band 1, E 1- 59, München 1972.

*Säcker, Franz Jürgen/Rixecker, Roland*: Münchner Kommentar zum BGB, 6. Auflage, München 2012 (zit.: MüKO BGB).

*Schäfer, Achim*: Stalking – Verehrung durch Aufdringlichkeit, Kriminalistik 2000, S. 587-589.

*Schäfer, Dieter*: Soziale Schäden, soziale Kosten und soziale Sicherung, Berlin 1972.

*Schätzler, Johann-Georg*: Entschädigung des durch eine Straftat Verletzten, ZStW 86 (1974), S. 471-486.

*Schild, Wolfgang*: Täter-Opfer-Ausgleich als Strafe in Schlüchter Ellen (Hrsg.),Kriminalistik und Strafrecht: Festschrift für Friedrich Geerds zum 70. Geburtstag, , Lübeck 1995, S. 157-174 (zit.: FS Geerds).

*Schmidt-Klügmann, Mathias*: Überlegungen zum Wesen der einzelnen Sozialleistungsansprüche und der Frage der Erwerbung dieser Rechte, ZSR 1989, S. 257-275.

*Schneider, Hans-Joachim*: Viktimologie – Wissenschaft vom Verbrechensopfer, Tübingen 1975 (zit.: Viktimologie).

*ders.*: Viktimologie – die Wissenschaft vom Verbrechensopfer, DRiZ 1978, S. 141-146.

*ders.*: Opferschaden, Wiedergutmachung und Opferbehandlung in Kirchhoff, Gerd Ferdinand/Sessar, Klaus (Hrsg.), Das Verbrechensopfer, Bochum 1979, S. 365-378.

*ders.*: Kriminologie für das 21. Jahrhundert: Schwerpunkte und Fortschritte internationaler Kriminologie, Münster 2001.

*Scholz, Rupert*: Sitzblockaden und Verfassung – zur neuen Entscheidung des BVerfG, NStZ 1995, S. 417-424.

*Schönke, Adolf/Schröder, Horst (Hrsg.)*: Strafgesetzbuch – Kommentar, 28. Auflage, München 2010 (zit.: StGB).

*Schoreit, Armin*: Entschädigung der Verbrechensopfer als öffentliche Aufgabe: Einige kriminologische, soziologische und juristische Grundlagen, Berlin 1973 (zit.: Entschädigung der Verbrechensopfer als öffentliche Aufgabe).

*Schoreit, Armin/Düsseldorf, Theodor*: Gesetz über die Entschädigung für Opfer von Gewalttaten – Kommentar, Berlin 1977 (zit.: OEG).

*Schroeder, Friedrich-Christian*: Schreien als Gewalt und Schuldspruchberichtigung durch Beschluss – BGH, NJW 1982, 189, JuS 1982, S. 491-496.

*Schuler, Rolf*: Das Internationale Sozialrecht der Bundesrepublik Deutschland, Band 7, Baden-Baden 1988.

*Schulin, Bertram*: Soziale Entschädigung als Teilsystem kollektiven Schadensausgleich, Köln/Berlin/Bonn/München 1981.

*Schulte, Bernd*: Criminal Injuries Compensation – Opferentschädigung in Großbritannien, ZIAS 2010/2011, S. 41-56.

*Schultz, LeRoy G.*: The Violated: A Proposal to Compensate Victims of Violent Crime, in Hudson, Joe/Galaway, Burt (Hrsg.), Considering the victim, Springfield (Illinois,USA) 1975, S. 130-142.

*Schulz, Felix*: Strafrechtliche Aspekte des Mobbings – Teil 1, jurisPR-StrafR 7/2009 Anm. 3

*ders.*: Strafrechtliche Aspekte des Mobbings – Teil 2, jurisPR-StrafR 9/2009 Anm. 3

*Schulz-Lüke, Gerd/Wolf, Manfred*: Gewalttaten und Opferentschädigung – Kommentar zum Gesetz über die Entschädigung für Opfer von Gewalttaten, Berlin/New York 1977 (zit.: OEG).

*Schwind, Hans-Dieter/Baumann, Jürgen u.a. (Hrsg)* : Ursachen, Prävention und Kontrolle von Gewalt: Analysen und Vorschläge der Unabhängigen Regierungskommission zur Verhinderung und Bekämpfung von Gewalt (Gewaltkommission), Band 1, Berlin 1990 (zit.: Ursachen, Prävention und Kontrolle von Gewalt, Bd. 1).

*Seiser, Klaus Jürgen*: Die Rolle des Opfers in den Strafrechtssystemen der Bundesrepublik Deutschland, Österreich und der Schweiz in Kühne, Heiner Hans (Hrsg.), Opferrechte im Strafprozess – Ein europäischer Vergleich, Kehl/Straßburg/Arlington 1988, S. 16-45.

*Sen, Amartya*: Inequality Reexamined, New York/Oxford 1992.

*Sinn, Arndt*: Die Nötigung im System des heutigen Strafrechts, Baden-Baden 2000.

*Starrs, James E.*: A Modest Proposal to Insure Justice for Victims of Crime, Minnesota Law Review, Vol.50 (1965-1966), S. 285-310 (zit.: 50 Minn. Law Review (1965-1966))

*Stolleis, Michael*: Entschädigung für Opfer von Gewalttaten – erste Konkretisierung durch die Rechtsprechung in Gitter, Wolfgang/Thieme, Werner/Zacher, Hans F. (Hrsg.), Im sozialen Dienst des Sozialrechts- Festschrift für Georg Wannagat zum 65. Geburtstag am 26. Juni 1981, Köln/Berlin/Bonn/München 1981, S. 579-598 (zit.: FS Wannagat).

*Tenckhoff, Jörg*: Grundfälle zum Beleidigungsrecht, JuS 1989, S. 35-40.

*Tenter, Dieter/Schleifenbaum, Reinold:* Opferschutz – Fortschritt in kleinen Schritten, NJW 1988, S. 1766-1768.

*Vecchio, Giorgio del*: The Problem of Penal Justice in Hudson Joe/Galaway, Burt (Hrsg.), Considering the victim, Springfield (Illinois,USA) 1975, S. 85-101.

*Veitch, Edward/Miers David:* Assault on the law of tort, The Modern Law Review, Vol.38 (1975), S. 139-152.

*Villmow, Bernhard/Müller, Sabine/Krieger, Bernd/Plemper, Burkhard:* Zur Praxis des Opferentschädigungsgesetz, KrimJ 1982, S. 303-316.

*Voß, Hans-Georg W./Hoffmann, Jens/Wondrak, Isabel*: Stalking in Deutschland – Aus Sicht der Betroffenen und Verfolger, Baden-Baden 2006 (zit.: Stalking in Deutschland).

*Wachholz, Kirsten*: Das andere Gericht trauter Familienidylle: Das sexuell missbrauchte Kind als Opfer von Gewalttaten, BehindR 1993, S. 149-156.

*Walther, Susanne*: Was soll Strafe? – Grundzüge eines zeitgemäßen Sanktionssystems, ZStW Band 111 (1999), S. 123-143.

*Walzer Michael*: Komplexe Gleichheit in Krebs, Angelika (Hrsg.),Gleichheit oder Gerechtigkeit, Frankfurt am Main 2000, S. 172-214.

*Wannagat, Georg*: Lehrbuch des Sozialversicherungsrecht, 1. Band, Tübingen 1965.

*Weigend, Thomas*: Deliktsopfer und Strafverfahren, Strafrecht und Kriminologie, Band.10, Berlin 1989 (zit.: Deliktsopfer und Strafverfahren).

*ders.*: Das Opferschutzgesetz – kleine Schritte zu welchem Ziel?, NJW 1987, S. 1170-1177.

*ders.*: Wiedergutmachung als, neben oder statt der Strafe? in Britz, Guido/Jung, Heike/Koriath, Heinz/Müller, Egon (Hrsg.),Grundlagen staatlichen Strafens: Festschrift für Heinz Müller-Dietz zum 70. Geburtstag, München 2001, S. 975-994 (zit.: FS Müller-Dietz).

*Weintraud, Ulrike*: Entschädigung für Opfer von Gewalttaten in Großbritannien und der Bundesrepublik Deutschland, Baden-Baden 1980.

*Welti, Felix*: Behinderung und Rehabilitation im sozialen Rechtsstaat, Tübingen 2005.

*Wessels, Johannes/Hettinger, Michael:* Strafrecht Besonderer Teil 1, 36. Auflage, Heidelberg/München/Landsberg/Frechen/Hamburg 2012.

*Wilke, Gerhard :* Soziales Entschädigungsrecht : Handkommentar zum Bundesversorgungsgesetz und zu Vorschriften aus dem Soldatenversorgungs-, Opferentschädigungs- und Bundes-Seuchengesetz, 7. Auflage, Stuttgart/München/Hannover/Berlin/ Weimar 1992 (zit.: Soziales Entschädigungsrecht – OEG).

*Wilman, Nikola*: Entschädigung von Opfern von Gewalttaten – Länderbericht Schweiz, ZIAS 2010/2011, S. 137-154.

*Wolfgang, Marvin E.*: Victim Compensation in Crimes of Personal Violence, Minnesota Law Review, Vol.50 (1965-1966), S. 223-241.

*Wulfhorst, Traugott*: Soziale Entschädigung – Politik und Gesellschaft: Rechtssoziologisches zur Versorgung der Kriegs-, Wehr- und Zivildienst-, Impfschadens- und Gewaltopfer, 1. Auflage, Baden-Baden 1994 (zit.: Soziale Entschädigung).

*ders.*: Zur Rechtspolitik der Sozialen Entschädigung für Gewalttaten-Opfer, VSSR 1997, S. 185-202.

*Zech, Robert*: Versorgung für Opfer von Gewalttaten, Behindertenrecht, 1976, S. 49-50.

*Zipf, Heinz*: Die Bedeutung der Viktimologie für die Strafrechtspflege, MschrKrim 1970, S. 11-13.

FSC
www.fsc.org
MIX
Papier | Fördert
gute Waldnutzung
FSC® C083411

Kolibri 360 GmbH
Ferdinand-Jühlke-Straße 7
99095 Erfurt, Deutschland
produktsicherheit@kolibri360.de